EN ALGÚN LUGAR TODAVÍA BRILLA EL SOL
RECUERDOS DEL HOLOCAUSTO

MICHAEL GRUENBAUM
Y TODD HASAK-LOWY

EN ALGÚN
LUGAR TODAVÍA
BRILLA EL SOL
RECUERDOS DEL HOLOCAUSTO

MICHAEL GRUENBAUM
Y TODD HASAK-LOWY

EN ALGÚN LUGAR TODAVÍA BRILLA EL SOL
RECUERDOS DEL HOLOCAUSTO

MICHAEL GRUENBAUM
Y TODD HASAK-LOWY

TRADUCIDO POR
MARÍA ALONSO SEISDEDOS

Edelvives

Dirección editorial
Departamento de Literatura GE

Dirección de arte
Departamento de Diseño GE

Título original: *Somewhere There Is Still a Sun*

Publicado por primera vez en Estados Unidos en 2017 por Aladdin,
un sello de Simon & Schuster Children's Publishing Division

© Del texto: **Michael Gruenbaum, 2015**
© De la ilustración de cubierta: **Riki Blanco, 2020**
© De esta edición: **Grupo Editorial Luis Vives, 2020**

Las imágenes de las páginas 206, 309, 310, 313 y 314 aparecen por cortesía
del Museo Conmemorativo del Holocausto de Estados Unidos (www.ushmm.org/es)

Las imágenes de las páginas 85, 200, 201, 202, 211, 248, 307, 308, 309, 311, 312 y 313
aparecen por cortesía de Michael Gruenbaum

La fotografía de la puerta de la Pequeña Fortaleza de Tezerín que aparece
en la página 314 es propiedad de la agencia Istockphoto

Edelvives Talleres Gráficos. Certificado ISO 9001
Impreso en Zaragoza, España

ISBN: 978-84-140-2962-6
Depósito legal: Z 365-2020

Reservados todos los derechos. Cualquier forma de reproducción, distribución, comunicación pública o transformación de esta obra solo puede ser realizada con la autorización de sus titulares, salvo excepción prevista por la ley. Diríjase a CEDRO (Centro Español de Derechos Reprográficos) si necesita fotocopiar o escanear algún fragmento de esta obra (www.conlicencia.com; 91 702 19 70 / 93 272 04 47).

Al millón y medio de niños judíos que fueron asesinados durante el Holocausto, y en particular a los Nešarim. Y no solo a los pocos que sobrevivieron, sino a todos con los que conviví en la Sala Siete del edificio L417 durante los dos años y medio de encarcelamiento que sufrimos en el campo de concentración de Terezín, en Checoslovaquia. Muchos de ellos tenían bastante más talento que yo, pero, por desgracia, la mayoría de sus vidas y sus contribuciones a la sociedad se truncaron porque fueron gaseados nada más llegar a Auschwitz.

Y a nuestro guía, Francis Maier (Franta), que con veinte años de edad superó las circunstancias más difíciles que se puedan imaginar, y se convirtió en padre de unos ochenta muchachos revoltosos, a los que enseñó a sobrevivir forjando un espíritu de equipo que ha persistido hasta hoy.

Michael Gruenbaum

A la familia Gruenbaum, pasada, presente y futura.
Todd Hasak-Lowy

Introducción

En mayo de 1945, a los pocos días de que nos hubieran liberado del campo de concentración de Terezín, mi madre les escribió la siguiente carta a unos parientes que vivían en el extranjero:

> Esta es la primera carta que escribo sin que los ojos amenazadores e indiscretos de los censores sepan lo que pienso. No sé por dónde empezar para describiros (sin omitir nada) todo lo que hemos vivido en estos años, desde la última vez que nos vimos. Cada tarjeta, cada paquete que nos mandabais, nos devolvía una pizca del calor, una pizca del entorno feliz que habíamos perdido. Os escribo tal como os recuerdo y, sin embargo, tengo la sensación de que jamás seremos capaces de encontrar un puente hacia los que han vivido fuera y, por fortuna, ellos tampoco jamás serán capaces de comprender el horror, el miedo y el dolor profundo que experimentamos en estos años recientes.
>
> No tenemos apenas esperanzas de encontrar a ninguno [de nuestros parientes vivo]. Nosotros nos hemos salvado de milagro. Tres veces nos convocaron para deportarnos, ¡y cuatro a Misha! No podéis imaginaros cómo se viven esos momentos. Teníamos buen aspecto, a pesar de la alimentación insuficiente. Como ejemplo, os contaré que entre los tres consumimos tres huevos en dos años y medio. ¡Y nos los agenciamos a escondidas! Nos costaron 170 coronas cada uno. La hermana de Misha trabajaba en la lavandería y Misha era repartidor con un carro, que arrastraba como si fuera un caballo.

A veces iba a ver a un amigo que le daba clases y llevaba un cuaderno escondido debajo de la chaqueta, pero todo se frustró debido a los obstáculos y a la falta de tiempo. Teníamos que trabajar diez horas diarias.

Todavía no sabemos qué nos deparará el futuro. Ya no vive ninguno de nuestros viejos amigos. No sabemos dónde vamos a vivir. ¡No tenemos nada! Pero en algún lugar todavía brilla el sol, hay montañas, mar, libros, pisos pequeños y limpios, y quizá otra vez podamos empezar allí una vida nueva.

¿De qué hablaba mi madre? ¿Cómo se puede forzar a un niño a trabajar diez horas diarias en vez de ir al colegio? ¿Qué eran las «deportaciones» y por qué hizo falta un milagro para que nos libráramos de ellas? ¿Y cuál fue ese milagro? El libro que estás a punto de leer responde a esas preguntas y a muchas más. Narra mis vivencias entre los nueve y los quince años, cuando el ejército nazi alemán conquistó Praga, mi ciudad natal, e hizo todo lo posible por aniquilar a su comunidad judía. Solo ahora que ya soy mayor se me ha ocurrido contarle al mundo esta historia. ¿Por qué he esperado setenta años? Bueno, eso ya es una historia en sí.

Cuando falleció mi madre, en 1974, heredé el álbum que ella fue formando tras la guerra con papeles y objetos que salvó de Terezín. Terezín fue un campo de transición del norte de Checoslovaquia en el que se recluía a la mayor parte de los judíos del país (y a algunos de otras partes de Europa) antes de enviarlos a Auschwitz para exterminarlos.

Por razones sentimentales he mantenido su álbum bien conservado durante todos estos años. Pero cuando llegué a una «edad avanzada» decidí buscar un lugar que lo cuidara tan bien como lo había hecho yo. Dudé entre el Museo Conmemorativo del Holocausto de Estados Unidos, de Washington D. C., el Museo del Gueto de Terezín, de la República Checa, el Museo Judío de Praga y el Beit Theresienstadt[1], el kibutz de Israel que recoge y exhibe recuerdos de Terezín.

Al final, decidí donar tanto el álbum de mi madre como mi propio álbum de recuerdos (en el que muchos de mis compañeros de dormitorio de Terezín me dedicaron unas palabras) al Museo del Holocausto de Estados Unidos, porque me pareció un lugar seguro y porque disponen de medios económicos para conservar en buenas condiciones para la posteridad esos dos preciados objetos.

Judith Cohen, una de las archiveras del museo, vino a mi casa y le costó creerse la suerte que había tenido, pues a estas alturas el museo ya recibe pocas donaciones de tal calibre. Yo no le entregaba uno o dos documentos, sino una colección entera, bien organizada y conservada. El museo se alegró tanto con mi donación que decidió dedicarnos en el calendario de 2010 una página entera a mi madre y a nuestra familia. Es más, la señora Cohen escogió unas páginas del álbum de mi madre para incluirlas en la colección permanente del museo. Por último, hizo un cortometraje para la colección Corner que resumía nuestras experiencias bajo el dominio de los nazis. Por cierto, algunos de esos documentos se reproducen en el libro que tienes en las manos.

La emoción consiguiente me animó a escribir un álbum ilustrado infantil. En la versión original de la historia elegí un osito para que narrara cómo se salvó nuestra familia de

---

1 «Theresienstadt» es el nombre alemán de Terezín.

que nos deportaran de Terezín a Auschwitz, y de la muerte segura en las cámaras de gas que allí nos esperaba. Si quieres saber por qué elegí un osito como narrador, tendrás que leer este libro; te prometo que encontrarás en él la respuesta. Escribí una historia para niños porque descubrí que había una gran demanda de libros para esas edades. Además, muchos años antes había escrito varias fábulas protagonizadas por diferentes animales.

Una vez escrita la historia, inicié el largo proceso de buscar a alguien que la publicara, proceso que supuso muchas cartas a numerosas agencias literarias y editoriales. Pero a nadie le interesaba. Una de las razones que me daban era que los niños que juegan con osos de trapo todavía no tienen edad para saber qué fue el Holocausto y que los niños que están preparados para saber qué fue el Holocausto ya no juegan con osos de trapo. La opinión generalizada era que una historia como esa tenía una cuota de lectores potenciales muy pequeña.

Pero no todo iba a ser negativo. Uno de los editores me preguntó si estaba dispuesto a colaborar con otro escritor, uno profesional, que me ayudara a contar mi historia para un público de Enseñanza Secundaria, propuesta a la que accedí de buena gana. A raíz de ahí estuve un par de años trabajando con un escritor, y después con otro, hasta que salió a la luz este libro. Debo decir que estoy muy satisfecho con el resultado.

El libro es un ejemplo admirable del valor, la perseverancia, el ingenio, la capacidad de adaptación y resistencia y de las ganas intensas de vivir y confiar en que vinieran tiempos mejores que tuvo una persona (mi madre). Tardaron un poco, pero esos tiempos mejores por fin llegaron, si bien en otro continente. Tras la liberación, en 1945, nos instalamos de nuevo en Praga y nos esforzamos por volver a la normalidad. Pero poco después se empezó a vislumbrar que los comunistas querían hacerse con el gobierno.

Mi madre, al percibir las señales de alarma, les escribió a unos amigos de Estados Unidos para pedirles que nos consiguieran visados. Dejamos Checoslovaquia a las seis semanas de que los comunistas hubieran tomado de forma oficial el poder, pero tuvimos que esperar dos años en Cuba antes de que se nos permitiera entrar en Estados Unidos.

Tal como soñaba mi madre, enseguida pudimos rehacer allí la vida. Y empezamos prácticamente de cero. Perdimos todo lo que poseíamos en cuatro ocasiones. Primero, los nazis nos confiscaron tanto como pudieron. Lo que logramos salvar lo perdimos cuando los alemanes bombardearon el almacén de Londres al que lo habíamos mandado. A Terezín solo se nos permitió llevar cien libras por persona. Cuando nos liberaron, vecinos y amigos nos devolvieron muy poco de lo que les habíamos confiado. Y lo que enviamos a Nueva York antes de partir de Checoslovaquia al final fue subastado porque a alguien se le olvidó pagar el alquiler mensual del almacén donde estaba guardado. Así que una y otra vez tuvimos que empezar de cero. Sin embargo, aprendimos que los bienes materiales se pueden remplazar y que, en el fondo, no son nada importantes. Tanto mi hermana como yo conseguimos encontrar fabulosos compañeros de vida y formar una familia, regalándole así a mi madre una muy merecida felicidad.

De esa felicidad, sin embargo, no encontrarás mucha en el libro que tienes en las manos. Este libro trata de la época más dura de mi vida, tanto que casi me llevó a la tumba antes de cumplir los quince años. Esto en parte ya se describía en el libro de Thelma Gruenbaum, mi difunta esposa, titulado *Nešarim: Child Survivors of Terezin*, que se publicó hará unos diez años. Pero aquí se cuenta por primera vez para lectores que tienen la edad que yo tenía entonces.

Hoy en día es habitual que la gente, cuando habla del Holocausto, diga: «No hay que olvidarlo jamás». Y, desde luego, estoy de acuerdo. Pero para poder comprometerse a recordar algo, primero hay que conocerlo. Espero que este libro sea el «puente» al que aludía mi madre en aquella carta suya de 1945. Creo que leyéndolo serás capaz de entender el mundo en el que vivimos —y en el que a punto estuvimos de morir— entre 1939 y 1945. Y creo que acierto si digo que una vez que comprendas de verdad ese mundo jamás lo olvidarás.

MICHAEL GRUENBAUM

PRIMERA PARTE
Praga (Checoslovaquia)

11 de marzo de 1939

Mi récord está en quince.

—¿Adónde vas con tantas prisas, Misha? —Papá no ha dicho otra cosa desde que hemos salido de casa—. No corras tanto.

Me lo repite, casi riendo, mientras paseamos a la orilla del río. El Moldava. El mejor río del mundo.

¿Cómo va a saber que estoy entrando en calor, preparándome? Porque hoy es el día, lo presiento.

A papá le gusta tomarse las cosas con calma.

—Las personas no debemos apresurarnos en el *sabbat* —me recuerda por quinta vez.

Y con toda la razón. Trabaja mucho durante toda la semana. Apenas pasa tiempo con nosotros. Algunas noches ni viene a casa. Y mañana se va a Londres, por cuestiones de trabajo. Me revienta que se vaya, pero supongo que cuando uno es abogado de las familias más ricas de Praga, tendrá que hacer lo que estas le manden.

Y yo también tengo algo que hacer. Batir mi récord. Hoy.

Falta poco para el puente. El Čechův. Las gaviotas se persiguen unas a otras por el río, entretenidas en sus juegos misteriosos. El castillo se alza hacia el cielo, como siempre, sobresaliendo por encima de todo. Quizá podamos subir cuando mi padre vuelva del viaje. Para ver el cambio de guardia y contemplar la ciudad desde lo alto. Se lo diré cuando no esté tan enfadado conmigo.

Dejamos el muelle y giramos hacia el puente, que está abarrotado de gente y coches. Fantástico. Ahí viene Pavel Goren, nuestro médico. No hay otro médico con un barrigón tan grande como el suyo. Pero ¿por qué pasa de largo la sinagoga Vieja Nueva? Es igual. Me viene de perlas. Distraerá a papá.

—*Shabbat shalom*, Pavel —saluda papá.

—Hola, Karl —le contesta Pavel y me alborota el pelo, pegándome la barriga contra la oreja—. Pero, bueno, Misha, ¡has vuelto a dar un estirón!

No le contesto. El puente está perfecto ahora: viejos con sus bastones, chicas que charlan con sus amigas, una pareja a la que arrastra un perro.

—Madga está enferma —le cuenta Pavel a papá.

Todos los años por marzo la misma cantinela. Supongo que debería prestarle atención, pero tengo cosas más importantes de las que ocuparme. Además, estoy seguro, dentro de nada se pondrán a hablar de Alemania, de Hitler y de los nazis, que parece que no saben hablar de otra cosa últimamente los adultos. Menudo rollo.

Tres chavales pasan a nuestro lado. Mayores que yo, pero ¿y a mí qué? Ahí voy.

—La próxima Copa del Mundo es nuestra —dice uno de los chicos—. Ya lo veréis.

—¡Qué va! —opina el más alto—. Nos ganará Brasil otra vez.

—¡Venga ya! —añade el primero—. Oldrich es mejor cada día.

—Vaya dos idiotas —suelta el tercero.

Dejan de discutir, señalándose unos a otros con el dedo.

Por mí, estupendo.

Los adelanto. Uno, dos, tres.

El siguiente es un viejo que va arrastrando lentamente los pies. Está chupado. Cuatro.

Y dos mujeres, una de ellas con un cochecito. Por desgracia, los bebés no cuentan, pero bueno.

Cinco, seis.

Algún día esto será una prueba olímpica. O debería serlo. Praga albergará las olimpiadas y yo seré un héroe nacional: «¡Gruenbaum está a punto de establecer un nuevo récord! Adelanta al alemán. ¡Treinta y siete! ¡Treinta y siete personas adelantadas en un solo puente! ¡Nuevo récord olímpico!».

A ver, que tengo que concentrarme. Y no vale correr. Si corres y te pillan, te descalifican.

Ahí va una familia. Como la nuestra. Un chaval y su hermana. Ella le debe de llevar cuatro años también, como mi hermana a mí. A saber si se pasa el tiempo diciéndole que deje de comportarse como un crío. Qué más dará. Les están echando pan a las gaviotas.

Siete, ocho, nueve, diez.

No debo dejar que nada me distraiga. Y menos el barco que se desliza bajo el puente. Ni las ganas de girarme para mirar al castillo, que desde aquí tiene la mejor panorámica. Para mí que es el castillo más grande del mundo. Lo juro, a veces sus cuatro torres, sobre todo la de lo alto de la catedral, se pierden entre las nubes.

—¡Michael Gruenbaum! —me grita papá—, ¿se puede saber a qué juegas?

Me hago el sordo. No se enfadará tanto. Papá casi nunca se enfada «tanto».

Por algo es el mejor padre del mundo.

Ahí va una parejita, de la mano. Pan comido.

Once, doce.

Cuatro más y bato el récord.

Una mujer que pasea con el perro.

Trece.

Dos hombres que discuten en alemán. Caminan rápido, como si lo supieran, como si su cometido fuera desanimar al favorito de la nación. Ya les gustaría, señores. Tendré las piernas cortas, pero mis pies vuelan.

¡Catorce, quince! He igualado el récord.

Solo que hay un problema. ¡Qué faena! No hay nadie más. Y el final del puente se aproxima rápido, quedan quince metros escasos.

En fin, un empate tampoco está mal.

Pero ¿y esto? ¡Me van a adelantar! Un hombre alto, de pantalones cortos. Mamá diría que hace demasiado frío para ir en pantalones cortos. Y en eso estoy de acuerdo, aunque no lo reconozca. Calza zapatillas deportivas. Me adelanta a toda velocidad. Lleva a la espalda un balón de fútbol. Lo oigo jadear y veo cómo le brilla a la luz del sol el sudor en el cuello.

Tiene que ser un profesional o va en camino. Seguro que conoce a Andrej Puc en persona. Apuesto a que es un delantero.

Y a mí ¿qué? Yo, Misha Gruenbaum (papá y mamá solo me llaman «Michael» cuando me riñen), representaré algún día a Checoslovaquia en el campeonato olímpico de Rebasar Gente en el Puente. En 1948 o 1952 será por fin deporte olímpico y para entonces estaré en mi apogeo.

Así que empiezo a acelerar, pues hay una regla que solo los competidores más avezados conocen: si alguien va corriendo, se puede correr para adelantarlo. Eso sí se permite.

A papá no le hará gracia verme correr así, con la ropa de ir a la sinagoga. Pero, y a mí, ¿qué? Algún día, cuando la medalla cuelgue en nuestro salón, cuando sea un héroe nacional, comprenderá que ha valido la pena.

Quedan seis metros. El de los pantalones cortos vuelve la cabeza, desconcertado. Sonríe burlón. Acelera el ritmo. Pero no está a la altura de un velocista como Gruenbaum.

¡Entro en la línea de meta un segundo antes que él!

¡El público enloquece!

¡Suena el himno nacional!

¡Dieciséis!

¡Nuevo récord! ¡¡¡Lo he conseguido!!! ¡¡¡Dieciséis!!!

—¡Misha! ¡Misha!

Doy la vuelta y me apresuro a volver junto a papá. Me limpio el sudor con el interior de las mangas para que no lo vea. Trato de respirar con normalidad.

—¿Has visto el castillo? —le digo, para ver si así lo distraigo.

—Misha —me dice preocupado—, solo tienes ocho años. No puedes echar a correr así. En cuanto me…

—¿Podemos ir? —le pregunto, señalando por encima de su hombro.

—¿Ir? ¿Adónde…?

—Al castillo.

Papá abre la boca, como si fuera a decir algo.

—El primer domingo, cuando vuelvas de Londres, por favor…

Se pone la bolsa del *talit* bajo el brazo izquierdo y se gira hacia el castillo. Me ha salido bien, se lo noto en los ojos. Se ha olvidado de todo. Puede que incluso de esos nazis idiotas de los que él y los demás adultos no paran de hablar.

—Claro, ¿por qué no? —me contesta en un tono sereno, con la mirada fija aún en la otra orilla. Luego me pasa un brazo por los hombros y seguimos andando hacia la sinagoga—. Si no llueve, claro.

Papá siempre igual. Siempre un poquitín preocupado. Como si siempre pudiera torcerse algo. Si supiera lo de mi récord nuevo, comprendería que las cosas solo pueden ir a mejor. Es algo que noto a veces, así porque sí.

15 de marzo de 1939

—¡Misha, apártate de esa ventana ahora mismo! —me ordena mamá desde la cocina.

No le hago ni caso. No puedo. Uno no tiene ocasión de ver todos los días desfilar un ejército entero por delante de su edificio.

Primero pasaron los tanques. La tira de ellos. Las orugas que chirrían, el cañón que apunta al frente. Y después las motos con sidecar. Me encantaría montar en una. Con un nazi no, claro. Con papá, sin duda.

Lo que pasa es que sigue en Londres, no hay derecho. Mamá está aquí, pero no es lo mismo, porque ella no se va a poner a conducir una motocicleta. Ha estado conmigo junto a la ventana unos minutos. Me ha puesto la mano en el hombro y ha cogido aliento, como si se preparase para sumergirse en un lago muy, muy profundo. Luego ha puesto mala cara y se ha ido.

Creo que ha sido cuando la gente de las aceras ha empezado a saludar a las motos. Imitando el saludo ese de los alemanes. Incluso en los balcones de enfrente había algunas personas saludando así. El brazo estirado, la mano abierta, los dedos muy juntos. Todo en diagonal desde el pecho. Casi como cuando quieres que el maestro te saque a la pizarra. Yo también lo he hecho, solo por probar. En mi habitación, con la puerta cerrada. Si me ven papá o mamá me matarán.

La oigo ahora. Está en la cocina con Christina, una amiga que vive en esta misma calle. Como han apagado la radio, las oigo bisbisear, a pesar de todo el follón de ahí abajo.

¿Y dónde está Marietta? Leyendo en su habitación, fijo. Se comporta como cualquier otra hermana mayor, como si no le interesase nada. Pero ¿cómo puede no interesarle esto a alguien? Un ejército entero, puede que el más poderoso del mundo, al otro lado de la ventana.

Ahí vienen los soldados. Son centenares. Desfilan en rectángulos perfectos. En filas de siete y columnas de veinte o así. Veinte por lo menos. Un desfile de rectángulos gigantes. ¡Cualquiera los cuenta! Y las piernas las llevan como los brazos de la gente que saluda, completamente tiesas. No doblan las rodillas. Todos levantan el pie a la vez, con la punta hacia arriba, el mismo pie al mismo tiempo. Arriba, abajo. Arriba, abajo. Arriba, abajo. Arriba, abajo. Lanzan el pie hacia el casco metálico redondo, que es oscuro, verde mate. Casi gris, diría. Y es como si no se movieran, los cascos digo. Y tampoco se mueve el fusil que llevan al hombro.

—¡Leci! —La llamo porque la oigo trajinando en el salón, aunque ya estaba limpio.

Esta tarde nuestra empleada no tiene mucho trabajo porque mamá se puso a arreglar la casa sin parar desde el instante en que me fui al colegio esta mañana.

—Dime, Misha.

—¿Qué es eso? —le pregunto señalando hacia la calle.

Ella se acerca, trayendo consigo el olor a Leci: azúcar, jabón y algo más que no identifico.

—¿El qué? —me pregunta con esa cara larga y fina suya impasible.

—Eso brillante que sobresale de los fusiles. ¿Qué es?

—La bayoneta —me contesta—. Va sujeta al fusil, Misha.

—Pues parece un cuchillo —digo—. ¿Para qué necesitan un cuchillo si ya tienen el fusil? ¿Se puede disparar con eso ahí sujeto? ¿Nuestros soldados también la llevan?

No me contesta. Se ha ido. No paran de desfilar soldados por la calle. Cada vez hay más personas saludando, como si se alegraran de tener este ejército enorme en la ciudad. Han extendido una bandera roja gigante —creo que es una pancarta— entre la multitud. Es toda roja, salvo el círculo blanco que encierra la esvástica negra del medio. El cielo está muy, muy nublado, pero aun así el rojo destaca mucho. Muy organizados tienen que estar los alemanes para haberse acordado de traer banderas y pancartas con todo lo demás.

—Misha —me dice Leci, que ha vuelto—, toma.

Me pasa un platito de galletas. Estrellas, lunas y caracolas. Seguro que también sabría hacer esvásticas, aunque no es que yo fuera a comérmelas. Qué raro que me haya dado un plato de galletas, sin más ni más. Sabe que aquí no puedo comer. Mil veces me lo habrá dicho. Pero no seré yo quien se lo recuerde.

Se ha ido otra vez. ¡Qué silencio hay en casa! ¿Se habrá marchado Christina? Me extrañaría mucho, porque siempre me da dos besos antes de irse y me tapa toda la cara con su melena rubia al inclinarse. Mamá debe de estar en su habitación. Mejor para mí, más galletas.

¿No se acabará nunca el desfile? ¿De dónde salen tantos soldados? Y la gente de ahí fuera sigue sin moverse. Lo mismo que las personas de los balcones. ¿Qué hace esa pareja? ¿Por qué se han puesto por fuera de la barandilla? Ni siquiera Jarek, que es el más valiente de la clase, se atrevería a hacer esa locura. ¿En un quinto piso? Qué va. Ni de broma.

Se han cogido de la mano. Solo les queda la otra para agarrarse a la barandilla. Quiero llamar a mamá, pero no me sale ningún sonido. Y no es por la galleta a medio comer que tengo en la boca.

Ya solo tienen la punta de los pies en el borde del balcón. ¿Qué hacen? ¡¿Por qué no vuelven al balcón?! ¡Venga, dejad de hacer el tonto! ¡Volved dentro, vamos!

Se tiran.

¡Se han tirado!

¿O se han soltado? Es igual, porque ya están en el aire. A él le vuela el sombrero de la cabeza al instante. A ella se le abre el vestido. Como un paracaídas. Solo que es demasiado pequeño. El vestido no la salvará y ella no salvará a su compañero. Caen a toda velocidad, aunque sus cuerpos se giren de lado lentamente. ¡Se estrellan contra el suelo!

Pego la cara a la ventana para ver mejor, pero... empaño el cristal con el aliento. Corro a cambiarme de ventana, al otro lado del sofá, y tropiezo con la esquina de la mesita de café. Al caer, me golpeo el codo contra el suelo y de pronto tengo la sensación de que me lo he imaginado todo. ¿Por qué iba a tirarse alguien desde un balcón? Por muy malos que sean los nazis, ¿qué puede llevar a alguien a saltar así? ¿Qué puede haber peor que lanzarse al suelo desde semejante altura? Habré visto visiones.

Así que me levanto, pero no acabo de decidirme, porque lo más sensato sería ir a avisar a mamá. Sobre todo si la pareja se ha tirado de verdad, sobre todo si están estampados contra el suelo en este momento. No quiero ni pensar qué pasará si miro ahora y los veo, puede que con sangre saliendo de donde quiera que salga la sangre cuando alguien se estrella con tanta fuerza contra el suelo.

Pero si aviso a mamá y no ha pasado nada (y espero de verdad, de verdad, de verdad que no haya pasado nada), la armo buena. Mamá me mirará como si me hubiera vuelto loco o se enfadará conmigo por haberme imaginado una cosa tan horrible o me repetirá, una vez más, que me estoy acostando muy tarde desde que papá no está. Y me mandará a la cama temprano, que sería lo peor, porque aunque no haya pasado nada, me da la sensación de que esta noche me va a costar mucho mucho pegar ojo.

Aquí estoy sin saber qué hacer, pero de pronto ya no importa. Porque lo veo. Los veo, mejor dicho. Por el rabillo del ojo. A los dos. Bocabajo, cogidos de la mano todavía, formando una «V» torcida con los cuerpos, a metro y medio escaso de los soldados. Que no parecen haberse dado cuenta. No veo sangre, pero eso no hace que me sienta mejor, para nada.

Camino despacio hacia la ventana y llamo a mamá, pero no me sale la voz. Pasan soldados y más soldados a su lado, como si la «V» retorcida no fuera más que unas sábanas que se le han caído a alguien a la calle. Trato de llamar otra vez a mamá, pero la garganta no me obedece.

¿Cómo puede haber un ejército que entrena a los soldados para que no se enteren de que caen unas personas del cielo? ¿Cómo puede haber soldados que desfilen en perfecta formación sin inmutarse junto a una «V» torcida, muerta?

¿Y esos dos sabrían algo que los demás no sabemos? ¿Hay alguna posibilidad de que no estuvieran locos? No sé, que hubieran estado en Alemania hace unas semanas y supieran qué es lo que se nos viene encima. Quizá lograron escapar de Alemania a duras penas y creyeron que aquí estaban a salvo. Quizá no tuvieran nada de locos. Quizá sabían que no hay nada peor que vivir en un sitio en el que mandan los nazis.

Sé que está mal pensar esto, pero de verdad espero que estuvieran locos. Tan locos como para tirarse desde el balcón como se han tirado. Porque si no estaban locos, si sabían perfectamente lo que hacían, bueno, no sé bien qué significa eso.

De repente a mí también me apetece irme a mi habitación. Cojo otra galleta, pero tengo la sensación de que no me la comeré. Mamá sale del cuarto de baño cuando llego al pasillo. La boca se me abre para decirle lo que he visto, pero enseguida decide callarse. A lo mejor cree que si no dice nada, al final resultará que se lo han imaginado todo mis ojos.

Mamá se inclina para besarme en la cabeza, pero no aflojo el paso. Le oigo decir no sé qué de que practique con el violín, pero no le hago caso. Y cuando me quiero dar cuenta, estoy sentado en la cama, con la mirada fija en una galleta en forma de estrella, con una de las puntas rota, toda reblandecida por el sudor de la mano.

2 de octubre de 1939

—Misha —me dice papá una tarde después de clase—, ¿te apetece hacer una visita a El Rey de los Trenes?

Ni contesto. Me levanto de un salto y cojo la chaqueta. El Rey de los Trenes es la mejor juguetería de Praga. Y hace la tira que no voy, desde mucho antes de que se fuera papá a Londres, donde se ha pasado un montón de meses antes de volver hace unas semanas.

Mientras esperamos al ascensor (nuestro edificio fue el primero de toda la ciudad en tener uno), casi digo: «No recuerdo que hayamos ido nunca a El Rey de los Trenes entre semana». Pero me callo, no vaya a ser que cambie de idea. Así que lo miro y le sonrío. Y él me devuelve la sonrisa, aunque no sé bien si sonríe de verdad. Puede que sea por la cara de cansancio que tiene, aunque de lejos pueda parecer que está igual que siempre, tan elegante con su traje y su corbata.

Salgo corriendo y lo dejo atrás. Después, giro a la izquierda, porque desde que vi cómo se tiraba la pareja, evito pasar por el lugar en el que cayeron. Pero él señala en sentido contrario con el pulgar.

—Para variar, vamos por Simackova.

Ya le iba a poner mala cara, pero me corto antes de que se dé cuenta. Sé por qué ha dicho eso. Porque ahora a los judíos nos han prohibido ir por Veletrzni. No paran de hacer normas y reglas nuevas los idiotas de los alemanes. Y casi todas son para nosotros, para los judíos. No podemos comer en la mayoría de los restaurantes ni ir a las piscinas públicas, ni siquiera ir a escuelas de lengua alemana (Marietta ha tenido que cambiarse; yo no, porque ya estaba en una checa). Nos han obligado a entregar las radios y desde hace un mes no se nos permite andar por la calle a partir de las ocho de la noche. Y no es que yo ande por ahí tan tarde, pero, aun así, no hay derecho.

Hasta hemos tenido que despedir a Leci, porque las personas que no son judías ya no pueden trabajar para los judíos. El último día que estuvo fue el peor. Llegó más temprano de lo normal y limpió y cocinó como si le fuera la vida en ello. Mamá venga a decirle que parase, venga a decirle que no hacía falta, venga a decirle que viniera al salón a tomar el té con nosotros. Y cuando por fin vino, Leci me dijo que me pusiese a su lado. Me acerqué y me senté en su regazo, como hacía cuando era pequeño, aunque ahora ya sea demasiado mayor para que me cojan en brazos. Pero no me importó, porque se le notaba que de verdad quería tenerme en brazos. Me abrazó con fuerza. Y se echó a llorar, e hizo llorar a mamá. Y a mí también, casi. Así que me solté y me fui a mi habitación.

Papá y yo hemos pasado por el sitio donde cayó la pareja. Al día siguiente, bajé a mirar, pero no encontré ninguna marca en la acera. No rompieron ninguna baldosa. Así que al final le pregunté a mamá, pero ella negó con la cabeza y me dijo: «¿Y si lo dejamos para otro momento?». Solo que ese momento no llegó nunca. Volví a sacar el tema una o dos veces, pero, al ver lo triste que se ponía mamá cuando lo mencionaba, lo dejé.

Y, la verdad, la mayor parte de las veces tampoco me cuesta tanto olvidarme de la pareja que se tiró del balcón, porque desde entonces no han dejado de pasar cosas horribles. Como las tropecientas reglas que nos imponen los nazis. Hay un montón que son por cuestiones de dinero, de negocios, bancos, juzgados y cosas por el estilo. Cuando volvió papá, le pedí que me las explicara y lo intentó, pero no les vi mucho sentido. Lo que sí sé es que ahora tenemos mucho menos dinero, lo sé por lo que comemos (o no comemos) últimamente. Además, no creo que nadie de la familia, ni siquiera mamá, se haya comprado nada nuevo desde que nos invadieron los alemanes.

Al principio, aunque la nueva situación era mala, me imaginé que no duraría mucho, así que no era tan mala. Pero ya está durando demasiado y además empeora cada día, cada vez que hacen una norma nueva, que nos dicen otra cosa que ya no podemos tener, otro lugar al que ya no podemos ir. Ahora tampoco podemos compartir habitación en los hospitales con los no judíos. Son todo normas que no tienen sentido. Aunque puede que para aquella pareja sí lo tuvieran. O no lo tenían en absoluto, mejor dicho. Puede que supieran perfectamente lo que iba a pasar.

Encima, claro, ahora hay guerra. Porque Hitler no se conformó con Checoslovaquia, no. También quería Polonia. Ay, que ahora esto ya no es Checoslovaquia. Ahora nos llamamos Protectorado de Bohemia y Moravia. Como si nosotros necesitáramos su protección.

Torcemos por Janovskeho y veo a Christina, que camina hacia nosotros. Tiene el pelo precioso hoy, como si resplandeciera. A lo mejor se ha hecho algo desde la última vez que la vi, que ahora que lo pienso han pasado meses. Me pregunto si tendrá también un tacto distinto.

Levanto la mano para saludarla, pero papá me la baja. De todos modos, Christina nos ha visto. Pero desvía la mirada enseguida y se cambia de acera. No nos dice hola ni siquiera con la mano. Hace como si no nos hubiera visto, aunque yo sé de sobra que sí. Me vuelvo hacia papá para preguntarle por qué ha hecho eso, pero su expresión triste y cansada me indica que no lo moleste.

—Misha —me dice papá en cuanto llegamos al río.

—¿Qué?

—Seguro que has notado que no trabajo mucho desde que volví.

Veo una barca que se desliza bajo el puente Stefanikuv. Avanza tan despacio que apenas provoca olas. Entonces me doy cuenta de que papá se ha callado. Aparto la mirada del río y lo veo colocándose bien la corbata.

—Sí, lo he notado —contesto—. ¿Cómo no lo iba a notar?

—Pues —me dice, sin mover la cabeza—, de momento…, de momento ya no voy a trabajar nada.

Ha hablado en voz muy baja, no como habla normalmente. Y entre los coches a un lado y el río con el ruido del agua al otro, casi no lo oigo. Quiero pedirle que me lo repita, para estar seguro de lo que ha dicho, pero algo me dice que no es buena idea.

—Ya —contesto.

Me coge de la mano y yo me dejo. Caminamos un rato sin hablar.

Entonces caigo en la cuenta.

—¿Quiere eso decir, papá, que ahora podremos hacer excursiones entre semana?

—Tal vez.

—¿A pie?

—Puede ser.

—Es que —suelto, con la voz acelerada— Lukas, uno de

mi clase, dice que tiene doce insignias en el bastón. Hasta una de los montes Krkonoše. Yo no me lo creo, pero no lo quiere traer al colegio. Dice que sus padres no le dejan. Es igual, el caso es que yo solo tengo ocho. ¿Ocho? No, tengo nueve. Es igual..., que he pensado... que, a lo mejor, podríamos..., ahora que tienes más tiempo..., que podríamos hacer muchas excursiones. A Štěchovice e incluso...

—Ya veremos, Misha, ya veremos...

En cuanto doblamos la última esquina, me lanzo a galope hacia El Rey de los Trenes. Al instante, percibo el ruido de las miniaturas que giran sin parar por las vías. Corro hacia el borde del tablero de la exposición gigante. Y ahí están: una locomotora de vapor negra y larga que tira de un montón de vagones de carbón; una locomotora plateada con media docena de coches de pasajeros rojos detrás; y otro tren de mercancías con troncos y a saber qué animales dentro de los vagones verdes de ganado. Los trenes serpentean entre montes y bosques en miniatura, atraviesan puentes y desfiladeros. Cuando entran en las ciudades, en cada calle se bajan de forma automática unas barreras blancas. Van tan rápido que me da la impresión de que volcarán en las curvas, pero siguen como si nada.

La puerta se abre y enseguida papá se pone a mi lado. Estamos sin decir nada un buen rato. El año pasado tendría que haber empezado a coleccionar piezas para mi tren. Ahora, por lo del trabajo, mejor dicho, por lo de la falta de trabajo, y porque seguro que no tardan en anunciar que los judíos no pueden tener maquetas de trenes, seguro que me costará mucho conseguir todas las piezas que me hacen falta.

—¿Podremos montar pronto en un tren de verdad? —le pregunto.

—Tal vez, Misha —me contesta, poniéndome la mano en el hombro.

—Cuanto antes, mejor —digo—. Me da igual adónde vayamos.

Trato de hacer memoria: ¿hay normas que prohíban a los judíos ir en tren? A estas alturas son tantas las prohibiciones que ya he perdido la cuenta. Y seguro que papá y mamá también. Discuten más que nunca, en voz muy bajita para que no los oiga. Cuchichean así todo el tiempo, hasta cuando deberían estar durmiendo. Lo sé porque a veces me levanto de noche para ir al cuarto de baño. Y últimamente, no falla, siempre veo la rayita de luz en su habitación por debajo de la puerta. Apuesto a que es por todas esas normas.

Así que no le pregunto a papá si aún nos dejan ir en tren. Deduzco que sí. Porque si no les gustamos mucho a los alemanes, estarán deseando que nos montemos en trenes. Y así podríamos irnos a otro sitio.

16 de septiembre de 1940

—Espabílate, Misha —me dice mamá—, que ya son las tres y media.

—Un minuto —digo—. Ya casi he terminado.

Los deberes, quiero decir. Aunque no sean deberes de verdad, porque ya no hay colegio de verdad. Por lo menos, para los judíos. A finales del verano dijeron que tampoco podíamos ir a las escuelas checas. Así que ahora estoy en tercero en el salón de la familia de Erik Laub. Somos seis. Dos chicas mayores, que deberían estar en la universidad, son las profesoras. Nos sentamos en corro en sillas de madera y jugamos a las cartas en vez de salir al recreo.

—Misha —insiste mamá, que ha aparecido de pronto en la puerta de mi habitación y no parece nada contenta—, como no nos espabilemos, no llegamos a tiempo.

A la tienda, quiere decir, porque ahora los judíos solo podemos ir a la compra de tres a cinco de la tarde.

—Está bien, está bien, ya voy.

—Y no has practicado violín, ¿a que no?

—¿Y qué?

—Pues que en cuanto volvamos, es lo primero que haces, ¿me oyes?

Llega el tranvía y montamos en el coche de atrás, aunque el de delante va menos lleno. Porque esa es otra de las normas: los judíos ahora solo pueden ir detrás. No hay dónde sentarse, así que vamos de pie mientras el tranvía traquetea calle abajo. Mamá saluda a una amiga y luego se queda en silencio, mirando por la ventanilla.

Se la ve cansada. Antes iba siempre muy elegante, pero ahora lleva cada día un vestido sencillo gris. Sin joyas. Estos últimos meses, ha puesto el piso patas arriba, para separar todo lo de valor. Todo lo de valor que no se hubieran llevado ya los alemanes, porque dijeron que no podíamos tener cámaras, ni máquinas de escribir, ni abrigos de lana, ni qué sé yo cuántas cosas más. Botas de esquí, tampoco. Supongo que los alemanes no querrán que los judíos les estropeemos sus bonitas montañas. Que para empezar no son suyas.

Las cosas de valor (cuadros, joyas y los mejores vestidos) han ido desapareciendo poco a poco. Se las han llevado a no judíos que conocemos, no judíos que todavía nos hablan. Lo demás lo van mandando a un almacén de Londres. Nuestro piso últimamente se ha quedado muy vacío.

—Cuando pase todo esto —pregunto—, ¿lo recuperaremos de nuevo?

—¿Qué? —pregunta mi madre, como si la hubiera despertado de un trance.

—Nada —contesto.

He decidido no repetirle la pregunta ni preguntarle lo que de verdad me desconcierta: ¿por qué no hay nadie que nos quiera ayudar, a nosotros o a cualquiera de los otros judíos de por aquí, si, de haber sido la cosa al revés, nosotros sí los habríamos ayudado a ellos? Por lo menos, eso deseo, de todo corazón.

El tranvía llega a una parada y nos apeamos.

—Olvídalo —digo.

La tienda, como el tranvía, está hasta los topes de gente. De judíos. Hay muchas cosas que me apetecen (higadillos de pollo, arenques, salami, miel, pan del día), pero me callo, porque sé que ahora no tenemos para casi nada. Papá lleva sin trabajar casi un año y hasta yo sé que nos hemos gastado prácticamente todos nuestros ahorros. Por eso mamá se lo toma con calma, deteniéndose a estudiar bien el precio de lo que sea. Al cabo de lo que me ha parecido una hora, pone por fin algo en nuestra cesta, para sacarlo al momento.

Salimos de la tienda con una bolsa nada más y echamos a andar hacia la parada del tranvía.

—Mejor volvemos a pie —dice entonces mamá.

El paseo no está tan mal, salvo cuando pasamos por un parque con un cartel idiota en alemán que dice «Juden verboten», «Judíos no». Un grupo de niños de mi edad le da patadas a una pelota. ¡Qué suertudos!

—Misha —me dice mamá unas manzanas más allá.

—¿Qué?

—Quiero que sepas que…

—¿Eh?

—Que nos vamos a mudar pronto.

—¿Cómo?

—De piso.

—¿Cómo que nos mudamos? —repito como si no hubiera oído nunca esa palabra—. ¿Qué quieres decir con eso de que nos mudamos?

—Nuestro piso es muy grande y los…

—¡Qué va a ser grande! No tiene nada de grande. Tiene el tamaño ideal. ¿Qué tiene de grande?

Mamá se queda un minuto sin decir nada. Estamos en una esquina, esperando a que pasen los coches para cruzar.

—Los alemanes han ordenado que todos los judíos se muden a la parte antigua de la ciudad. Junto a la sinagoga Vieja Nueva. Viviremos todos allí. A finales de semana, hacemos la mudanza.

Hay una piedra en la acera y me pongo a darle pataditas. Seguro que soy mejor al fútbol que aquellos chavales. Pero si les lanzo la piedra, para que sepan que yo también quiero jugar, lo más probable es que me la devuelvan. Como hicieron los de la semana pasada, cuando volvía del piso de los Laub. Que hasta me persiguieron. Menos mal que encontré un buen escondite al lado de una iglesia y se largaron.

Esto no se lo he contado a nadie.

—¿Y tendremos…, tendremos ascensor en la otra casa? —le pregunto a mamá.

—No, Misha, el edificio al que iremos es demasiado viejo.

Me empiezan a doler los dedos del pie de tanto darle patadas a la piedra. La lanzo con fuerza contra una portería imaginaria, pero fallo el gol, no sé por qué razón.

—¿Y las clases? —pregunto.

Justo en ese momento pasamos por el sitio en el que cayó la pareja. Al menos, si nos vamos, no estaré acordándome de ellos todo el tiempo. Aunque cada día aquello vaya cobrando más sentido.

—Para eso ya encontraremos también un sitio.

—¿Un piso nuevo, quieres decir? —pregunto, pero mamá no contesta.

Torcemos hacia nuestra calle, que pronto dejará de ser nuestra calle.

—Mamá.

—Dime.

—Si vamos a estar todos los judíos en la parte vieja, ¿crees que nos dejarán jugar allí en los parques?

—No lo sé, Misha, ya verem…

—Que no pueda ir a un colegio normal no quiere decir que también tenga que ser malo jugando al fútbol. Digo yo.

Entramos en nuestro edificio, que pronto dejará de ser nuestro edificio.

—Cuando nos mudemos, mamá, y estemos todos juntos, ¿crees que nos dejarán en paz?

Mamá no dice nada. Llega el ascensor. Entramos y pulso el número cuatro, porque mamá sabe que del ascensor me ocupo yo. Cuando nos fuimos a vivir allí, me pasaba horas montado en él por pura diversión. Ahora ya no le veo la gracia.

—¿Tú qué crees? —insisto.

—Ya veremos.

—¿Cómo que ya veremos? —digo, levantando la voz—. Lo único que vemos es que cada día es peor que el anterior. Cada día hay otra de esas normas idiotas, peor comida y nada de fútbol. Y no parece que a nadie le importe o quiera ayudarnos, aunque…

—Lo sé, Misha, lo sé —me interrumpe mamá, saliendo del ascensor.

Y me doy cuenta de que debería callarme, pero no sé por qué no puedo. Casi voy dando voces por el pasillo.

—Dijiste que ya buscaría papá una solución. Pero todavía no ha buscado ninguna, ¿a que no? Pues digo yo que si piensa buscar alguna, debería ponerse ya. ¿Y si llega demasiado tarde? ¿Y si inventan otra norma de esas que haga imposible esa solución? Entonces, ¿qué?

Mi voz resuena en las paredes del pasillo, pero mamá no me contesta. Se limita a entrar en nuestro piso, que muy pronto dejará de ser nuestro.

25 de mayo de 1941

Un hombre se para a encender un cigarrillo en mitad de la plaza del Casco Viejo. Quizá pueda interesarle:

—Usted perdone, ¿querría comprar un cinturón?

El hombre se detiene un momento.

—¿Un cinturón, dices?

Menos mal, habla checo. Cuando oigo acento alemán, agacho la cabeza y me doy media vuelta. Y como vea a un soldado alemán, bueno, entonces desaparezco por la primera esquina que pille.

—Sí, un cinturón. Mire. —Sostengo en alto mi último trabajo, un cinturón de cuerda, el mejor que he hecho—. Lo he trenzado yo.

El hombre se pone el cigarrillo en los labios y coge el cinturón. Lo estira entre los dedos. Él no se lo pondría, se lo noto, con semejante traje. Pero a lo mejor para sus hijos, si tiene alguno.

Mientras prueba el cinturón, exploro la plaza en busca de otros posibles clientes. Es domingo, hay un montón de familias por ahí. Si consigo vender uno más, puede que saque doscientas coronas. Lo suficiente para comprar mantequilla.

—¿Y cuánto pides por él? —me pregunta despacio, como si yo estuviera en un comercio de cinturones, detrás del mostrador.

Le enseño mi sonrisa más cordial.

—Cincuenta coronas.

—¿Cincuenta? —me pregunta guiñando los ojos—. Es demasiado.

—Cuarenta —le ofrezco.

Pero él no dice nada; se quita una hebra de tabaco de la comisura de los labios. Saco otro cinturón del bolsillo.

—Dos por sesenta. Es una ganga.

—Lo siento. —Me devuelve el cinturón—. Quizá otro día.

Vaya, ha estado a punto de comprarlo, ¡qué rabia!

El hombre se aleja caminando con calma, las manos cruzadas a la espalda. Justo antes de que se pierda entre la multitud, veo que levanta una mano por encima de la cabeza. Lanza el cigarrillo al suelo.

Vamos, corre.

Salgo disparado y recojo el cigarrillo del lugar en el que ha caído, entre dos adoquines. Fantástico, queda un tercio por lo menos. Con las otras colillas que he ido recogiendo, me da para liar un pitillo, puede que dos. La semana pasada vendí uno por veinticinco coronas.

Me palpo el bolsillo por fuera. Unas 160 coronas. Bueno, algo es algo.

¡Tan! ¡Tan! ¡Tan! ¡Tan!

El viejo reloj astronómico. Ni me había dado cuenta de que estoy justo debajo. La enorme torre tiene más de quinientos años, con esferas que te lo dicen todo: la hora, el día, el signo del zodíaco, la posición del sol y la luna..., lo que quieras. Papá me explicó una vez cómo funcionaban todas las partes, pero no le hice caso porque estaba concentrado en admirar el reloj.

¡Tan! ¡Tan! ¡Tan!

Un esqueleto raro da las horas con una campana que sostiene con la mano huesuda cada sesenta minutos. Y por encima de él, otras figuras (los apóstoles, creo) pasan por las ventanitas que se abren cada vez que la hace sonar.

¡Tan, tan! ¡Tan, tan, tan!

Se dice que al hombre que lo fabricó, un maestro relojero que se llamaba Hanus, lo dejaron ciego nada más terminarlo. Lo dejaron ciego adrede, para que no pudiera fabricar otro igual. Antes esa historia no me la creía. No podía ser que hubiera gente tan mala. Pero últimamente ya dudo. Puede que sí. Puede que eso, en comparación, no sea nada. Cada vez hay más normas. No podemos comprar manzanas, no podemos jugar a la lotería, no podemos coger un taxi, no podemos ir a los hoteles. Nada les parece demasiado poco; nada, demasiado raro. ¿Qué más les dará si compramos o no manzanas? ¿Qué importancia puede tener eso? Apuesto a que hay muchos checos que detestan a los nazis tanto como nosotros, pero algunos parecen conformes con la situación y ponen esos letreros crueles en los escaparates más grandes de lo necesario, «Juden verboten», e izan las flamantes banderas con la esvástica en la fachada todos los días a primera hora.

La semana pasada entregamos mi violín, porque esa es otra norma. Los judíos ya no pueden tener instrumentos musicales. El plazo terminaba en diciembre, pero hemos ido a entregarlo enseguida. A lo mejor por lo mal que tocaba. Me daba clases el tío Ota, pero, por mucho que me esforzara, jamás he conseguido arrancarle un sonido que no nos diera una grima horrorosa a los dos. Cualquiera pensaría que mi violín era un instrumento de tortura. Ha sido la primera vez que casi me alegra una orden de los nazis.

Porque, en general, no me hacen gracia. Ni un poco. Ayer, cuando se supone que tendría que estar haciendo esos deberes sin sentido, me dio de repente por tratar de imaginar algo que los nazis no nos prohibirían, alguna norma que me pareciera imposible que fueran capaces de imponernos. Pero no se me ocurría nada. Algún alimento que por ley pudiéramos seguir comprando. Algún lugar al que no se nos pudiera impedir ir. Algún objeto que no nos obligaran a entregar. Todo bajo amenaza de castigo severo para quien no cumpla las normas. «Castigo severo» quiere decir «muerte», creo.

No sé si esto podría empeorar, y mucho.

¡Quieto! ¿Cómo que ya son las seis? Como no vuelva pronto a casa, mamá me mata.

Aunque casa, lo que se dice casa, aquello ya no lo es.

Recorro a toda velocidad las callejuelas estrechas del gueto hacia la calle Kozí que es donde está nuestro piso. Nuestro piso nuevo. Que de nuevo no tiene nada.

—¡Misha! —exclama mamá nada más verme—, ¿de dónde vienes?

—Mira, mamá —le enseño las monedas—, casi doscientas coronas.

—Gran cosa —se burla Marietta desde un rincón de la sala de estar, una sala que es a la vez cocina y comedor.

Está sentada en su cama, con la cabeza enterrada en algún libro, como de costumbre. Mi cama está en otra esquina, no muy lejos de la suya. Mamá y papá duermen en el único dormitorio que hay. Calculo que cabrían tres pisos como este en el que teníamos en Holešovice. Aunque quizá no debería quejarme. Hay muchas familias, también en este edificio, que tienen que compartir piso con otras.

—Habrás ganado tú más —replico, dejando los cinturones y el tabaco suelto en la caja de puros que guardo en la cama—. Anda, ¿y papá?

—En una reunión —me contesta mamá.

Está dándole vueltas a algo que me imagino que será sopa, porque no comemos otra cosa últimamente. Tengo mucha hambre y la sopa sabrá a rayos, eso fijo. Porque no se puede comprar nada con las míseras cartillas de racionamiento que nos dan los alemanes. Ni manzanas, ni naranjas, ni cebollas, ni ajo, ni queso, ni pollo, ni pescado, ni nada. La mayoría de los alimentos que me apetecería comer hay que comprarlos en el mercado negro, donde todo cuesta mucho más de lo que vale.

—¿Qué reunión? —pregunto.

—Una reunión —me contesta, sin molestarse en mirarme.

Acerté, la cena fue un horror. Encima papá no llegó a tiempo. Y para colmo, nadie quiere jugar a las cartas conmigo. Cuando por fin apareció, él y mamá se fueron corriendo a su habitación y cerraron la puerta. Solo salieron para ordenarme que me metiera en la cama.

¡Qué hambre tengo! Ojalá me quedara dormido enseguida. Pero no me acostumbro a esta casa.

—Marietta —susurro.

—¿Qué?

—¿Qué crees que habrá ido a hacer papá para que haya vuelto tan tarde?

—¿A ti qué te parece? A tratar de sacarnos de aquí.

—¿Crees que lo conseguirá?

—Más nos vale —dice—. No tendría que haber vuelto de Londres. Tendría que haber hecho lo que fuera para llevarnos allí a todos.

—Y ahora, ¿adónde podríamos ir? Ahora que ha vuelto... Los alemanes están por todas partes. Y no tenemos ni...

—Misha —me dice, casi cariñosa—, ahora no, ¿vale? Que quiero dormir.

Lo curioso es que este piso queda a solo tres manzanas de la sinagoga Vieja Nueva. Seguimos yendo a ella, papá y yo, aunque ya no tengamos que ir dando el paseo por la orilla del río.

La semana pasada llegamos temprano a la sinagoga y papá me señaló unos peldaños metálicos que suben por la pared más clara del viejo edificio. Son unos veinte, que forman una línea un poco curva a medida que ascienden hasta los ladrillos de color marrón oscuro que hay por debajo del tejado triangular en pico. Y entonces, a saber por qué, los peldaños se acaban delante de una puertecita que siempre está cerrada. Que ni siquiera tiene picaporte.

—¿Los ves, Misha? —me pregunta.

—Sí.

—Llevan al desván, ¿no?

—Sí.

—¿Y sabes qué hay ahí arriba?

—¿Qué?

—Hace unos cuatrocientos años, hubo un gran rabino, el rabí Loew. Quería proteger a los judíos, así que modeló una criatura con barro que recogió de la orilla del río.

—¿De nuestro río?

—Sí, claro, del Moldava. Y después le dio vida. El rabino Loew le dio vida sin más ayuda que los poderes de la lengua hebrea. Escribió el nombre de Dios en…

—¿El nombre de Dios? Eso ¿qué quiere decir?

—Buena pregunta, Misha —dijo dándome una palmadita en el hombro—. No lo sé, pero es lo que hizo. Lo escribió en un trozo de pergamino y se lo colocó en la boca a la criatura. Y así fue como cobró vida. Una criatura poderosa: el Golem.

—¿Sirvió de algo? —le pregunté—. ¿Nos protegió?

—Sí, así es —contestó papá, asintiendo con la cabeza—. Hasta que el Golem se hizo demasiado fuerte. Entonces, en vez de limitarse a protegernos, empezó a hacer daño a gente que no lo merecía. Ni siquiera el rabino Loew era capaz de controlarlo.

—¿Y qué pasó?

—El rabino engañó al Golem para que se le acercara. Fue justo aquí, de hecho, justo donde estamos ahora. Entonces metió...

—¿Cómo lo engañó?

—¿Sabes qué, Misha? —dijo papá riéndose—. No tengo ni idea. Pero el rabino Loew era muy listo. El caso es que metió la mano en la boca del Golem y le sacó el trozo de pergamino.

—¿Y así le paró los pies?

—Sí, se hizo pedazos al instante.

Me quedé mirando a la acera, tratando de imaginar pedazos grandes de barro por todas partes, pero no fui capaz.

—¿Y qué tiene que ver eso con los peldaños?

—Cierto, cierto, Misha. Por supuesto. Fue ahí donde lo guardó el rabí Loew. Lo que quedaba de él, al menos. Los trozos de barro. Y muchos creen que el Golem sigue ahí.

Ya le iba a preguntar si él se creía la historia, cuando nos interrumpió Petr Weiss, porque, aunque papá ya no trabaje, sigue siendo importante. Por eso todo el mundo se para a hablar con él.

Oigo la respiración profunda de Marietta. Qué suerte tiene, se ha dormido. Intento acompasar mi respiración con la suya, porque a veces me da resultado.

¿Y si subimos y cogemos al Golem? Seguro que alguien sabe el nombre de Dios, y aunque los alemanes nos lo hayan quitado casi todo, algún trozo de pergamino podremos encontrar en algún sitio. Luego no hay más que metérselo en la boca de barro y ya el Golem se encargará de lo demás. Hala, adiós a los nazis.

Aunque podría desmandarse otra vez y hacer daño a gente que no lo merece.

¿Y qué? ¿Qué hemos hecho nosotros para merecer esto? ¿Qué ha hecho ninguno de nosotros? ¿Qué les hice yo a esos niños que me tiraron piedras y me persiguieron por un callejón hace unas semanas? ¿Qué hemos hecho para que los alemanes amenacen con matarnos solo por entrar en un hotel? Y si esto no acaba rápido, ¿entonces qué? ¿Qué pasará si esto empeora? No lo consigo, no me duermo. Me levanto en silencio y voy hacia el dormitorio.

Es increíble. Tienen la luz apagada. Abro la puerta con cuidado. Más increíble todavía, diría que están dormidos.

Me subo a su cama, me arrastro hacia sus almohadas y me apretujo entre papá y mamá.

—¿Misha? —dice papá medio dormido.

—Es que no me duermo.

Mamá musita algo mientras papá levanta la manta para que me acomode. En el piso de antes, ni de broma me habrían dejado dormir con ellos. Ni yo habría querido. Pero aquí es distinto.

Papá me pasa un brazo por el hombro y me estrecha contra su costado. Se me queda la oreja pegada contra su pijama. Su respiración, no sé por qué, me recuerda lo cansado que estoy.

Puede que tener el Golem nos ayude, pero papá también es muy fuerte. Y además debe de ser tan listo como el rabino aquel. O casi, que no es poco. Se le ocurrirá un buen plan, seguro. Mientras papá esté con nosotros, todo irá bien.

8 de septiembre de 1941

¡Qué mantas! Si me dejasen entrar en el parque, verían lo que es bueno. Fíjate, el del chaleco..., si no sabe ni regatear. Aun así, me divierte mirar. Y me sirve para imaginarme partidos en los que sí puedo jugar cuando estoy en la cama. Y en esos partidos, siempre soy la estrella.

Siempre la estrella. Justo.

Ahora llevo una en el pecho. A la fuerza. Es la última norma. Hace una semana llegó mamá a casa con un montón de estrellas. Amarillas, de seis puntas. Es así la estrella judía, la estrella de David. Por lo menos es lo que dice papá. Y en el medio, en letras negras gordas en alemán, la palabra «Jude». Judío.

Debería largarme. Como me pesquen mirando desde la entrada, se darán cuenta. Como ahora llevo una estrella, todo el mundo sabe que soy judío. Y si lo saben, vendrán a por mí como otras veces. ¡Menudo golazo! El orejotas se lo ha colado al bajito.

Antes de acostarnos estuvimos cosiendo estrellas en todas las chaquetas y camisas gruesas. Justo encima del corazón. Es lo que me dijo mamá cuando me dio aguja e hilo para que probara. Pero se me daba fatal. Así que ahora, cuando salgo, ya no puedo disimular.

Ya se me ha ido la mano otra vez. No hago más que tocarla. No sé por qué. A lo mejor la toco para taparla, para poder seguir disimulando. O para asegurarme de que la llevo. Porque si no la llevas y te pillan, pasa como con cualquier otra de las miles de leyes que se han inventado (como la de hace unos días, que dice que no podemos pedir libros en las bibliotecas, ni entrar siquiera): más vale que no te pillen. O será que no me acostumbro. ¿Cómo se va a acostumbrar uno a llevar esto?

Uno de los chicos, el más grandullón, mira hacia aquí. Debería largarme, porque ya no es la primera vez que me persiguen algunos chicos cuando se dan cuenta de que soy judío. Aunque no llevara estrella, daba igual. Porque si no fuera por eso, ¿por qué iba a quedarse un chaval mirando desde fuera de un parque?

El grandullón me sonríe. A lo mejor no le importa. A lo mejor le gusta tener un espectador. A lo mejor le gustaría poder invitarme a jugar con ellos. A lo mejor detesta a los nazis tanto como yo. Le da una palmadita en el hombro al del chaleco. Me señala a mí.

—¡Oye, chaval! —grita.

—¿Qué?

De pronto viene volando hacia mí una piedra. La habrá tirado otro de los chicos. Como la última vez y todas las veces anteriores. Cae a medio metro de mí y rueda por el empedrado.

Hora de salir pitando. Me doy media vuelta y enfilo en sentido contrario, medio andando, medio corriendo. Zigzagueando de portal en portal, girándome a mirar de reojo hacia el parque. El corazón me late con fuerza contra la estrella.

Entro por una callejuela y miro a ver si me siguen. Estupendo, no hay rastro de ellos. Mi corazón no está tan convencido, pero no pasa nada. Al fin y al cabo, ya me he librado de chicos como esos otras veces, ¿por qué no habría de lograrlo ahora?

Será mejor que tire hacia la plaza. Aunque, ahora que llevo esta estrella, la mayoría de la gente no se me acercará; bueno, puede que a alguien le dé pena y acceda a pagar un poco más. El martes una mujer me llevó a una callejuela como esta y me dio cien coronas por dos cigarrillos. Increíble. Me fui corriendo a casa a...

—Vaya, qué sorpresa.

Porras, son ellos.

—Te lo dije, Oskar —dice el orejotas.

No me quedo mirando su espantosa sonrisa y salgo disparado. Atravieso la callejuela a toda mecha. Otra piedra da en el suelo y rebota adelantándome. Luego, ay, noto algo en la espalda, justo debajo de la paletilla. Una pedrada, me imagino. ¡Qué daño! Me dan ganas de parar, porque cada vez que levanto la pierna derecha me duele más. Pero sé que no puedo. Sus pasos resuenan en las paredes. O puede que sean los míos. O quizá sea mi corazón.

Otra callejuela.

Venga, a la izquierda. He estado a punto de volverme para ver si los he despistado, pero esta vez no. Paso por una iglesia; ahora, a la derecha. Aquí es donde está la tienda de comestibles, o sea, que ya estoy casi en casa. Intento distinguir sus pasos, pero los míos hacen demasiado ruido.

¡Para! ¿Dónde está la tienda? ¿He girado dos veces a la derecha? ¿O una a la derecha y otra a la izquierda? ¿Ahora por dónde es? ¿Por qué se me cansan tanto las piernas? Antes podía correr horas sin problema.

Venga, a la izquierda. No, a la derecha. Pues busca un portal para esconderte.

¡Qué faena! Un callejón sin salida. ¡¿Qué hago ahora?! Puede que los haya despistado. Aunque no corra tanto como antes, sigo siendo más rápido que la mayoría de los chavales de mi edad. Se habrán rendido. Escóndete detrás de ese portal y cuenta hasta cien. Para entonces ya no estarán.

Uno, dos, tres, cuatro, cinco, seis... Está claro que me saldrá un moratón donde me ha dado la piedra. Como me lo vea mamá, se me acabaron los paseos... Siete, ocho, nueve, diez, once... Daría cualquier cosa, lo juro, por estar donde fuera menos en Praga... Doce, trece, catorce, quince... Antes era el mejor lugar del mundo, pero ahora, preferiría probar suerte en otra parte... Dieciséis, diecisiete, dieciocho... No, no puede ser. ¿Cómo han...?

—¡Está aquí! —se desgañita el bajito—. ¡Lo he encontrado!

—¡Bien! —grita el orejotas, que sonríe otra vez.

La peor sonrisa que he visto en mi vida.

Los cuatro me parecen mucho más altos que hace dos minutos.

—Por favor... —pruebo a decir, pero ya no se me ocurre nada más.

El corazón se me acelera otra vez. No me late tan rápido, pero sí con más fuerza, como si pretendiera reventarme las costillas para salirse del pecho e irse a vivir dentro de otro chico.

—¿Por favor qué, judío? —suelta el grandullón, que se planta en medio de la única salida con los brazos cruzados.

Cuento hasta tres, salto y me abro paso empujándolo. Mi hombro choca contra el suyo. Veo que lo he sorprendido, puede que incluso lo haya impresionado, pero los otros tres siguen ahí. Y ahora se me han echado encima los cuatro.

—¡Ya vale! —grito—. ¡Dejadme en paz!

Me retuerzo, me revuelvo y pataleo, pero no sirve de nada. Son demasiado fuertes y lo saben: me lo dicen sus carcajadas. El grandullón, que me tiene agarrado por la pierna izquierda, me mete la mano en el bolsillo. Saca tres cinturones de cuerda.

—¡Deja eso! ¡Es mío!

—Cierra el pico, *jude* —dice con voz tranquila, como si yo solo lo incordiase—. Ahí, Tomas. —Y señala con la mano con la que sostiene mis cinturones—. Con eso basta.

Me lanzan de espaldas contra un árbol. La corteza se me clava en la piel a través de la chaqueta, pero me han soltado las piernas, así que me cuelo rápido entre el bajito y el del chaleco. Son los más débiles, mi mejor opción para escapar.

Solo que el grandullón me agarra por detrás y me vuelve a lanzar con más fuerza aún contra el árbol. Me golpeo en la cabeza con el tronco.

—Judío —me dice—, ¿te he pegado ya?

—No.

—Pues eso. Pero como vuelvas a hacerte el listillo, te pego. A ver si así te enteras de que es mala idea que un judío se haga el listillo.

No contesto. Los miro de uno en uno.

Puede que al del chaleco, creo que es Tomas, le dé pena, o puede que ese otro se compadezca de mí.

—Oye, Oskar —dice—, pásame los cinturones. Te voy a enseñar el nudo del que te hablé.

Los cuatro se ponen en fila, a unos tres metros de mí, para admirar su obra.

Ya ni me molesto en tirar de las cuerdas. El nudo que ha hecho Tomas es como un candado.

Miro al suelo, les digo a mis lágrimas que se queden dentro de mí, que es donde tienen que estar.

Calculo que ya estarán a punto de largarse, cuando de pronto el orejotas se me pone delante. Otra vez esa sonrisa, esa media sonrisa, mejor dicho. Ladea un poco la cabeza, se retira medio paso, me agarra los pantalones y tira de ellos hacia abajo.

—¡Eh! —grito—. ¿Qué haces...?

No ha conseguido bajármelos. Gracias al cinturón. Pero eso no lo detiene mucho tiempo. Se mete la mano en el bolsillo y saca una navajita minúscula, la hoja es de dos o tres centímetros nada más. Aunque forcejeo todo lo que puedo, no le cuesta nada cortarme el cinturón ridículo. Vuelve a agarrarme los pantalones. Esta vez tira con más fuerza. El botón salta por los aires y me quedo con los pantalones por los tobillos.

Con los pantalones y los calzoncillos.

—Por si la estrella no convence a alguien —dice Oskar señalando y riéndose—, con eso queda claro.

Y por fin se van corriendo.

A mis lágrimas ya les da igual dónde tienen que estar.

Mucho tiempo después pasa un hombre y me desata. Ni él me pregunta qué ha ocurrido ni yo me molesto en contárselo. Le doy las gracias sin mirarlo a la cara.

Me voy derecho a casa, sujetándome los pantalones con la mano izquierda, pensando cómo le explico a mamá lo del botón. Porque no he podido encontrarlo. Aunque tampoco es que lo haya buscado demasiado.

14 de octubre de 1941

—¿Y por qué no tres casillas y luego una? —pregunto.

—Porque esas son las reglas, Misha —me contesta papá—. El caballo solo se puede mover dos casillas y luego otra. O una y luego dos.

—El ajedrez tiene muchas reglas. Estoy harto de reglas. ¿Por qué no jugamos a las damas?

Papá mira a mamá, que está sentada en la butaca, zurciéndonos los tomates de los calcetines. Antes nos hubiéramos comprado unos nuevos. Antes hacíamos otras muchas cosas. Como pasear por el río, pero ni eso se nos permite ya ahora. Es lo mejor de Praga, y también nos lo han quitado.

Ella nota que papá la mira y levanta la vista del calcetín azul. Se encoge de hombros.

—Misha. —Papá se vuelve hacia mí en la mesa de la cocina a la que estamos sentados—. Mira, diez minutos más de ajedrez y después jugamos a lo que tú quieras. ¿Te parece?

—Es que es muy complicado —respondo cogiendo uno de los peones y tratando de ponerlo encima de otro.

Se cae, claro, y se lleva por delante otras cuantas piezas.

—Tienes razón —me contesta, enderezando las piezas—. Es un juego muy muy complicado, pero también muy bonito. Y te enseñará a pensar, que es…

Trato de atender a lo que me dice, pero, por lo que sea, no puedo. Con lo contento que me puse esta mañana cuando accedió a volver a casa a las cuatro para jugar conmigo. Es lo único bueno de todos los cambios que ha habido. Puedo pasar más tiempo con papá. Estaba convencido de que jugaríamos a las cartas o algo que se me diese bien. Últimamente solo quiere jugar al ajedrez. Con lo difícil que es.

—Y si el rey es la pieza más importante —lo interrumpo—, ¿por qué solo se puede mover una casilla? ¡Dónde se habrá visto un rey que se mueva menos que un peón!

Papá levanta su reina.

—¿Y así? —la aparta a un lado—. Juego sin la reina.

Si estuviera Marietta en casa, entre los dos igual lo convencíamos para jugar a las parejas, que es el mejor juego de cartas del mundo. Me vuelvo hacia mamá para que me apoye.

—Misha —me dice—, ¿sabes cómo jugaba al fútbol Antonin Puc?

—Andrej —la corrijo, meneando la cabeza y poniendo los ojos en blanco.

Papá se levanta y va hacia el fregadero, supongo que a ver si consigue hacerse otro té con la bolsita que ya lleva usando dos días.

—¿Sabes cómo jugaba al fútbol Andrej Puc cuando empezó?

—¿Cómo?

—Fatal.

Papá se ríe.

—Muy gracioso. ¿Y qué? —pregunto.

Últimamente se confabulan así mucho contra mí.

—Misha —dice papá, volviendo a la mesa—, cuando empecé a estudiar Derecho, me agobiaba muchísimo. No me entraba nada en la mollera. Ya estaba a punto de tirar la toalla…

Dos golpes rápidos en la puerta. Papá deja de hablar. Mamá deja de coser. Los miro al uno y a la otra, pero sus caras no me dicen nada.

—¿Abro? —pregunto.

Otros dos golpes, más fuertes esta vez.

Papá deja la taza en la mesa, va hacia la puerta y la abre. Dos oficiales alemanes aparecen en el umbral. Entran sin pedir permiso.

—¿Karl Gruenbaum? —pregunta el mayor.

Son gigantes. Papá les llega a duras penas por la barbilla. Van vestidos igual: uniforme de color gris oscuro y botas negras brillantes casi hasta las rodillas. Llevan una cruz negra de hierro en el pecho y las puntas del cuello de la guerrera decoradas con dos distintivos diferentes. Los dos llevan uno con dos eses de líneas rectas, o puede que sean dos relámpagos.

Oficiales de las SS. ¿A qué han venido? ¿Cómo podemos hacer que se marchen? Por un momento, se me atora la garganta y no puedo respirar. Intento tragar saliva, muy despacio, para que no se me note.

—Sí, dígame. Soy yo —contesta papá, asintiendo con la cabeza.

Me veo tratando de hacer lo mismo, pero la cabeza no se me mueve. Y los esfuerzos por tragar no me han servido de mucho, necesito toser, pero mejor no, decido contener la respiración.

El que ha hablado lleva otro distintivo en el cuello, con tres cuadraditos en diagonal sobre una línea, como si fueran dados. El distintivo del otro, que es más joven y aún más alto, tiene solo un cuadradito en el medio. En la gorra llevan una especie de águila, arriba del todo y, por debajo, algo que juraría que es una calavera.

Los ojos del joven recorren todo el piso sin mover la cabeza. Cuando llegan a mí, no se detienen. Soy como un mueble más.

Me pongo a colocar bien mis piezas, aunque ya estaban ordenadas. Trato de expulsar el aire por la nariz, y me da resultado. Menos mal, se me han quitado las ganas de toser.

—Acompáñenos —indica el primer oficial.

Me espero a que papá diga algo, que haga alguna pregunta, que manifieste algo que lo libre de ir con ellos. Es la persona más inteligente del mundo, y esos nazis, bueno, serán grandes, pero muy listos no parecen. ¿Por qué no los invita a sentarse? Mamá y yo podríamos irnos a dar un paseo para que puedan hablar a solas.

Pero papá no dice nada. Va al ropero y coge la chaqueta. Se la pone, se coloca bien el cuello blanco de la camisa y aprieta la corbata. No deja en ningún momento de mirar a mamá, pero no pronuncia una palabra. Cuando termina de ajustarse la corbata, se queda sin hacer nada unos segundos. Nada de nada. Está así sin más, sonriendo casi. Entre tanto, es como si los oficiales de las SS se crecieran por segundos. Lo que llevan en la gorra sí es una calavera.

Giro la cabeza hacia mamá. Sostiene aguja e hilo en el aire, con las manos inmóviles.

Estoy a punto de decirle a papá que juego con él al ajedrez todo el tiempo que quiera, pero se me adelanta.

—Estoy listo.

Los tres se dan media vuelta y salen. Papá cierra la puerta desde fuera. Oigo sus pasos bajando las escaleras. ¿Por qué no los oí cuando subieron? Luego todo queda en silencio.

—Bueno —dice mamá después de unos segundos larguísimos—, esto ya lo terminaré después. ¿Echamos... una partida a las damas?

—¿Adónde ha ido papá? —pregunto.

—No lo sé. Lo que sí sé… —Mamá va hacia el fregadero y se sirve un vaso de agua. Cuando termina de beber, se queda allí otro poco, dándome la espalda. Por fin se gira hacia mí y continúa—: Lo que sí sé es que nos lo contará cuando vuelva.

—¿Se ha metido en un lío?

Mamá me peina el pelo con los dedos, y eso que sabe que no me gusta.

—Contéstame —insisto.

—¿Cómo se iba a meter tu padre en un lío? —me responde, y va hacia el ropero, que sigue abierto.

Se está un buen rato dentro, lo que me extraña, porque sabe perfectamente dónde guardamos el juego de damas. Aparte de que tampoco tenemos tantas cosas ahí. Sale por fin con la caja de las fichas en las manos.

—¿Qué? —me sonríe—. ¿Qué color te pides?

Estoy a punto de pedir las azules, cuando me fijo en la reina, abandonada al borde de la mesa. Puede que sea la pieza más fuerte, pero de repente se la ve tan desvalida…, sin más compañía que una taza de té aguado.

27 de noviembre de 1941

Llamo por tercera vez, aunque no me extraña que no me oigan. Hasta en las escaleras el alboroto de los lloros y los balbuceos es tremendo. Pruebo a girar el picaporte y, sí, parece que la puerta se abre. Empujo y el follón se me hace ensordecedor. Asomo la cabeza. Ahí está mamá, con dos bebés de pañales en brazos. Uno llora y el otro hace pucheros, a punto de acompañarlo.

—Hola —digo.

—¿Misha? —Parece desconcertada—. Esa puerta debería tener echada la llave. Pasa, anda, corre.

—¿Llego muy tarde a comer?

—No, no —me contesta. Deja a uno de los niños en el suelo y se levanta para darme un abrazo. Cierra con llave la puerta—. Pero échame una mano...

Mamá tiene el vestido manchado de... no sé de qué. De churretes blancos y de una cosa amarilla o anaranjada. Y el pelo todo alborotado. En otros tiempos iba siempre arreglada como si estuviera a punto de irse a la ópera. Ahora trabaja en una guardería y lleva el mismo vestido viejo que se puso ayer. Andamos mal de dinero, y eso es así desde antes de que desapareciera papá.

Papá. Llevamos semanas sin saber de él. Yo ya ni pregunto, a no ser que se me escape. Que es dos veces al día, por lo menos. Lo único que tenemos claro es que lo detuvieron. Los nazis no pretendían solo «hablar» con él. Lo encerraron junto a trece de los hombres con los que trabajaba cuando aún no habían aparecido los alemanes. Los metieron a todos en la cárcel de Pankrác, aquí en Praga. Ahora, hacia el final de la tarde, antes del toque de queda, algunas de sus mujeres vienen, con unas ojeras cada día más grandes y más oscuras, a nuestro piso, a tomar un té y a cuchichear.

Tres niños, de unos dos años, se agarran a mis piernas riéndose.

—¡Misha! —me gritan.

—Entretenlos un poco mientras hago la comida —me pide mamá.

Me llevo a esos y a otros del mismo tamaño a la otra habitación, que es el dormitorio de los Kinsky, aunque nadie lo diría con los juguetes que hay desperdigados por todas partes. Durante el día, el piso se convierte en guardería. Por lo menos veinte bebés y niños pequeños, con solo dos mujeres, mamá y la señora Kinsky, para atenderlos. Marietta a veces echa una mano. Yo en realidad no ayudo. Simplemente he dejado las «clases» un rato para zamparme las sobras de la comida de los niños.

Intento convencerlos de que construyan una torre con los bloques de madera, pero se ve que prefieren chuparlos. Mientras tanto, un pañal apestoso anuncia la entrada en el dormitorio de una niña.

La cojo en brazos y la llevo a la cocina. Juego encantado con los renacuajos, pero no cambio un pañal tan maloliente ni aunque me ofrezcan un banquete real. Bueno, sí, lo haría. Solo que las zanahorias con puré de patata de banquete real no tienen nada.

La puerta de la cocina suele estar cerrada, y estoy a punto de abrirla con un hombro cuando oigo la voz de la señora Kinsky:

—...orden de traslado. La familia entera. Se tienen que presentar mañana.

Una palabra que oímos a menudo últimamente: «traslado». Porque los alemanes ya no se contentan con hacer normas nuevas un día sí y otro también. Ahora además nos mandan a otros sitios. Como si enviaran troncos en un tren. Los traslados empezaron el mes pasado, más o menos cuando detuvieron a papá.

Te llega una citación rosa y tienes que presentarte en el Pabellón de Exposiciones. Cuando te quieres dar cuenta, vas camino de Polonia. ¿Por qué? Ni idea. Por un lado, pienso que se vivirá mejor allá que en esta porquería de ciudad, pero tal como están las cosas, vete tú a saber.

—¿A Lodz? —pregunta mamá.

—No, a Terezín —contesta la señora Kinsky.

—¿A Terezín?

Espío por una rendija de la puerta. Han dejado de preparar la comida. La señora Kinsky se limpia las manos gordezuelas en un paño. Aunque en el gueto no hay mucho que comer, cualquiera diría que la señora Kinsky no se priva de nada.

—Eso está aquí, en Checoslovaquia.

No queda muy lejos de Praga. Es una fortaleza militar antigua. Ada me contó que a su primo Herman (creo que es cocinero o algo así), lo mandaron allí hace unos días.

—Para ayudar a preparar la fortaleza.

—¿A prepararla? —se extraña mamá—. ¿Para qué?

—Yo qué sé. Puede…

Pero la boca que acompaña a este pañal apestoso suelta un grito y al segundo la puerta se abre. Se acabó la conversación.

—Mamá —le digo como una media hora más tarde, en la cocina, donde estoy ayudando a limpiar, que viene siendo rebañar todos los platos con un dedo.

—Dime.

Mamá, ella sí, está fregando los platos.

—¿Qué es eso de los traslados? ¿Por qué no quieren que estemos en Praga? —No me contesta—. Mamá…

—No lo sé, Misha —me dice, fregando más rápido.

—¿Crees que antes o después nos trasladarán a todos allí? —No hay respuesta—. Y si mandan a la gente más cerca, en vez de a Polonia, ¿será mejor? —Nada—. Ah, quizá esté allí papá. —Trago el último trocito de zanahoria del último plato—. Quizá necesiten abogados para preparar la fortaleza, no solo cocineros. Quizá por eso se llevaron a todos los hombres con los que trabajaba, ¿no te parece? Para que ayuden con el dinero o lo que sea.

Mamá cierra el grifo. Se limpia algo por encima de los ojos con la manga.

—Y si a nosotros también nos mandan allí, luego, cuando acabe todo, volveremos, ¿no? Cuando acabe la guerra, digo. Si pierden los alemanes, claro. Que más vale. Porque perderán ellos, supongo.

Mamá se me acerca y coloca un mechón de pelo por detrás de mi oreja derecha.

—Misha —dice por fin—, es hora de que vuelvas a clase. Luego nos vemos.

Y así, sin más, me da un beso en la mejilla, se da media vuelta y sale de la cocina para ayudar a la señora Kinsky, porque aunque se supone que los niños se echan la siesta después de comer, la mitad de ellos, como mínimo, no están por la labor.

18 de diciembre de 1941

Marietta y yo estamos sentados cada uno en su cama, ella dibujando y yo leyendo las páginas de deportes de un periódico de hace una semana que me encontré en una papelera. Pero no soy capaz de concentrarme porque lo de Terezín va en serio. A tía Louise y tío Ota los trasladaron hace unos días. Aunque no los viéramos muy a menudo, se me hace raro pensar que se han ido y encima a un sitio del que no sé gran cosa. Y lo peor es que se han ido sin que papá haya vuelto.

Se abre la puerta del piso. Estoy a punto de decirle algo a mamá, porque supongo que es ella quien entra, cuando veo que Marietta pone una cara rara. Me vuelvo a mirar. No es mamá, sino la señora Kinsky. Lleva en la mano el llavero de mamá.

—Hola —saluda, parada en el umbral con su enorme vestido gris.

—Hola —contestamos los dos a la vez, un poco desconcertados.

En la otra mano lleva una cajita.

—He pensado… —comienza, pero se interrumpe.

—¿Y mamá? —le pregunta Marietta.

—Viene enseguida —contesta la señora Kinsky. Tras sonreír sin motivo aparente, se sienta a la mesa y abre despacio la caja—. Os he hecho…

Marietta deja de dibujar y pone esa cara que pone cuando algo le huele a chamusquina o le parece una idiotez o las dos cosas.

—¿Os apetecen unas galletas?

Al segundo estoy junto a la mesa, examinando el interior de la caja. ¿Cuánto hace que no como una galleta? Y ya no digamos «galletas», en plural. No parecen nada del otro mundo. No tienen chocolate ni azúcar glas, pero son galletas, y con eso me basta.

—¡Gracias! —digo con una ya en la boca y la otra esperando turno en la mano.

Marietta no tarda en estar a mi lado. Examina la caja. A saber por qué no coge una. Levanta la cabeza, se vuelve hacia la señora Kinsky y pregunta de nuevo:

—¿Y nuestra madre? ¿Dónde está? —insiste.

—¿No quieres una? —le pregunto a Marietta, con la boca llena de la segunda galleta.

—Ha tenido que... —dice la señora Kinsky—. Ha ocurrido..., ha ocurrido algo en la guardería y ha tenido que quedarse allí. Pruébalas, por favor, Marietta, que están riquísimas.

—Lo están —confirmo, que ya voy por la tercera.

Pero Marietta pone los brazos en jarras.

—¿Cómo que ha ocurrido algo?

La señora Kinsky la mira con una enorme sonrisa.

—Ay, Marietta, no deberías... —De repente se le borra la sonrisa y se queda con los ojos muy abiertos, como si fueran de vidrio—. Perdonadme —dice y sale corriendo al cuarto de baño.

Antes de que vuelva, Marietta se ha marchado.

Varios minutos y varias galletas después, regresa la señora Kinsky del cuarto de baño. Trae la cara y la papada cubiertas de salpicaduras.

—¿Y Marietta? —me pregunta.

—No lo sé. —Noto algo raro en el estómago. Algo que duele un poco—. Se ha ido.

La señora Kinsky cierra los ojos y resopla fuerte.

—Anda, Misha, ven.

Me coge de la mano y, ella sabrá por qué, me da un beso en la frente. Huele como a jabón.

Las oigo antes incluso de llegar a la cocina de la guardería. Están llorando, eso seguro.

Cuando entro, mamá levanta la cabeza. Está muy blanca y muy colorada a la vez. Noto un retortijón en el estómago y por un segundo me enfado con la señora Kinsky por habernos traído tantas galletas. Entonces noto algo que hace que se me tense la piel del cuerpo, y me empieza a doler todo y casi no me tengo en pie. Intento hacer la pregunta, pero solo consigo mostrar a mamá que estoy intentando preguntárselo. Ella me dice con la mirada que me ha entendido.

Mientras Marietta solloza en el regazo de mamá, sigo sin conseguir que me salgan las palabras. Creo que mamá trata de sonreír para animarme a hablar. Pero me ahogo.

—¿Está…? —logro decir al cabo de unos segundos.

Mamá asiente y me voy al suelo.

No sé cuánto tiempo ha pasado ni cómo he acabado bocabajo sobre las baldosas, cerca de la ventana, pero mamá está a mi lado, acariciándome la espalda.

Estamos así mucho tiempo, hasta que mis piernas se cansan de patalear contra el suelo y la parte de mí que quería que me muriese se rinde por fin.

—¿Cómo? —le pregunto sin levantar la cara—. ¿Cómo ha sido? ¿Cómo ha…?

Estoy llorando, pero es como si las lágrimas no fueran mías. Ni mi cara ni mi cabeza ni mi cuerpo me parecen míos. Mamá no me contesta, así que me pongo a patalear otra vez.

Al cabo de un buen rato, levanto la vista. Mamá está sentada en una silla de madera en medio de la cocina. Tiene las aletas de la nariz dilatadas y no para de apretar los labios.
—En el certificado decía uremia.
—¿Uremia? —pregunta Marietta.
Está sentada en el suelo, no muy lejos de mí, de espaldas contra una alacena y con la cabeza entre las rodillas. Tiene la cara tan llena de lágrimas que le brilla.
—Una enfermedad de los riñones —explica la señora Kinsky en voz baja.
—¿Papá estaba mal de los riñones? —pregunto, tratando de incorporarme.
—No —contesta mamá—, en los riñones no tenía nada.

19 de diciembre de 1941

Mamá me estruja la mano con tanta fuerza que me hace daño, pero no me atrevo a decirle nada. Me pregunto si le hará daño también a Marietta. A mí al menos me da un descanso de vez en cuando, porque me la suelta cada dos por tres para limpiarse las lágrimas. No hago más que esperar que se me salten a mí también, pero no he vuelto a llorar desde que me enteré.

El tranvía, salvo por nosotros tres, unos tíos nuestros y una tía, va prácticamente vacío. Estamos lejos del gueto. Preguntaría si falta mucho para el cementerio de Olšany, pero sé que es mejor que permanezca callado.

El tranvía se detiene.

—Vamos —dice mamá.

Nos apeamos. Los ocho. Hace frío, así que vamos muy juntos. Pasan coches. Y gente. Algunos se fijan en nuestras estrellas, pero no parece importarles. En la otra acera, en grandes letras sobre un portal enorme, dice: Cementerio de Olšany.

Cruzamos la calle y atravesamos la verja. Este cementerio es muchísimo más grande que el judío que hay pegado a la sinagoga Vieja Nueva, que se usó durante siglos hace bastante tiempo. Como no había sitio suficiente, apilaban las tumbas unas encima de otras. Este, en cambio, ni se ve dónde termina.

No sé quién ha empezado primero, pero Marietta y mamá lloran en voz alta. Marietta entierra la cara en el pecho de mamá. Tío Arnost se me acerca por detrás y me pone las manos en los hombros. Por un momento me da rabia que él esté vivo, en lugar de papá, y lo odio, pero dejo que me atraiga hacia sí. Cierro los ojos y todo me da vueltas mientras él me acaricia la espalda y me dice:

—Venga, ánimo.

Poco después echamos a andar de nuevo.

Caminamos una eternidad y nos salimos del camino central pavimentado hacia una vereda estrecha de tierra. Aquí tiene que haber por lo menos un millón de personas enterradas. Todas las tumbas son distintas. Las hay grandes, las hay pequeñas. Unas son simples losas anchas, otras tienen estatuas de ángeles o de Jesús. Algunas tienen como… no sé qué son, pero parecen casitas. Y hay por todas partes árboles sin hojas, preparados para el invierno.

Si estuviera aquí papá, me daría toda clase de información sobre este sitio. Eso seguro.

Me pesa la cara. Puede que sea del frío. Nadie habla. Por delante de nosotros van un carro y dos hombres. Uno de ellos es el rabino Landau. Por la parte de atrás del carro asoma un cajón largo de madera.

Papá.

Tío Arnost se acerca al ataúd, extiende la mano para levantar la tapa.

—No —le advierte uno de los primos de papá.

Tío Arnost no dice nada, simplemente vuelve la cabeza hacia el familiar.

—Nos dieron órdenes… de que no lo abriéramos.

Tío Arnost agarra con las dos manos la tapa de madera y la levanta. Cierra los ojos en el acto y suelta la tapa, que choca con estrépito contra la base. Entonces aprieta mucho los ojos y deja caer el mentón sobre el pecho. Después, se aparta unos metros de nosotros, dándonos la espalda.

Cuando se da la vuelta, un minuto después, limpiándose la comisura de la boca con un pañuelo, masculla mirando al suelo:

—Que no mire nadie más. Nadie.

Formamos un círculo pequeño. En pie, alrededor de un agujero hondo. El rabí Landau sostiene un librito viejo entre las manos y musita en hebreo. A su lado, en un montón de tierra, hay una pala clavada.

Somos judíos, a papá lo mataron por ser judío y ahora lo enterramos como se entierra a las personas judías. No tiene ningún sentido.

Me duele el estómago. Me ha dolido toda la noche. Por las galletas o puede que por lo de papá.

El rabí Landau llega al *kaddish* y todo el mundo reza con él. Esa oración se repite cada semana, por eso nos la sabemos todos. Papá pronunciaba cada palabra con mucha claridad cuando estaba a su lado en la sinagoga. La cerraron los nazis más o menos cuando se lo llevaron.

Pero me da lo mismo, porque allí no pienso volver. Nunca. Jamás.

Me contaba que es una oración para los muertos. Pero solo habla de Dios. Otra cosa que no tiene sentido.

El rabí Landau, tío Arnost y dos de los primos de papá bajan el ataúd de madera a la tierra. Afirman que dentro está papá, pero a lo mejor se equivocan. A lo mejor los nazis dijeron a tío Arnost que les siguiera la corriente, por eso ha ordenado que no mire nadie más. Aunque la cara que puso no es la de alguien que esté fingiendo. Quién sabe, a lo mejor no es él. A lo mejor es otra persona. A lo mejor tío Arnost ha visto a otra persona, a una persona que conocía. O a lo mejor no hay nadie dentro. A lo mejor solo hay un montón de piedras y a lo mejor no lo mandaron de la cárcel de Pankrác a otra cárcel, a un sitio de Terezín que llaman la Pequeña Fortaleza. A lo mejor no lo llevaron allí ni lo mataron. A lo mejor nos está esperando en el piso de Holešovice y a lo mejor los nazis han estado haciendo teatro y todo esto, los dos últimos años, hasta el último segundo, no ha sido más que una farsa para darme una lección.

Pero mamá no lloraría así si fuera una farsa. No sería capaz. Ni nos cortarían la ropa por un entierro de mentira, sobre todo porque tampoco tenemos ya gran cosa que ponernos. Y el rabí Landau no les seguiría la corriente, no nos cortarían la ropa como se hace cuando se es judío y se le muere a uno un pariente. Y menos aún habríamos salido del gueto ni le pediríamos a alguien que cavase un hoyo en el suelo ni compraríamos un ataúd cuando no tenemos dinero, si todo fuera una farsa espantosa que solo sirve para enseñarle a uno que siempre puede pasar algo peor, mucho peor, incluso cuando estás seguro de que ya no podría pasar nada ni un poquitín peor.

La gente se turna para echar paladas de tierra en el agujero; encima de papá, que está en la caja de madera.

Me toca a mí, pero no quiero. Eso significaría que no es una farsa y que no va a volver. Significaría que creo que debemos seguir haciendo cosas de judíos, aunque nos maten por ser judíos. Y significaría que pronto habremos terminado de echar tierra en el agujero, y que después nos iremos de nuevo a la parada del tranvía, nos montaremos en el coche de atrás y volveremos al gueto, donde nos sentaremos a comer el pan que cuesta diez veces más de lo que debería y trataremos de recordar a qué sabe la carne. Y esperaremos a que nos llegue un aviso rosa diciendo que ahora nos toca a nosotros el traslado, el traslado a un sitio mejor o a un sitio peor o a un sitio igual que este, que sería el peor posible.

Cojo la pala y la meto en el montón de tierra. La saco y la vuelvo a meter. Una y otra vez, cada vez más rápido. Llega un momento en que ya no veo nada, solo siento que el labio inferior me tiembla y que me sale algo por la nariz. Clavo con más fuerza aún la pala en la tierra y de pronto estoy tendido sobre el montón. Marietta me llama, pero ni sé qué me dice ni me importa. La tierra está dura y fría y papá no me llevó a ver otra vez el castillo. Tampoco fuimos a Štěchovice. Era la mejor persona del mundo y lo iba a arreglar todo y no se le echa tierra encima así a una persona ni se hace nada que impida que la gente pueda levantar la tapa de su ataúd.

Noto unas manos que me agarran los brazos, los hombros y las caderas y me retuerzo para que me suelten. Marietta me llama otra vez, pero ahora está mucho más cerca. Me revuelvo y me retuerzo rápido para que nadie me agarre y así pueda impedir que le sigan echando a papá la tierra que queda. Me sale algo por la boca, pero no son palabras: a ver si eso los aparta de mí. La cosa da resultado un momento, hasta que dos brazos fuertes me sujetan por la cintura y me levantan de un tirón. Me aprietan tan fuerte que dejo de hacer ruidos. Me aprietan hasta que por fin me rindo. Uno de los brazos me suelta y me limpia la cara con un pañuelo frío y húmedo que huele a mamá.

—Es hora de volver a casa, Misha —me dice al oído.

—¿A casa? —pregunto, como si ella siguiera con la farsa.

Echa la cabeza hacia atrás y asiente un par de veces, sin molestarse en limpiarse las lágrimas, que no han dejado de resbalarle por la cara.

—Lo sé, lo sé —dice y me coge de la mano—. Anda, que tenemos que irnos.

Nos vamos y dejamos a papá en esa caja endeble, que no servirá para protegerlo de toda esa tierra dura y fría.

23 de septiembre de 1942

Me llamo Kryštof Král, por si alguien me lo pregunta. Vivo en la calle Albertov. Ah, sí, y mi padre, Dominik, trabaja en el teatro. Es actor. ¿Qué no le suena de nada? ¿En serio? Normalmente quedo con él después de clase. Cuando los ensayos se prolongan, me manda al cine.

Por eso voy ahora al cine.

Y por eso no llevo estrella. Aparte de que soy cristiano, claro. No, ¿judío yo? ¡Qué va! ¿Qué te ha hecho pensar que soy judío? Me llamo Kryštof. ¡Dónde se habrá visto que un judío le ponga Kryštof a un hijo! Y menos Dominik Král, eso seguro.

Sí, es muy flaco. Y yo salgo a él. Ya lo sé, lo sé, pero es que somos flacos por naturaleza.

Me vuelvo a palpar el pecho. No, no quedan hilos. Es imposible notar que haya habido algo ahí cosido. Tenía miedo de que pudiera quedar una marca, del sol o qué sé yo. Pero no, menos mal. Aun así, lo froto con saliva, por si acaso. No puedo creerme lo que estoy haciendo.

Kryštof Král. Calle Albertov.

Cuando me encontré las diez coronas esta mañana en el hueco de las escaleras lo supe. Supe que si vendía el cinturón, podría ir. Así que me metí en un portal y me arranqué esa porquería. Pero luego me puse a pensar: ¿la tiro o me la guardo en el bolsillo? Porque si la llevo en el bolsillo y me para un nazi, puedo decir: «Está aquí. Me la han arrancado unos chicos. Por eso está rota la punta, ¿no lo ve? Me la han arrancado con mucha fuerza. Iba a casa a cosérmela, lo prometo».

Pero si me la metía en el bolsillo, se me podría caer, en el momento más inoportuno. Como al ir a comprar la entrada. ¿Y qué pasaría entonces? Así que la tiré en una papelera. No, no la tiré. La enterré. La enterré entre la basura, no fuera a pasar alguien justo después. Y viera la estrella y después a mí. Y le diera por hacer preguntas.

No debería ir, es mejor que dé media vuelta.

Ya lo ves. Un día normal y corriente en la calle Národní. Tranvías, coches, y gente en las cafeterías. Viendo esto no se imagina uno que el gueto (que tampoco está tan lejos de aquí), que el superpoblado gueto, no está tan superpoblado últimamente. Debe de haber más judíos en Terezín que en Praga a estas alturas. A no ser que mientan también en eso y nos estén mandando a otra parte.

No sé por qué a nosotros todavía no nos ha llegado un aviso. Mamá dice que eso es bueno. Yo no lo tengo tan claro. ¿Qué puede haber peor que esto? ¿Qué puede haber peor que un sitio con normas nuevas cada día? No podemos usar los teléfonos públicos, no podemos visitar el castillo, no podemos comprar fruta, no podemos comprar sombreros, no podemos comprar periódicos, no podemos tener mascotas y si nos quedara dinero en el banco, tampoco podríamos disponer de él.

La pareja, la que saltó del balcón, ¿cómo supo lo que iba a pasar? Yo lo único que sé es que ya no soporto este sitio. Sin colegio de verdad, ni parques, ni dinero, ni comida buena, ni nada.

Y sin papá.

Oye, podría ir después al puente de la Legión a adelantar gente. Hace mucho que no lo hago. No recuerdo haberlo hecho en el puente de la Legión. Y hasta podría adelantar a algún soldado alemán. Toma ya.

Después, si eso, lo haré. Después de la película. ¿Por qué voy a ver una película? No lo sé, pero voy.

El piso de Oleg. ¡Qué buen cartel! Debe de ser una película divertidísima. Menudas gafotas lleva. Se nota que va a ser divertida. ¿De qué irá? En fin, es hora de averiguarlo.

A ver, procura no parecer muy judío. Sea eso lo que sea. Ella no puede saber que soy judío. Tú haz como si fuera algo normal, como si no tuviera nada de particular que fueras hoy al cine.

—Una, por favor —pido, pasándole mis veinte coronas a la señora de la taquilla.

Estupendo, ni me ha mirado. Está con la vista clavada en el periódico que tiene abierto delante. Coge el dinero y me pasa la entrada por el ventanuco.

—Empieza dentro de cinco minutos.

—Muy bien. Gracias.

Fenomenal. Lo he conseguido.

Una pena que no tenga más dinero. Daría lo que fuera por unas palomitas o unas chucherías. Aunque solo fuera unas barritas de regaliz negro.

¿Dónde me siento? Me pondría delante del todo, pero ahí es donde se sentarán los otros chicos y los chicos a veces hablan y si les da por hablar conmigo, me lo notarán. No sé cómo, pero me lo notarán. Y entonces...

Pues me siento al fondo. Pero un chico nunca se sentaría al fondo en el cine. Salvo que tuviera que ocultar algo, solo así. Alguien se daría cuenta. Y entonces…

Nada, nada, te sientas en el medio. ¿En el pasillo o en el centro? En el pasillo está bien, Kryštof, no te agobies tanto. En el pasillo se sientan todo tipo de personas: niños, adultos, es igual. Siéntate.

A ver si empieza de una vez. En cuanto nos quedemos a oscuras, se acabaron los problemas. Si no se me ve, dejaré de sudar tanto. Así que cuando apaguen las luces y empiece la película, es como si ya no existieras. Porque entonces nadie te puede molestar.

¿Y si llega alguien tarde y quiere sentarse en mi fila? Tendrá que apretujarse para pasar por delante de mí. ¿Y si es una persona conocida, el doctor Ambrož, el que fue nuestro dentista? O, ¿y si es Leci? Seguro que hasta a oscuras me reconocería. ¿Y si al apretujarse para pasar se da cuenta de que soy yo, se echa a llorar y quiere darme un abrazo? Pues le pides que no se lo diga a nadie. Estará de acuerdo, pero tendrás que contarle lo de papá.

Eso sí que sería malo. Casi peor que si me pillan. No, peor no. Si lo pillan a uno por ir a ver una bobada de película…

Bueno, pues no te sientes en el pasillo. Ponte más hacia el centro. Con seis butacas llega.

Por fin. Creí que no empezaría nunca.

Hala, el rollo del noticiario alemán. No hay forma de librarse de ellos. No sé qué de Stalingrado, a saber dónde queda eso. ¿Y a mí qué? Qué bien, podéis conquistar todas las ciudades que queráis. Qué bien, tenéis ametralladoras, granadas de mano y tanques. Y lo vais a dejar todo en ruinas. ¿Para eso queréis quedaros con Stalingrado? Al menos no bombardearon Praga. ¿Por qué no bombardearon Praga? Bueno, mejor así. Aunque se la hayan cargado igualmente, de otra manera.

¿Tendré que aplaudir? ¿Habrá algún espía alemán en el cine disfrazado con traje y corbata? ¿Mandarán espías a todos los cines para ver quién aplaude y quién no después del noticiario?

«Disculpe, jovencito, quisiéramos hablar con usted. Hemos visto que no ha aplaudido después del noticiario sobre nuestra ofensiva en Stalingrado. ¿Es acaso enemigo del Reich?».

Bueno, si la gente aplaude, aplaudes un poco. Pero no te pases. Con naturalidad.

«¿Kryštof Král? Calle Albertov. Mmm. En el censo no nos consta ninguna familia Král en la calle Albertov».

Estupendo, se ha terminado y no aplaude nadie. ¿Qué pensabas? ¿Por qué iba a aplaudir la gente después de semejante estupidez? Por fin la película. Espero que sea graciosa. Aunque ya no tengo muchas ganas de reírme.

Pues es gracioso Oleg. Mira cómo camina. Como si le quedaran grandes los pantalones o algo. No sabe pronunciar las erres. Está nerviosísimo porque va a alquilar un piso. Y fíjate cómo se sube las gafas cada cinco segundos.

¡Y cuánto suda! Es por tener que fingir que no pasa nada.

Se me hace raro reírme.

Chist, Misha, para de reírte. No te rías tan alto. Es gracioso, pero no tanto.

Venga, acuérdate de respirar.

Y de que eres Kryštof. Si te preguntan.

¿Misha? ¿Qué Misha? Soy Kryštof.

¿Por qué me lo iba a preguntar nadie? Chist, atiende a la película.

A ver, para con las carcajadas, Misha.

Digo, Kryštof, para.

¡Para! Es que no puedo.

Respira, anda, respira.

No sirve de nada. La gente te está mirando. Se darán cuenta. Y nadie creerá esa patraña de que te llamas Kryštof. No tienes pinta de llamarte Kryštof.

¿Por qué sigues con las risas? Se ha terminado la escena. Esta parte no tiene ninguna gracia. ¡Deja de reírte!

¡Para!

¡Ay!

¡Kryštof! ¿Por qué me pellizcas?

Porque no paras de reírte.

No hacía falta que me pellizcaras tan fuerte. Me has hecho daño.

No seas quejica. ¿O quieres que te pillen? ¿Aún quieres que te pillen? Sigue riéndote así y se darán cuenta. Los nazis lo saben todo.

Seguro… seguro que obligaron a papá a contarles un montón de cosas sobre ti. Y él seguro… él seguro que se las contó, aunque no quisiera, por mucho que se hubiera resistido, al final les contaría que te encanta ir al cine. No te extrañe que hayan mandado a algún espía y que esté sentado justo detrás de ti.

Pero ¿qué dices? No han mandado a ningún espía.

¿Que no? ¿Qué sabrás tú lo que hacen y por qué? Que se te meta esto bien en la cabeza. Cuando te pillen, porque te pillarán, pensarás que ojalá solo te hubieran pellizcado. Has salido del gueto. Te has descosido la estrella. ¿A quién le importa que haya sido solo por ir al cine? A ellos no, ya te lo digo. Las normas son normas. Las leyes son leyes. Mataron a papá, y aún no sabes por qué. Él no hizo nada malo. ¿Y tú te dedicas a jugar con ellos? ¿Te vas al cine? ¿Eres tonto o qué?

Cállate.

¿Te ha parecido mucho un pellizco? ¿En serio? Pues verás cuando te hagan así…

¡Ay!
Cuando te agarren el dedo y te tiren hacia atrás todo lo que dé y luego sigan tirando…
¡Quieto!
O te obliguen a sacar la lengua y a mordértela con fuerza…
¡Ahh!
A mordértela con tanta fuerza que se te caiga la punta. Prueba entonces a decir que eres Kryštof. Dará lo mismo. Dará igual lo que hagas. No te perdonarán. Esos no perdonan a nadie. Cometes un error de nada, y ya está, eres suyo para siempre. Eres suyo hasta que se cansen de ti, hasta que se cansen de hacerte preguntas que no sabes contestar, hasta que se cansen de hacerte daño. Y cuando llegue ese momento… Bueno, ya sabes qué viene después. ¿O no?
Déjame en paz.
El segundo Gruenbaum que hay que enterrar en un año. Has acertado. Como no dejes de temblar así, el espía que tienes detrás no esperará a que se acabe la película…
Cállate.
Deja de temblar y me callo.
No puedo.
Para.
¡No puedo!
¡Para de temblar! Para de temblar, Misha, o despídete.
¡No puedo! Lo intento, pero…
Demasiado tarde, ya te han…

¿Cómo he salido? ¿Por qué estoy fuera?
Y sin aliento.
Y empapado en sudor.

Y sin estrella.

¿Se puede saber qué haces fuera del gueto y sin la estrella puesta? ¿Estás loco? Solo un idiota se arrancaría la estrella y saldría del gueto para ir al cine.

Como Kryštof Král. El muy imbécil.

Como se entere mamá, se pondrá furiosa. No te dejará salir nunca más.

Venga, camina. Respira hondo y vete derecho a casa. Y ya puedes inventarte algo, porque mamá te preguntará dónde has estado. Olvídate de las películas. Olvídate de Kryštof. Eres Misha Gruenbaum y vives en la calle Kozí en el gueto judío, porque eres judío, como dice la estrella.

Idiota.

Esto no es una película. Es el mundo real.

Por desgracia.

17 de noviembre de 1942

—A dormir, Misha, por favor —me dice mamá.
—¿Cuánto? —le pregunto.
—¿Cuánto qué? —me pregunta ella, agotada y confusa.
—¿Que cuánto tardas en volver?
—Duérmete, anda —me repite, cogiendo la maleta—. Vuelvo enseguida.

Cierra la puerta. Espero que por penúltima vez. La última será cuando regrese, porque mamá me ha prometido que después de esta no volverá a salir.

Y es lo más probable, porque ya no queda nada que llevarse. Me vuelvo al dormitorio con los ojos cerrados; total, sé que no hay nada más que nuestras bolsas en un rincón.

Intento acomodarme al lado de Marietta, pero en el colchón de mamá no cabemos bien los dos. Mamá se llevó ayer el mío y el de Marietta. Después de que nos hubiera llegado finalmente el aviso rosa. En realidad, no era el primero. El primero nos llegó hace un mes, pero mamá se las agenció para que nos borraran de la lista, creo que gracias al lugar que papá ocupaba en la comunidad judía, porque la comisión que decide qué judíos se van y cuándo la forman judíos. Pero esta vez no ha podido hacer nada, porque más tarde o más temprano a todos nos llega la hora.

Mañana nos vamos a Terezín.

Ella no parecía muy contenta, pero a mí a estas alturas ya me da lo mismo. Nos hemos quedado prácticamente sin nada y continúan imponiéndonos normas nuevas. Quizá allí no se esté mejor, pero, por probar, que no quede.

«Margarete, Marietta y Michael Gruenbaum deberán presentarse el 18 de noviembre de 1942, a las 8:00 horas, en el Pabellón de Exposiciones de Holešovice para su traslado a Theresienstadt».

Theresienstadt, que es como llaman los nazis a Terezín.

Hará cosa de un mes o dos, me di cuenta de que poco a poco iban desapareciendo las cosas del piso, aunque casi no teníamos ya nada. La cubertería, la alfombra que estuvo enrollada en el ropero desde que nos vinimos a este piso porque no cabía en las habitaciones, los cuadros de las paredes. Hasta que llegó el primer aviso y mamá pisó el acelerador. Se puso a embalar todo lo que nos quedaba. Sábanas, zapatos de vestir, libros, la vajilla.

Total, para qué queremos platos. Si no hay casi nada que comer. Hace semanas que no veo un huevo. Y ya no recuerdo cuándo comí el último trozo de carne lo bastante grande como para tener que masticarlo.

Mamá ha estado veinticuatro horas trajinando sin parar. Salía por la puerta con un par de maletas llenas. Regresaba a las pocas horas con las maletas vacías. Salvo cuando volvió esta tarde.

—¿Adónde llevas las cosas? —le pregunté cuando se dejó caer en una silla con un vaso de agua.

Mencionó un nombre. El nombre de un amigo no judío, un nombre que no reconocí. Un vecino de Holešovice, supongo. Dijo el nombre, luego abrió una maleta y sacó un par de petates gigantes. Me pidió que metiera en uno de ellos todo lo que no pensase ponerme ni hoy ni mañana. Que Marietta hiciera lo mismo. Porque no se nos permite llevar más de cincuenta kilos por persona. Nosotros llevamos mucho menos, ya me diréis cómo va a cargar tanto peso un chico de doce años.

Estoy atento a sus pasos, aun sabiendo que tardará un buen rato.
　Más vale que vuelva. Ha salido después del toque de queda, por salvar un edredón.
　Me paso horas escuchando sin oír prácticamente nada. De vez en cuando, se oye un crujido. Nada más. Es lógico, teniendo en cuenta que el edificio, que estaba abarrotado cuando llegamos, ahora está casi vacío. Todos nuestros amigos han ido desapareciendo. Debemos de ser de los últimos en irse a Terezín.
　Por fin se abre la puerta. Los pasos de mamá se aproximan. Justo antes de que llegue al dormitorio, me arrimo a Marietta. Mamá levanta la manta fina y se mete en la cama. Tiene el cuerpo frío y caliente a la vez.
　Estoy a punto de decirle que ha tardado, pero me hago el dormido. Solo faltaba que encima se preocupe por que mañana vaya a estar cansado.

18 de noviembre de 1942

El tranvía para en Veletržní Palác, el palacio de ferias y exposiciones. No me lo puedo creer, hemos vuelto a Holešovice. Bajamos los tres con unos cuantos judíos más. Los bolsones y maletas, por no hablar del hecho de que se hayan atrevido a salir del gueto, me indican que a ellos también les ha llegado el aviso. Apenas piso la acera, veo un poco más allá una fila larga de personas cargadas con sus cosas, como nosotros.

Camino entre Marietta, que va delante, y mamá, que va detrás. Las dos portan maletas grandes. Yo llevo a la espalda una mochila pequeña y, en una mano, un petate que pesa un montón. Me lo cambio de mano cada vez que paramos. Las asas de lona se me clavan en la palma, pero no es tan grave. La melena de Marietta va bailando al andar, trato de concentrarme en eso.

No sé a qué distancia estaremos de nuestro piso viejo, pero tengo la corazonada de que está cerca.

Hombres que se dirigen al trabajo con su maletín, tranvías que recorren las calles serpenteando, niños que van al colegio con una mochila a la espalda no muy distinta de la mía. Claro que ellos no la llevan hasta los topes como yo, porque aún tienen casa donde dejar las cosas que no necesitan en este momento. Yo llevo conmigo todo lo que poseo.

No sé bien dónde estamos, pero es una parte de Holešovice totalmente normal. O, por lo menos, era normal hasta que llegó nuestra procesión. Porque la gente, en cuanto nos ve, deja de hacer lo que esté haciendo (bajarse de un coche, montar en bici, salir de una tienda) y se nos queda mirando. Unos centenares de judíos cansados y hambrientos que se arrastran por la acera. Algunos desvían la mirada, otros se limpian la cara como si no se lo creyeran, puede que algunos lloren. Unos chicos, seguro que amigos de los que me ataron al árbol, nos señalan y se ríen.

Llegamos a un cruce importante. Las señales indican Veletržni y Bělského. Ya lo sabía yo. Estamos a pocas manzanas del piso en el que vivimos. Si torciéramos por aquí, llegaríamos en menos de cinco minutos. Pero seguimos recto.

Pasamos por el Babka. Veo las mesas altas a través de la ventana. Dentro de nada, a la hora de la comida, toda clase de gente afortunada estará ahí dentro devorando deliciosos perritos calientes, con la grasa pringando el pan blando cada vez que dan un bocado. Pasamos por la panadería Bělského, donde mamá y yo comprábamos aquel fabuloso pan de centeno recién hecho con semillas de alcaravea. El mejor pan del mundo. ¡Qué no daría por una rebanada! Y la sastrería donde se hacía papá los trajes, el piso de Martin, la farmacia y ese edificio tan raro con la puerta de color rojo intenso.

Estamos ya casi en la calle Šimáčkova cuando veo a una persona bajo un toldo al otro lado de Bělského. Me resulta conocida. Es una señora. Me suena tanto que, por unos segundos, se me nubla el pensamiento. Antes de que el cerebro me recuerde su nombre, reparo en todas las partes de su cuerpo que tan bien conozco: el pelo ensortijado, la cara alargada, los dedos finos, el bolso de abalorios bordados, la chaqueta marrón con las flores rosas cosidas en el cuello.

Leci.

La veo antes de que ella nos reconozca, aunque se ha quedado paralizada: su boca un puntito rojo, los ojos clavados en nuestra miserable procesión. Le toco a Marietta en el hombro.

—¡Mira! Está ahí Leci. ¡Mira!

Entonces nos ve y se le abren los ojos como platos. Le hago un medio saludo con la mano en la que llevo el petate. Y por un segundo, casi me siento contento, como si Leci fuera a atravesar la calle para ofrecerme un plato de galletas o preguntarme qué tal me ha ido en el colegio o limpiarme una mancha de la barbilla con una punta del delantal. Entonces se pone a llorar, y no solo un poco. Lo juro, en medio segundo, se le ha empapado la cara, le resbalan chorretones de rímel por las mejillas.

—Camina, Misha, camina —me ordena mamá.

Echo a andar otra vez, me obligo a no mirar atrás.

Al cabo de un minuto lo veo: el enorme recinto ferial de Praga, donde está el Pabellón de Exposiciones.

—A quienes se sorprenda con objetos de valor escondidos —informa en voz alta el guardia de las SS de hombros anchos que está al lado de las mesas—, dinero, joyas, etcétera, se los fusilará.

Lo dice con esa cara fina y delgada como si fuera un acomodador que anuncia la hora de la siguiente función. En el Pabellón de Exposiciones reina el alboroto que varios cientos de personas hacen de forma mecánica, pero cada vez que repite eso, que es cada diez minutos, todo el mundo se calla de golpe. El eco de su voz queda en el aire un segundo o dos y enseguida vuelve el bullicio.

—Mamá —susurro la tercera vez que lo dice acercando su cabeza a mi boca—, no escondas nada, ¿me oyes?

—No queda nada que esconder, Misha —contesta sin mirarme.

—¿Me lo prometes? —le pido.

Me da un beso en la frente, pero permanece en silencio.

Por lo que sea, aspiro con fuerza y noto un olor raro, horrible. No sé bien qué es, pero me recuerda aquella vez que fui a hacer pis en una estación del tranvía, la última del trayecto. Papá y yo íbamos de excursión. «Espera cinco minutos, Misha. Y lo haces en el bosque», me dijo. Pero yo no aguantaba más y fui corriendo a los aseos de la estación. Dentro de aquel cuarto congelado e inmundo la bombilla parpadeaba y olía como si no lo hubieran limpiado nunca.

Así es como huele aquí, pero mucho peor.

Tenemos unas veinte personas por delante en la cola. En esta cola. Porque una vez que se habla con la persona de esta mesa, hay que ponerse en la cola de la siguiente. Cuando una persona termina en una mesa, coge sus cosas y las arrastra hasta el final de la próxima cola. Estoy cansado, tengo hambre, estoy aburrido. No hay derecho a que encima tengamos que estar aquí de pie. Lo menos que podrían hacer es repartir números o algo, para que nos pudiéramos sentar hasta que nos tocase. Así podríamos leer, jugar a las cartas o descansar. Pero no, quieren que estemos de pie.

Por fin llegamos a la cabeza de la fila. Detrás de la mesa está un judío con las gafas en la punta de la nariz. Mamá le entrega nuestro aviso rosa. El hombre lo lee, nos mira por encima de las gafas, se muerde la uña del pulgar y se pone a hojear un montonazo de papeles. Le lleva un buen rato, pero por fin tacha algo. Luego coge tres rectangulitos de papel que hay en una esquina de la mesa. El hombre copia en cada papelito, mirando el aviso que le ha dado mamá, nuestros nombres.

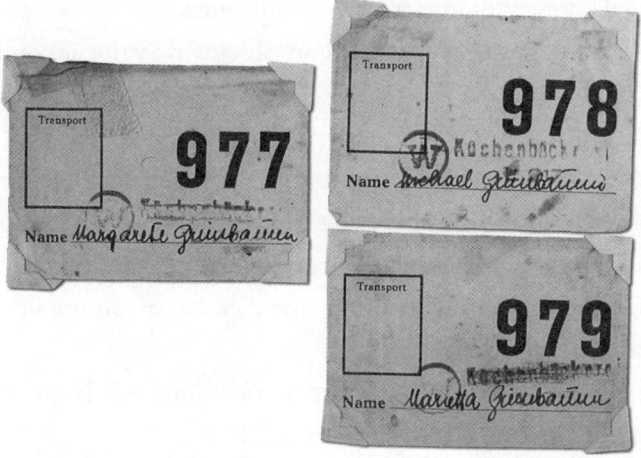

977: Margarete Gruenbaum
978: Michael Gruenbaum
979: Marietta Gruenbaum

Coge un sello, lo moja en un tampón y estampa rápido una «W» en cada rectángulo, justo encima del nombre. Luego le tiende a mamá los tres papelitos.

—Gracias —digo.

El hombre no me contesta, se muerde otra vez el pulgar. Tiene un padrastro rosado medio arrancado ya.

—¿Para qué es la casilla que dice «transporte»? —pregunta Marietta.

—Para poner el nombre de nuestro transporte —le explica mamá—. Lo habrán dejado en blanco porque vamos todos en el mismo: el «Cc».

—¿El «Cc»? —pregunto—. ¿Por qué «Cc»?

—Empezaron por la «A» —aclara mamá—. El año pasado. Cuando llegaron a la «Z», pasaron a la «Aa.»

Me quedo pensando unos segundos.

—¿Entonces el nuestro es el veintinueve?

—A quienes se sorprenda con objetos de valor escondidos —repite el guardia de las SS—, dinero, joyas, etcétera, se los fusilará.

En la mesa siguiente, otro hombre con una estrella amarilla en el pecho nos pide la cartilla de racionamiento. Mamá se la da. El hombre, de pelo rizado con una calva grande en la coronilla, la hojea antes de tirarla a una caja de cartón medio llena de cartillas que tiene a los pies.

—¿Y cómo hacemos ahora para comer? —le pregunta Marietta a mamá en un susurro audible.

—No les hará falta la cartilla en el lugar al que van —explica el hombre con tan poca expresividad como el guardia de las SS—. Siguiente.

Estamos a medio camino de otra mesa, donde la gente entrega las llaves.

—Tengo que ir al baño —le digo a mamá.

Mamá explora despacio el pabellón.

—¿No puedes esperar? —me pregunta.

—¿Cuánto tiempo?

Mamá observa nuestra cola y después las de las dos mesas siguientes.

—Marietta —dice—, acompaña a Misha al baño.

—Yo no tengo que ir —contesta Marietta.

—Marietta —insiste mamá—, por favor.

—¿Y nuestras cosas?

—Ya las vigilo yo. Anda, por favor.

—Si no sé ni dónde están los aseos —se queja Marietta.

—Pues pregunta —añade mamá, quitándole algo del hombro.

Tardamos un buen rato, pero por fin encontramos un letrero que dice: «Letrinas Hombres».

Aquí el olor es mucho, muchísimo más fuerte.

—Date prisa —dice Marietta, tapándose la nariz con el cuello de la camisa.

La entrada da a un pasillo estrecho. El olor se intensifica a cada paso. Luego el pasillo gira y da a un patio la mitad de grande que mi antigua clase. El tufo me da ganas de vomitar. Contra una pared hay una hilera de cubos de metal. Cada cubo está rodeado de un charco azul. Veo a un hombre de pelo canoso y piernas blancas agachado sobre el cubo más alejado de la entrada, de espaldas a mí y con los pantalones por debajo de las rodillas.

Marietta se encuentra con una amiga cuando volvemos a las mesas. Se abrazan y parlotean como si estuvieran entre clase y clase en el colegio. Me aparto un poco y me pregunto cómo puede ser que siga llegando gente al Pabellón de Exposiciones. La cola de la primera mesa tiene al menos cien personas.

Después de pasar por la última mesa, cogemos las bolsas y caminamos hasta el otro extremo del edificio, donde hay filas y filas de jergones en el suelo. La gente ha ido ocupando los más cercanos a la pared del fondo y ha apilado sus bolsas en el hueco estrecho que queda entre cada uno.

Llegamos al primer jergón sin dueño y tiramos los petates al suelo.

—¿Y ahora qué? —pregunta Marietta.

—Ahora esperamos —le contesta mamá.

—¿Cuánto tiempo? —pregunto yo.

—No lo sé. —Mamá se desabrocha la chaqueta, aunque no hace mucho calor en el pabellón—. Un día, dos, quizá tres.

No digo nada, me dejo caer en el jergón. Este, sin embargo, apenas me amortigua la caída, porque no es más que un saco estrecho relleno de paja.

Alguien ha hecho pis no hace mucho en el jergón de mamá. Cogemos nuestras cosas para cambiarnos de sitio, pero un policía checo que vigila el pabellón nos indica que está terminantemente prohibido cambiarse.

Al cabo de unas horas, nos llaman para comer. Nos ponemos en una cola y le enseñamos el número a un hombre que lo verifica en una lista larguísima y nos entrega a cada uno una escudilla de lata.

Empiezo a contar mientras esperamos. Cuando estoy a punto de llegar a quinientos, un hombre nos sirve un trocito de patata y un líquido medio marrón en la escudilla. Supongo que será sopa.

Aquí no hay nada que hacer. Después de comer, Marietta se va en busca de su amiga. Veo a varios chavales de mi edad, pero no los conozco. Aparte, tampoco hay donde jugar. Así que abro mi bolsa y saco el único libro que he traído. *Klapzubova F. C.*

Es el mejor libro del mundo, porque la familia Klapzubova debe de ser la mejor familia del mundo, aunque sea inventada. Los Klapzubova son el padre y sus once hijos. Son once porque es el número de personas que se necesitan para formar un equipo de fútbol. Ya no es que cada uno de los hermanos juegue de maravilla, sino que juegan en distintas posiciones. Al principio están preocupados porque a ninguno se le da bien meter goles. Pero al final el más pequeño, Andrej, resulta un goleador nato.

Me lo habré leído diez veces y nunca me aburre.

Así que lo abro por la página en la que aceptan el desafío del mejor equipo de Praga, que está decidido a vencer al Klapzubova porque el hermano mayor, Lukáš, que es el mejor jugador de la familia, se ha negado a fichar por ellos. Y al final gana el partido con una chilena, su especialidad.

Estoy llegando al punto en el que se describe cómo da el salto de espaldas a la portería, cuando oigo un golpe sordo, seguido de un montón de gente que se levanta a unos diez jergones de mí. Dejo el libro y me acerco. Tardo un poco en lograr ver algo entre la gente.

Una anciana se ha desmayado.

De cena lo mismo que a mediodía, y media zanahoria. Conté hasta 617 antes de que me llegara la vez.

No recuerdo haberme quedado dormido, solo recuerdo pensar que no me iba a dormir nunca. El pabellón, que es enorme, está casi a oscuras, pero nunca deja de haber ruido. Bebés que lloran, enfermos que se quejan y mil personas que dan vueltas en el asqueroso colchón de paja. Me despierto de repente en plena noche. Me giro y veo a mamá. Está sentada sobre el jergón, con la cara inexpresiva, los ojos como platos.

19 de noviembre de 1942

Aquí no hay absolutamente nada que hacer.
Salvo aguantar las ganas de hacer pis todo lo que pueda.

Me pongo a contar y alcanzo hasta el 429 antes de que me den el desayuno, que no logro reconocer qué es. Una cosa blancuzca, blandengue, que sabe como a pasta.
Cuando terminamos y volvemos a nuestro sitio, mamá saca de una bolsa una barra de pan y reparte un cuarto entre Marietta y yo.

Llega más gente, pero no tanta como ayer.

Hoy ha venido otro guardia de las SS, más bajo, a amenazar con fusilar a los que escondan objetos de valor.

Un oficial de las SS le grita al hombre de la mesa que ayer se mordía sin parar el pulgar.
El hombre dice algo y el nazi le da dos collejas bien fuertes.

Al cabo de una hora, cuando vuelvo a mirar, hay otro hombre ocupando su lugar.

Juego con otros chicos en un rincón del pabellón. Hemos hecho una pelota de papel arrugado y jugamos al balón prisionero hasta que una mujer nos grita y paramos.

Los Klapzubova ganan a la selección italiana en los penaltis, después de que Andrej logre desviar el tiro del capitán italiano con la punta del meñique. El balón da en el larguero, rebota hacia lo alto y cae justo en los brazos de Andrej. Era la primera vez que le interceptaban un tiro al capitán italiano.

De comer nos han dado lo mismo que ayer. Pero he contado hasta 714 hasta que me han servido.

Una señora grita el nombre de mamá. Es la mujer de uno de los compañeros de trabajo de papá. Hablan durante una hora cogidas de las manos. Luego se están un buen rato abrazadas.

De vez en cuando se me olvida el olor a pis que hay aquí. Pero al final siempre me vuelvo a acordar.

La anciana que se desmayó ayer todavía no se ha levantado. Una mujer que tendrá la edad de mamá se pasa gran parte del día sentada a su lado, poniéndole un paño húmedo en la frente.

Después de habérselo pedido unas quince veces, Marietta acepta por fin jugar a las cartas conmigo. Pero como no se esfuerza, no me cuesta nada ganar y así no tiene gracia.

Antes de la cena (una zanahoria y una especie de caldo con trocitos de algo que podría ser pollo) me armo de valor para ir al cuarto de baño. A unos seis metros de la entrada, hay un joven con la cara muy hinchada. Está sentado con las piernas cruzadas sobre el suelo. No tiene jergón ni bolsas a su lado. En el pecho lleva el número 741.

Está cantando o gimiendo, o las dos cosas a la vez, y no hace más que sacar la lengua hinchada mientras se mece hacia delante y hacia atrás. Cuando paso a su lado, me doy cuenta de que se ha hecho pis en los pantalones. Frota con las manos el charco que tiene alrededor. Entonces se mete una de las manos en los pantalones, pero no en el bolsillo. Se la mete por la parte de atrás. Algo me dice que no mire, pero no puedo evitarlo. Poco después saca la mano con un mazacote marrón oscuro pegado en la punta de los dedos. Se lo lleva a la boca y se lo come.

El estómago se me revuelve. Echo a correr hacia el cuarto de baño y aspiro el hedor todo lo que puedo. Pero ni siquiera con los pulmones llenos de ese aire maloliente logro distraerme. Y encima algo me dice que me pasará como con lo de la pareja de hace unos años, que no seré capaz de olvidar nunca lo que acabo de ver.

Regreso despacio a los jergones, mientras el estómago me da vueltas sin parar.

—Creo que me voy a acostar —le digo a mamá en cuanto llego.
—¿Tan temprano? —me pregunta.
—Sí. Estoy cansado.
Se inclina para darme un beso de buenas noches y cuando se está incorporando la agarro del hombro.
—Mamá.
—Dime.
—¿Te acuerdas…?
—¿Si me acuerdo de qué?
—De nada.
—Dime.
—Cuando era más pequeño, tú me…
—¿Yo qué, Misha?
Tiro de ella hacia mí.
—Dime.
—Tú me… —musito— …me acariciabas la espalda hasta que me dormía. ¿No podrías…?
—Claro que sí, cielo. —Esboza una sonrisa y cierra los ojos—. Claro que sí.
Me acaricia y yo me concentro en su mano, que sube y baja por mi piel. Casi consigo bloquear la imagen del hombre, el olor, las riñas, los quejidos, los pasos, la paja que se me clava en el pecho y a la mujer que está a diez jergones de nosotros y suplica sin parar.
—Por favor, madre, por favor. Tiene que beber un poco. Por favor.

20 de noviembre de 1942

—¡Arriba! ¡Todo el mundo arriba!

Policías checos y guardias de las SS nos despiertan a voces, aunque afuera todavía es noche cerrada.

—¿Qué hora es? —pregunta Marietta.

—No lo sé —le contesta mamá.

¿Cómo lo va a saber? Mandó el reloj de pulsera a Londres hace casi un año.

—Muy temprano, creo.

Cosa de una hora más tarde, cuando todo el mundo ya ha recogido sus cosas y tomado un desayuno horrible, nos colocan por número en cinco filas largas. La negrura que se veía por las ventanas es ahora de un gris pálido. Todo el mundo agarra sus cosas o las tiene al lado en el suelo. Han llegado unas cuantas decenas de soldados alemanes normales, que se distribuyen por las filas con la bayoneta en las manos. Unas veinte personas por delante de mí está la anciana de ayer. Aguanta de pie. Bueno, no exactamente; está de pie, pero apoyada en su hija.

Una vez formadas todas las filas, entra un oficial de las SS en el pabellón. No creo que lo haya visto antes. Es mayor que los demás soldados y oficiales. Tiene una cara muy gorda. En el momento que carraspea, la gente se calla de inmediato.

—Hoy empezaréis una vida nueva, en una tierra libre de persecuciones. En Theresienstadt. —El eco de esa última palabra resuena en el pabellón unos segundos. Nadie emite ni un sonido—. Allí os reuniréis con miles de miembros de vuestra raza que ya viven totalmente a salvo. A cada uno se os asignará un trabajo al llegar, con lo cual se os da la oportunidad de ser productivos para el Reich. Vuestro nuevo futuro empieza hoy. *Heil Hitler!*

Ni siquiera cuando el oficial termina de hablar, se da media vuelta sobre los talones de las botas lustrosas y sale del pabellón, se atreve nadie a abrir la boca. Quizá porque están todos tan estupefactos como yo. ¿Una vida nueva? ¿Una tierra libre de persecuciones? ¿A salvo? ¿Hay alguna posibilidad de que no nos haya mentido?

—Mamá —le susurro—, ¿crees que nos ha mentido?

Me da la sensación de que asiente, pero no lo tengo claro porque hemos echado a andar.

No sé hasta dónde piensan hacernos caminar, pero a este ritmo tardaremos una eternidad. La gente se para cada diez pasos para colocarse bien las bolsas. En ese momento siempre hay alguien que choca con la persona que lleva delante. En una de esas un anciano tropieza con un bolsón y se cae. Un soldado alemán se le acerca, lo coge por un brazo y hace como que va a levantarlo. Pero entonces lo suelta y le da una patada en el costado. El hombre se queda en el suelo.

La anciana y su hija se salen de la fila. La hija apoya a la madre contra la pared de un edificio. Un soldado va hacia ellas y apunta a la madre con la bayoneta. La más joven junta las manos como si rezara. Doblamos la esquina y ya no vemos qué pasa.

La estación de Praha-Bubny. Mira tú a dónde íbamos. El edificio gris y sencillo nos espera al otro lado de la calle Bubenská. Por detrás asoman unos cuantos trenes, listos para llevarnos a Terezín.

—¡Del número novecientos al novecientos cincuenta en este coche! —grita un guardia de las SS señalando un vagón.

La gente va ocupando poco a poco el tren con sus bolsas. Aquí hay seis o siete vías y nuestro tren está en la dos. Más allá de la estación no hay mucho que ver, salvo algunas colinas con alguna que otra casa. En un momento dado, las nubes desaparecen y el cielo se vuelve azul.

—¡Del novecientos cincuenta y uno al mil, en este coche! —informa el guardia, y señala otro vagón.

A los pocos minutos, subo por la escalerilla del tren. Metemos todo lo que podemos debajo de los asientos y el resto queda en el pasillo. Nos apretujamos los tres en un banco.

Por la ventanilla veo gente que se aproxima. La anciana con su hija y otro hombre judío. La llevan entre los dos en volandas, parece que esté dormida. Quizá se haya vuelto a desmayar. Entran en nuestro vagón y el llanto de la hija se oye sobre las demás voces.

Me apoyo contra mamá. El sol me da calorcito en la cabeza. Se me cierran los ojos y veo caras de chicos que me señalan y ríen, con sus dientes blancos que suben y bajan. Veo a Leci y al hombre sentado en el charco, mis pantalones por los tobillos, los peldaños que conducen al desván del Golem, la pareja que cae por el aire, a papá poniéndose la chaqueta sin siquiera despedirse de mí.

Estoy tan cansado que ya no intento disimular que soy el niño más triste del mundo. Estoy tan triste que me duele el estómago vacío y me duele la cara como si me hubiera pasado semanas llorando, aunque no sea así. Entonces me doy cuenta de que estoy demasiado cansado para que me importe lo triste que estoy, y la tristeza se me queda en el estómago vacío, como si fuera algo que ya no tiene nada que ver conmigo.

De pronto el tren se pone en marcha entre sacudidas. Entonces se desvanece esa sensación y en su lugar surge algo nuevo, algo que casi había olvidado, algo que hacía mucho que no sentía.

Alivio.

Adiós, Praga.

SEGUNDA PARTE
Terezín (Checoslovaquia)

20 de noviembre de 1942

—Misha, Misha, despierta. Hemos llegado. Arriba, despierta.
Mamá me sacude un hombro con suavidad. Abro los ojos. Marietta está de pie delante de mí, colocándose la mochila.
—¿Dónde estamos?
—En Bohušovice —me contesta mamá—. En la estación de tren.
—¿En Bohušo…? Pero ¿no íbamos…? —digo frotándome los ojos—. Creí que íbamos a Terezín.
Mamá no me contesta. Ella y Marietta ya van por el pasillo, repleto de gente que se dirige a la salida.

Nos apeamos junto a un edificio del tamaño de una casa grande, con las paredes de un color entre amarillo y naranja claro. Aquí no hay tantas vías como en Praga y más allá no hay prácticamente nada. Solo unas montañas bastante lejanas. Las vías continúan, quién sabe hacia dónde.
El estrecho andén rebosa de gente con sus bolsas. Los guardias gritan furiosos e impacientes las órdenes. Sigo a mamá y a Marietta alrededor del edificio, donde se van colocando las bolsas en un carro enorme. Una larga fila de personas camina por la calle embarrada que sale de la estación.
Le entregamos nuestras bolsas a un judío joven con gorra. Este las lanza al carro que tenemos delante. Entonces veo a la

hija de la anciana. Está sentada bajo un arbolillo a unos quince metros de nosotros, abrazándose las piernas, la cara enterrada entre las rodillas. Me la quedo mirando unos instantes, hasta que alguien me ordena que camine. Me vuelvo y veo a dos hombres que llevan un bulto alargado envuelto en un par de mantas. Lo colocan con cuidado en el fondo del carro, junto al enorme montón que forman nuestras cosas.

—Venga, Misha —me dice Marietta—, camina.

Nos unimos a la fila. Unos diez minutos más tarde, nos adelanta el carro. Las ruedas de atrás saltan un segundo por el aire al pasar un bache. El carro cae con un golpe sordo. Un extremo de la manta se abre y muestra un par de pies cuyos dedos señalan al suelo en ángulos opuestos.

A la media hora dejamos la calle principal y atravesamos una especie de puentecito. Por debajo pasa un pequeño canal que discurre entre los campos. Allá a lo lejos nos espera una muralla de ladrillo rojo bordeada de bloques de cemento gris. Tendrá unos seis metros de alto. En el centro se abre una entrada en arco. Por encima de la muralla crece la hierba.

Al llegar a la entrada, atravesamos un pasaje abovedado, de unos treinta metros de largo. En el túnel, los pasos de la gente producen unos ecos suaves, extraños. Por lo que sea, nadie dice una palabra. Al otro lado del pasaje nos encontramos de frente un edificio grande, ancho, de color amarillento.

—¿Esto es Terezín? —le pregunto a mamá.

Ella cierra los ojos y asiente con la cabeza.

—¿Qué edad tienes? —me pregunta un judío mal afeitado.

Está sentado en una silla baja detrás de una mesa de madera que tiene una grieta gruesa en el medio. La mesa y la silla baja son los únicos muebles que hay en esta oficina sin ventanas, a la que hemos entrado desde el propio pasaje, por lo tanto está en la muralla de la fortaleza. Entra y sale gente sin parar, también niños. No tengo ni idea de para qué.

—Doce —contesto.

—¿Doce? —le pregunta a mamá, arqueando una de sus cejas pobladas.

—Sí —responde ella—. Tiene doce. Nació el veintitrés de agosto de 1930.

El hombre no dice nada. Se limita a abrir un cuaderno por una página en la que hay una gráfica con muchos números y lo que parecen abreviaturas. Estudia la gráfica durante un minuto y marca con la punta del lápiz unas cuantas casillas sin dejar de murmurar un momento. Luego sacude la cabeza, casi riéndose.

—¡Pavel! —grita.

Aparece un chico un pelín más alto que yo.

—Mande —dice, dejando ver un hueco entre los dientes incisivos.

—Llévate a este muchachote al Ele Cuatro Uno Siete, Sala…

—Perdone… —lo interrumpe mamá sacudiendo la cabeza muy rápido—. ¿Ele Cuatro Uno qué?

—Ele Cuatro Uno Siete —repite el hombre despacio—. Es uno de los edificios de aquí, el Hogar Infantil, para niños. Estará en la Sala Siete. Uno de los dormitorios masculinos.

—¿Cómo Hogar Infantil? ¿Uno de los qué? —pregunta mamá, que se ha quedado con la mandíbula casi desencajada.

—¿Qué es un dormitorio masculino? —le pregunto a Marietta.

—Pavel —dice el hombre—, ¿te importa explicárselo tú?

Pavel se rasca el brazo.

—Es donde viven los niños, con otros niños, no con...

—¿Cómo?

Mamá cierra la boca, pero le tiembla el labio superior.

—Yo también estoy en la Siete —comenta Pavel, sin darle mayor importancia.

—Pero es que... —comienza mamá y no termina la frase.

Yo también quiero decir algo, porque de repente me duele mucho el pecho, pero me callo.

—Pavel —dice el hombre, respirando hondo y limpiándose la frente con el dorso de la mano—, ¿con qué frecuencia ves a tu padre?

—No sé —suelta Pavel encogiéndose de hombros—. Casi todos los días. Si quiero. Depende.

—¿Y a tu madre? —le pregunto.

—¿Casi? —repite mamá.

—Sí, casi —contesta Pavel.

Mamá se calla. Tiene una lagrimita en el ojo derecho, pero se le queda ahí. Miro a Marietta. La cara se le ha puesto gris, como si la tuviera esculpida en piedra. Me duele mucho el pecho. No sé por qué, pero me vuelvo hacia mamá.

—No pasará nada, ¿no? —pregunto, inseguro.

Me abraza con tanta fuerza que casi me espachurra el dolor del pecho, que es una sensación buena y mala a la vez.

Cuando me doy cuenta, ya estoy fuera, siguiendo a Pavel.

—Venga, espabílate —me repite varias veces hasta que de repente se para, se da media vuelta y me pregunta—. ¿Cómo te llamas, por cierto?

Pasamos por varios edificios anchos, separados entre sí por una calle estrecha. Es como si paseáramos por una ciudad pequeña.

—¿Dónde estamos? —le pregunto a Pavel.

—¿Cómo que dónde estamos? —me dice—. En Terezín. ¿Dónde creías que estábamos?

—No, pero, quiero decir...

—Los nazis lo llaman Theresienstadt. Pero da igual. Es lo mismo.

Doblamos una esquina.

En lugar de otro edificio, aparece una plaza grande, con una especie de carpa de circo en el centro. Al otro lado de la plaza hay una iglesia antigua. Hay montones de personas por todas partes con la estrella en el pecho. De todas las edades, también numerosos ancianos. Muchas más están sentadas en los bancos o de pie a la entrada de los edificios.

—¿Y la han construido para nosotros?

—Qué va —me contesta Pavel—. Ya lleva aquí un tiempo. Más de cien años. Fue una fortaleza del ejército, creo. Y ahora es nuestra. Bueno, nuestra nuestra no. De los nazis, evidentemente. Pero la administramos nosotros. Los judíos, digo. Más o menos, porque los nazis les dicen a los judíos que la administran lo que tienen que hacer. Pero así por lo menos no tenemos que ver a los nazis. Solo a los judíos, casi. Y aquí somos muchísimos. Demasiados, para mi gusto.

Llegamos a un edificio amarillo de tejado marrón. Pavel sube saltando unos escalones.

—El Ele Cuatro Uno Siete. Venga.

Al entrar, pienso en un colegio. Es la misma sensación que cuando están las puertas cerradas, pero se oye el alboroto que hace todo el mundo en las aulas. Recorremos un pasillo y subimos unas escaleras. Después otro pasillo, hasta que Pavel se para y abre una puerta. Una avalancha de ruido nos invade.

—La Sala Siete —me informa.

Asomo la cabeza, pero no entro. Es del tamaño de una clase. De una clase pequeña. Pero en lugar de pupitres y sillas, hay literas por todas partes. Literas triples de madera tosca, cada una con su escalerilla también de madera. Hay tal cantidad de literas que casi no veo el fondo de la sala. De las literas, además, cuelgan cosas de niños: camisas, pantalones, chaquetas, zapatos, mantas, mochilas; de todo.

Y niños.

Hay niños por doquier. Todos chicos de mi edad. Acostados en las literas, sentados en las literas, al lado de las literas. Hablando, dibujando, escribiendo, leyendo, jugando a las cartas, colocando piezas de ajedrez en un tablero. Unos cuantos están sentados a unas mesas muy estrechas que hay entre las filas de las literas. Y por debajo de una de las mesas veo a unos chavales que diría que se están peleando.

—Ven —me dice Pavel agarrándome por la solapa del chaquetón—, no te quedes ahí como un pasmarote.

Doy tres pasos hacia dentro. Unos cuantos se fijan en mí.

—¡A ver, atención! —grita Pavel. Unos cuantos más me miran, pero no todos—. Os presento a Misha. —A nadie parece importarle demasiado—. Escucha. Ese es Kikina. —Señala a un chico de pelo castaño claro—. Y aquel, Špulka. —No sé a quién se refiere—. Y Pajik y Gorila...

—¿Gorila?

—Majošek, Extraburt, Robin y el otro... El otro no sé, debe de ser nuevo también. Y creo que aquel es Petr y... bah, déjalo.

—¿Cuántos chicos viven en esta sala?

Pavel se quita la chaqueta y la arroja a una de las literas.

—Cuarenta, más o menos —me contesta.

—Más o menos...

Hago esfuerzos por decirle algo a alguien o por moverme de donde estoy, pero me he quedado como paralizado.

—Oye —añade Pavel sin dirigirse a nadie en concreto—, ¿habéis visto a Franta?

Jirka no para de roncar. Bueno, no es roncar. Es más bien que, cada vez que inspira, se le queda como atascada la nariz, creo, justo al terminar de coger aliento.

La verdad, no estoy seguro de que se llame Jirka. Igual es Jiří. He conocido a tantos chicos hoy que no he podido aprenderme todos los nombres. Están Paul y Martin, después Erich, Jan y Koko. Hanuš y Leo, creo que hay dos Leo, o igual tres. Dos Hanuš seguro. Mendel, Egon y Jila. Y otro montón que ahora no recuerdo. Bueno, sea quien sea el que está a mi lado en el jergón no para de roncar.

No me duermo ni de broma. Creo que me acostumbré al silencio del gueto antes de que nos marcháramos de Praga. Marietta siempre dormía como un tronco. ¿Dónde estará ahora? ¿Y mamá? Uno de los chicos, creo que Mendel, explicó que las mujeres duermen en un edificio que se llama Barracón Dresde, que a saber dónde está. Y como Marietta ya ha cumplido los dieciséis, aquí la consideran mujer. Así que estarán juntas. Suerte la suya.

A mí, en cambio, me ha tocado compartir habitación con cuarenta chavales a los que apenas conozco. Y la mitad de ellos, por lo visto, están ocupadísimos parloteando, aunque sea en sueños. Uno murmura no sé qué y al instante le contesta otro con un gruñido. Y así están dale que dale hasta que se les une otro. Entonces se ponen a discutir los tres, hasta que uno de ellos se rinde y los otros dos se lían a partir de ahí. Llevan así una hora por lo menos.

¿Dónde estará Franta? Para mí que Kikina dijo que tenía la cama en un rincón, junto a la de Pavel, pero no me parece que esté ahí.

A diferencia de los demás, Franta sí que se preocupó por mí cuando me lo presentaron.

—Misha —dijo y me estrechó la mano con firmeza—, bienvenido a los Nešarim.

—¿A los nes qué? —pregunté todavía a la puerta del dormitorio.

—Nešarim —repitió el chico del pelo castaño y ondulado, Kapr creo—. Significa «águilas». Somos águilas. Y Franta es nuestro *madrich*.

—¿Nuestro qué? —pregunté.

—Es hebreo —me contestó Kapr.

—Sí —dijo otro, bajito como yo. Quizá Leo—. Nešarim significa «águilas» en hebreo.

—No —comenté bastante desconcertado—. La otra palabra.

Levanté la vista hacia Franta para que me echase un cable, pero se quedó mirándome con una sonrisita.

—¿Qué otra palabra? —preguntó Kapr.

—La otra... Lo que habéis dicho que es Franta.

—Ah —añadió Leo dándole un codazo a Kapr—, se refiere a *madrich*.

—Ya —dijo Kapr—. Eso es «orientador». O maestro, guía o algo por el estilo.

—En hebreo —aclaró Leo.

—Ah —comenté—. Ya entiendo.

Franta asintió rápido y se frotó la barbilla ancha unos segundos, mirándonos. No era muy alto para ser adulto, ni tampoco muy mayor. Creo que podría estar aún en el instituto.

—Jila —dijo, señalando a otro chico, que había dejado de jugar a las cartas y venía hacia nosotros—, ¿qué debería saber Misha sobre los Nešarim?

—Pues —respondió Jila, que tenía las mejillas llenas de pecas claras—, dos veces al día..., dos veces al día tienes que mostrarle a Franta que estás limpio. Pelo, cara, manos, uñas. Esas cosas.

Franta frunció el ceño y lo confirmó. Clavó sus ojos oscuros en los míos, y no sé por qué miré hacia otro lado. No es que me hubiera puesto mala cara ni que me diera miedo, pero no fui capaz de sostenerle la mirada. Al menos, en ese momento.

—Estupendo —dijo—, ¿qué más?

—Hay que hacerse la cama —siguió Kapr—. Todas las mañanas.

Franta asintió muy serio, sin decir nada.

—Y las chinches —apuntó Leo—. Tenemos que revisar las camas cada día por si hay.

—Chinches y otros bichejos —puntualizó Jila.

Franta asintió unas cuantas veces con la cabeza.

—¿Y los cuartos de baño qué?

—También tenemos que limpiarlos —informó Kapr.

—Y ojo —añadió Leo enseguida—, que a quien no tenga las manos y sus cosas bien limpias ¡le toca limpiar los retretes!

—Que es algo asquerosísimo —dijo Jila, encogiéndose de hombros y guiñando mucho los ojos.

—¿Nada más? ¿No hacemos más que limpiar y limpiar en todo el día? —preguntó Franta.

—A veces da esa sensación —le contestó Leo.
—Qué va —le contradijo Kapr—. Gran parte del día tenemos Programa.
—¿Qué Programa? —pregunté.
—Son como clases —explicó Jila—, como ir al colegio. Más o menos. Lo llaman así, porque oficialmente no se nos permite estudiar. Pero es lo que toca por la mañana y por la tarde los días de diario.
—A no ser que tengas un trabajo —dijo Kapr—. Solo así se te permite faltar al Programa.

Ya iba a preguntar qué era eso de tener un trabajo, cuando vi que Franta examinaba despacio el dormitorio, frotándose otra vez la barbilla.

—Misha que duerma con Jiří —ordenó por fin. ¿O dijo Jirka?—. Jila, enséñale tú dónde es.

Di un paso para seguir a Jila y noté una mano en el hombro. Me detuve y me giré en redondo. Era la mano de Franta. Tenía unos dedos delgados y fuertes. Apuesto a que Andrej Klapzubova también tiene así los dedos. Franta se agachó para ponerse a mi altura y me miró a los ojos. Quise desviar otra vez la mirada, pero esta vez no fui capaz. Era como si sus ojos oscuros, solo con mirarme, pudieran conmigo. Me miraba a los ojos una y otra vez. Quizá intentaba averiguar algo importante sobre mí. Luego me apretó en el músculo que hay entre el hombro y el cuello. Me apretó con fuerza, pero no me dolió. Me hizo bien, la verdad, y por lo que fuera me obligó a enderezar la espalda.

—Misha —dijo, como si estuviera practicando mi nombre.

Luego frunció el ceño. Sus cejas no eran gruesas, pero sí lo era la piel que tenían por debajo, por eso quizá conseguía con los ojos que no pudiera dejar de mirarlo.

—Misha —repitió. Luego asintió, me frotó la espalda y se incorporó de un salto—, bienvenido, Misha. Bienvenido a los Nešarim.

Eso es lo que soy ahora. Uno de los Nešarim. El único que no es capaz de pegar ojo.

23 de noviembre de 1942

—Oye, Misha —me dice Felix.

He terminado la comida, por llamarlo de alguna manera. Después de haber estado veinte minutos en la cola (donde me puse a contar otra vez, pero siempre perdía la cuenta a los cincuenta o así), me dieron un panecillo duro, una sopa horrorosa y unas pocas espinacas. Es la décima vez en diez minutos que compruebo si tengo el tique de las comidas en el bolsillo, porque Pavel me ha aconsejado que más me vale no perderlo.

—¿Qué?

—¿Te gusta el fútbol? —me pregunta.

Asiento con la cabeza.

—¿Por qué?

—Ven —me dice, y enfila hacia la salida del barracón.

—¡Espera! —le grito—. ¿Adónde vas?

—¿A ti qué te parece? —me contesta.

Le doy alcance.

—Pero creía… ¿No tenemos…? ¿Ahora no tenemos que descansar?

Nada más salir, Felix echa a correr hacia Pedro, Brena, Koko, Erich, Pudlina y Gida. Pedro lleva un balón de fútbol de verdad en las manos, aunque nunca había visto uno tan sucio. Juro que la suciedad que tiene parece cinco veces más sucia que la suciedad normal. Pero ¡qué más da! Es un balón de fútbol.

—Oye, no sabía que jugaras de portero —le comenta Felix a Pedro.

—Yo no juego de portero —replica Pedro como si Felix lo hubiera llamado gallina.

Koko le arranca el balón de las manos de un manotazo y se echa a reír.

—Entonces ¿por qué llevas el balón en las manos?

Koko se pone a regatear por la calle, con los otros chicos detrás, gritándole que se lo pase. Abro otra vez la boca para repetir la pregunta, para asegurarme de que no pasa nada si no estamos en la Sala Siete durante el descanso, que es lo que nos dijo Franta que hiciéramos, y para que me confirmen que podemos ir sin problema adonde quiera que vayamos. Pero entonces Pedro grita:

—¡Tonto el último en llegar al *bašta*!

Y salgo disparado a alcanzarlos.

¿*Bašta*? ¿Qué es el *bašta*? Llegamos al final de la calle, cruzamos una zona de hierba y subimos a toda mecha una loma. De pronto, estamos en lo alto de la muralla interior de la fortaleza, donde crece una hierba amarillenta y parece un campo de fútbol pequeño. Supongo que será esto el *bašta*. Ya nos estaban esperando unos chicos que no conozco.

Por un pelín no le he ganado a Brena subiendo, y casi no me lo creo, porque antes era bastante más rápido que ahora. Es lo que tiene haber vivido en el gueto de Praga comiendo poco y mal durante dos años.

—Has tenido suerte, Brena —dice Felix, y le lanza el balón sucio—. Somos diez.

Los chicos se pasan el balón unos a otros, pero yo estoy tan asfixiado que apenas me tengo en pie. Hago como si necesitara atarme los zapatos. Lo que necesito más bien son unos zapatos nuevos, pero no caerá esa breva. La hierba está algo húmeda por la lluvia de ayer y se me mojan las rodillas cuando me agacho.

Pedro y otros chicos tiran las chaquetas en un extremo del campo y miden la distancia entre ellos dando pasos, pegando la punta de un pie al talón del otro, que es como hacíamos a veces en Praga para marcar goles.

—¡Dieciséis! —grita Pedro en el otro extremo del campo, donde están Pudlina y Felix haciendo lo mismo.

Entonces Felix y Gida se separan un poco de los demás y empiezan a cuchichear y a señalar, incluyéndome a mí. Uno me lanza el balón y trato de darle toques con las rodillas, pero me sale mal una y otra vez, quizá porque está un poco deshinchado. Me doy por vencido y se lo paso a un chico que no conozco.

Y ahora me doy cuenta (¿cómo no me había percatado antes?) de las buenas vistas que hay desde aquí. Más allá de los jardines y de la muralla exterior, más allá del río, se ve otro grupo de edificios, con casas también. Desde aquí no habrá más de trescientos metros. ¿Vivirá gente normal allí? ¿Gente normal que pueda entrar y salir cuando le parezca? ¿Gente que pueda hacer lo que quiera, incluso no tener que hacer largas colas para que le den una comida horrorosa ni dormir en salas con cuarenta personas más, donde solo dispones de un estante pequeño para tus cosas, y que al final es un espacio que te sobra porque ya no tienes prácticamente nada? ¿Y tendrán idea de lo que ocurre aquí dentro? ¿Que aquí hay más de cincuenta mil personas con estrellas amarillas en el pecho, que encima multiplican por diez la capacidad de este sitio? ¿Que hay cincuenta mil prisioneros que no saben por qué están aquí ni qué delito han cometido? ¿Y que quizá los niños y los adultos normales puedan aguantarlo, pero que los ancianos, por lo que sea, no? Ayer vi a unas personas que empujaban por el medio de la calle de nuestro edificio un carro en el que iban por lo menos diez personas, todas muertas. La mayoría iban cubiertas con mantas, pero solo la mayoría. Como si no tuviera nada de particular, como si…

—¡Misha! ¡Misha! —me grita Gida dándome un codazo.

—¿Qué?

—¿No has oído que te llamaba?

—¿Quién? Ah, sí, claro…

—Entonces ¿juegas de alero o no?

—Sí —contesto.

De alero sé jugar. O al menos sabía cuando jugaba al fútbol, hace la tira.

—Vamos —dice Felix—. Uno a cero. No pasa nada. Ha llegado la hora del empate.

Somos Felix, Brena, otros dos chavales y yo contra todos los demás. Felix es un fenómeno. Todavía no sé si es zurdo o diestro. Y Brena puede que sea lento, pero como portero aguanta lo que le echen, si no ya podríamos estar tres a cero. Los otros dos, creo que se llaman Gustav y Arnošt, no son malos defensas, pero cuando Pudlina pilla el balón, no hay nada que hacer.

Por lo tanto, el negado soy yo. Es como si mis pies no hubieran visto nunca un balón de fútbol. Y aún no he recuperado el aliento. Los del otro equipo no hacen más que cubrir a Felix, dejándome a mí solo.

Como ahora. Ahí me viene otro pase. Pero no soy capaz de hacer nada. Gida me lo quita en el acto, como si hubiéramos quedado en que se lo cedía enseguida. Además, se me desata el zapato todo el tiempo.

Levanto la vista de la porquería de los cordones y veo cómo Gida marca otro.

—Lo siento —le digo a Felix unos cuantos goles después. Ya estamos 3 a 1—. Antes era bueno, te lo juro.

Felix no me mira, se limita a morderse el labio.

—Tranquilo. —Se limpia el sudor de la frente con la manga—. Tú ve hacia la portería, que te voy a pasar el balón.

Y lo intento, pero me sale aún peor. Corro hacia la portería, tal como me ha mandado, y él me lo pasa, como me ha dicho que haría. Cuando echo el pie hacia delante, le doy del lado que no es y el balón se sale del campo.

Noto que Felix se ha cansado de mí, porque ahora intenta hacerlo todo por su cuenta. Por bueno que sea, sin embargo, su hermano Pudlina es mejor. Entre él y Pedro le dan mil vueltas.

—¡¡¡Gol!!! —grita Pedro.

4-1.

Estoy pensando en ofrecerme para cambiarme con Gustav y jugar de defensa, cuando se me acerca Brena, me coge por la manga y me lleva hasta Felix.

—Creo que ya sé cuál es el problema —le dice.

Noto que me pesa la cara. Estoy a punto de decirles que acabo de recordar que prometí ayudar a Franta después de comer, pero Brena añade:

—Es que no se sabe el cántico.

Felix me mira achicando los ojos.

—¿En serio?

¿El cántico? ¿Qué cántico?

Me encojo de hombros.

—«Rim, rim, rim, ritmo Nešarim» —dice Brena en voz muy baja—. Gustav y Arnošt no son Nešarim, así que no deberíamos usar el cántico ahora.

—¿«Rim, rim, rim, ritmo Nešarim»? —pregunto.

—Eso —dice Felix—. Aúpa, Nešarim. Es nuestro cántico. Para cuando jugamos contra los de otras salas. Se lo inventó Franta. Es nuestro entrenador.

—¿Tenemos entrenador? —pregunto.

—Claro que tenemos entrenador —aclara Felix—. ¿Dónde se ha visto un equipo sin entrenador?

—¿Tenemos equipo? —pregunto.

Brena se ríe.

—Claro que sí. Y además somos buenos. Bastante mejores que el Esparta de Theresienstadt, en el que juegan Gustav y Arnošt. Hace unas semanas, les dimos una paliza: seis a uno.

—Siete a uno —afirma Felix.

—¿Puedo ser del equipo? —pregunto.

—¿Eres de los Nešarim? —me pregunta Felix.

—Sí.

—«Rim, rim, rim, ritmo Nešarim» —dice Brena, cabeceando, casi cantando.

Pruebo.

—«Rim, rim, rim, ritmo Nešarim».

—«Rim, rim, rim, ritmo Nešarim» —dice Felix y, al instante, lo decimos los tres juntos en un susurro audible, con las cabezas casi tocándose.

—¡Vamos! —nos grita Koko desde la otra parte del campo—. ¡Ya está bien de cuchichear!

Felix me da unas palmaditas en el hombro y me empuja hacia mi lado del campo.

Y ya no es que mis zapatos sean mejores ni que mis pulmones hayan recordado de repente cómo se coge aliento para acelerar, pero algo ha cambiado. Cada vez que meto la pata, que es cada treinta segundos, me digo: «Rim, rim, rim, ritmo

Nešarim», y es como si..., bueno, no sé explicarlo, pero me siento bien. O por lo menos, no tan mal.

Felix me pasa el balón. Esta vez logro dominarlo. Pienso en tirar, pero justo cuando tengo a Pedro casi encima, se lo devuelvo a Felix, que pasa volando por delante de Erich.

4-2.

«Rim, rim, rim, ritmo Nešarim», me repito una y otra vez. Las palabras se acompasan con mi respiración y de algún modo la regulan.

Gida viene regateando hacia mí, cuando de repente le pillo el truco. Suele amagar que va hacia la derecha y luego tira hacia la izquierda. Así que sin más estiro el pie hacia su izquierda. De pronto, tengo el balón. Se lo paso a Felix.

4-3.

«Rim, rim, rim, ritmo Nešarim». A estas alturas, las palabras se me repiten solas en la cabeza. No tengo ni que pensarlas. La voz es mía y no es mía al mismo tiempo. Es como un montón de voces, en realidad. La de Felix y la de Brena, eso fijo, pero también hay otras.

Como la de Franta. Que casi no la conozco, pero la oigo con claridad, puede que porque él se inventó el cántico. Oigo cómo nos explica cosas, cómo nos lee relatos y nos obliga a levantarnos por la mañana. Tiene siempre una voz muy firme y cariñosa a la vez.

El balón viene hacia mí. «Rim, rim, rim, ritmo Nešarim». No son esas las únicas voces. Oigo también la de papá. Claro que sí. Él era el que siempre me aconsejaba que no me enfadase si cometía un error. El que me aseguraba que podría hacer lo que quisiera si me concentraba. El que me ayudó a levantarme cuando me caí de la bici el día que me enseñó a montar. Se agachó, me abrazó y me limpió la herida. Cuando me preguntó, casi en un susurro, si estaba listo para intentarlo otra vez, contesté que sí. Y a los cinco minutos, pedaleaba como si hubiera sabido desde siempre.

Se me hace raro, porque me doy cuenta de que he estado evitando pensar en papá desde hace meses. ¿Qué necesidad tenía de ponerme triste otra vez? Pero ahora, pensar en él me hace sentir algo más. Claro que estoy triste, pero además confío en que las cosas no van a ser siempre tan malas como han sido últimamente, confío en que este lugar, Terezín, en general, sea bueno.

Domino el balón y echo un vistazo al campo. Tengo a Gida delante. Pedro y Erich cubren a Felix. Si sorteo a Gida, solo me tendré que enfrentar a Koko, el portero.

Así que decido pagarle a Gida con su misma moneda. Amago a la derecha y enfilo hacia la izquierda. Mira tú por dónde, voy regateando ya hacia Koko. Se agacha, esperando que tire. Planto el pie izquierdo y lanzo el derecho hacia delante.

«Rim, rim, rim, ritmo Nešarim».

En mi vida le he dado a un balón una patada tan fuerte. Pero el balón hace un ruido raro, como de pedo, se dobla sobre mi zapato y no avanza ni un metro. Las voces desaparecen de mi cabeza y, de repente, estoy allí en medio de aquel silencio, en lo alto de la muralla, contemplando el balón abollado en el suelo.

—¡Jolines! —exclama Koko sacudiendo la cabeza y corriendo hacia mí.

Felix llega, recoge el balón muerto y lo aplasta con las manos. El balón nos regala el último pedo.

—Ya te avisé de que estaba a punto de cascar —comenta Gida, acercándose a nosotros.

—Lo siento —digo, pero nadie me contesta.

—Creo que los de la sala nueve tienen un balón pasable —dice Felix.

—Podríamos jugar con la pelota de trapo —propone Koko—, como la semana pasada.

—Venga ya —contesta Gida—, para eso más vale una lata.

—¡¿Pero qué dices?! —protesta Koko.

—Es igual —dice Felix—, de todas formas, tenemos que irnos. Empate.

—¿Cómo que empate? —protesta Koko—. ¿Empate desde cuándo? Os hemos ganado cuatro a tres.

—Misha estaba a punto de marcar —dice Felix—. Lo habéis visto, estaba…

—A punto de marcar —dice Pudlina, agarrando el balón sucio pinchado y lanzándolo por el aire.

Los cuatro, y todos los demás, bajan la loma corriendo, dándole patadas al balón pinchado y discutiendo sobre el tanto. Yo miro hacia las casas que hay a la otra orilla del río, respiro hondo unas cuantas veces y echo a correr tras ellos.

26 de noviembre de 1942

—Oye —dice Jiří—, ¿te cuento un chiste?
—Venga —contesto.
—Esto son dos chavales judíos —dice Jiří, apoyándose en el rastrillo— que van por la calle en Praga, cuando se les acercan dos tipos de las SS. Paran a los chavales y les preguntan: «¿Quién empezó la guerra?». Ellos contestan lo que les han enseñado. «Los judíos», dicen. Los SS quedan satisfechos con la respuesta y prosiguen su camino. Pero, de pronto, oyen a los chavales cuchichear algo y reírse, así que se dan la vuelta y preguntan: «¿Qué habéis dicho? ¿De qué os reís?». Así que uno de los chavales contesta: «Y los ciclistas». Los soldados, desconcertados, interrogan: «¿Por qué los ciclistas?». El chaval se encoge de hombros y contesta: «Yo qué sé. ¿Y por qué los judíos?».
Sonrío, pero no me río.
—¿No lo pillas? —me pregunta Jiří.
—Creo que sí —contesto, y me río un poco.
—Oye, Kapr —dice Jiří—, a Misha no le hace gracia el chiste de los ciclistas.
—Porque no tiene gracia —le replica Kapr sin levantar la vista del rastrillo.
—¿Cómo que no? —añade Jiří—. Es tronchante.
—Oye, ¿quién es esa? —le pregunto a Jiří.
Deja caer al suelo el rastrillo y se frota la nariz con el dorso de la mano.

—¿Quién es quién? —me pregunta.

—Esa chica —susurro, aunque la chica debe de estar a treinta metros de nosotros.

Jiří sigue la dirección de mi mirada sobre la fila de chicas de nuestra edad que esparcen heno o paja sobre la tierra que ya hemos rastrillado. Estamos preparando las huertas para el invierno, aunque no sé bien qué quiere decir eso. Mamá se las ha arreglado para conseguirme este empleo, supongo que intenta que esté al aire libre. Todos dicen que es un buen empleo, no tengo muy claro por qué. El caso es que trabajo aquí todo el día, en vez de participar en el Programa. Sigo sin saber hasta qué punto va eso en serio, pero ayer le oí hablar a uno de un examen.

Lo que sí tengo claro es que no quedan muchas hortalizas a estas alturas. Muy de cuando en cuando me encuentro en la tierra una zanahoria que no han recogido. Es ver una e imaginarme una pepita de oro, porque en el poco tiempo que llevo aquí ya he notado que cada vez nos dan menos comida propiamente dicha. Y no es que las verduras me entusiasmen, pero aquí uno es feliz si puede comer cualquier cosa que sea de verdad.

—¿Cuál de ellas? —me pregunta Jiří, un poco mosca—. Hay por lo menos treinta.

—Esa —le digo señalando con el codo—. La pelirroja del pañuelo azul en la cabeza.

Jiří le da una patadita con el talón de la bota a Kapr, que sigue rastrillando.

—Mira tú quién le ha echado el ojo a Inka —le dice.

—¿Inka? —pregunto.

Kapr me mira, sacude la cabeza, pero no dice nada.

—¿Qué pasa? —pregunto.

—Suerte —suelta, sin más.

Como nadie abre la boca durante un buen rato, me quedo mirándola otro poco. Se me hace raro, porque a mí las chicas nunca me han llamado la atención. Pero no he podido evitar fijarme en ella. No tanto porque sea guapa, que sí lo es. Sino porque, si, por ejemplo, en lugar de ir en fila, subiendo la rampa para entrar en el gueto, girásemos hacia el otro lado y apareciéramos de pronto en Praga, ella encajaría a la perfección. Después de haberse quitado la estrella, claro. Parece, no sé, *normal*. Me recuerda cómo eran las cosas antes. Y quizá vuelvan a ser.

—Lo peor —apunta Jiří— es que encima es muy simpática.

—Venga, vamos —aconseja Kapr, señalando con la cabeza a uno de los guardias, que está en el extremo de nuestro grupo—, poneos a trabajar. Que no tengo ganas de líos.

Veinte minutos después, todavía estoy mirando a Inka y, de repente, veo una cosa rarísima. Ella está de rodillas con todas las demás, extendiendo bien la paja para que quede repartida de modo uniforme. Un guardia se pasea de un lado a otro por detrás de ellas. Camina por una línea invisible, de unos treinta metros de largo y, cuando llega al final, se gira y empieza otra vez. Inka está hacia el lado más próximo al canal.

Pero esta vez, quizá a los seis metros de haber pasado el guardia por allí, la chica que está a la izquierda de Inka mira hacia el guardia por encima de Inka y le da un toque de cadera. Entonces, a tal velocidad que lo único que veo es una ráfaga anaranjada, Inka saca una zanahoria de debajo de la paja y se la guarda por dentro de la camisa. Un segundo después ya no tengo muy claro que haya ocurrido nada.

—Jiří —musito.
—¿Qué?
—Inka ha…
—¿Ha qué? —pregunta sin demasiado interés.
—Tiene… una zanahoria en la camisa. Se ha guardado una zanahoria en la camisa.

Jiří sonríe burlón sin parar de rastrillar.

—Así me gusta, Inka. Simpática, guapa y una de las *schloiseras* más hábiles que tenemos.
—¿De las qué más hábiles? —pregunto.
—*Schloiseras* —repite.
—¿Qué rayos es una *schloisera*?
—Kapr —pide Jiří—, explícale a Misha qué es *schloisear*.

Kapr se endereza y se retira unos pegotes de tierra del zapato con el rastrillo. Comprueba que nuestro guardia no ande cerca.

—Si repartes pan y un panecillo va a parar por casualidad a uno de tus bolsillos, eso es *schloisear*.
—¿Va a parar por casualidad? —pregunto—. ¿Qué quiere decir eso?
—¿A mí qué me cuentas? —Kapr se encoge de hombros exagerando el gesto—. Fui a repartir pan y, sin darme cuenta, un panecillo, bueno, dos panecillos acabaron en mi bolsillo.

Era como si alguien me hubiera dado un manotazo en la cabeza.

—¿Robar? ¿*Schloisear* es robar?
—No —me dice Jiří como si fuese duro de mollera—. Robar es robar. *Schloisear* es *schloisear*.
—¿Qué diferencia hay? —pregunto.
—Misha —dice Kapr, que se ha puesto otra vez a rastrillar—, deja que te pregunte una cosa. El día que llegaste a nuestra sala, ¿qué bolsas traías?

—Eh... —Trato de hacer memoria. Parece que hayan pasado dos años, cuando no ha sido ni una semana—. La mochila. ¿Por qué?

—El resto de tus pertenencias te las entregaron más tarde, ¿no?

—Sí, creo.

—¿Y eso por qué? ¿Porque los nazis dirigen Terezín como si fuera un hotel de cinco estrellas?

—Sus maletas, señorito —se burla Jiří con una vocecita ridícula.

—Qué sé yo —digo.

—Pues porque cuando llegaste, tus cosas, como las de todos los demás, pasaron por la *Schleuse*.

Un guardia se acerca paseando, nos callamos y nos ponemos a rastrillar. Después Jiří sigue:

—Todos los objetos de valor que tenías en la bolsa...

—Pero si yo no tenía nada de valor...

—Si hubieras tenido algo de valor —dice Jiří—, como muchas otras personas...

Kapr chasquea los dedos.

—...los nazis se encargarían de que no lo recibieras. Para eso está la *Schleuse*.

Sigo rastrillando, aunque me doy cuenta de que en realidad no rastrillo nada. Solo arrastro la herramienta una y otra vez sobre el mismo trozo de tierra.

—¿Y eso qué tiene que ver con ella? ¿Con... —bajo la voz—... con lo que acaba de hacer?

—Ellos tienen su *Schleuse* y nosotros, la nuestra —explica Kapr.

—Pero eso es robar. Quienquiera que fuese a recibir esa zanahoria ya no la recibirá. ¿Y si la pillan? ¿Entonces qué?

—Si lo haces bien —dice Kapr—, no te pillan.

Al instante, recuerdo un día en que papá y yo fuimos a El Rey de los Trenes. Todo el mundo estaba apiñado alrededor de un circuito nuevo que habían montado esa mañana. Como soy tan bajito, ni me molesté en acercarme. Sabía que no lograría ver nada. Así que me fui a otra mesa y me puse a mover un furgón de cola negro de un lado a otro y, de repente, mi mano lo metió en mi bolsillo. Un segundo después papá me había agarrado la muñeca. Al ver la expresión de su cara quise que me tragara la tierra. Y de pronto estábamos en la acera. No sabía qué había sido del furgón de cola, pero ya no lo tenía ni en la mano ni en el bolsillo. «Michael Gruenbaum —me advirtió con una voz tranquila que era mucho peor que si me gritara—, como te vuelva a pescar haciendo algo así…». «No lo volveré a hacer —tartamudeé—. Nunca más». Y nos volvimos a casa en silencio.

—Misha. —Kapr me da un golpecito en el cogote—. Por lo menos, haz que rastrillas…

—Pero… —farfullo— …en Praga…, eso… *schloisear*…, o como lo llaméis…, es robar.

—Sí, puede ser —me dice Kapr—. Pero este sitio, por si no te has enterado todavía, no es Praga, ni nada que se le parezca.

1 de diciembre de 1942

—¡Revista! —grita Franta, recorriendo las literas—. ¡Paso revista dentro de diez minutos!

Jiří se arrastra por encima de mí para salir. Sé que tengo que levantarme, pero estoy tan cansado… Todavía no duermo bien. Me he pasado media noche oyendo los gemidos de todo el mundo. Y esta vez han llorado unos cuantos. Por no hablar de las chinches o las pulgas o los bichos que sean, que se han pasado toda la noche acribillándome.

—¡Nueve minutos! —grita Franta.

Y encima el frío que hace, hasta me veo el aliento. La manta es fina, pero abriga más que nada.

Unos minutos después, me levanto rápido y me pongo los pantalones y los zapatos, porque el suelo es como si estuviera congelado.

El baño está abarrotado y me coloco en la cola del lavabo, aunque para los retretes hay menos gente. Anoche Franta me dio el aprobado por los pelos y no quiero correr más riesgos.

Vuelve a anunciar los minutos, pero con el jaleo que hay, no entiendo qué dice.

Llego al lavabo y me pongo a limpiarme las uñas con el agua fría. Así es casi imposible sacar la porquería que hay debajo. Sería bastante más fácil si tuviéramos jabón.

—Misha —dice alguien por detrás de Gorila, creo—, acaba de una vez.

Me echo agua en la cara y me froto unas cuantas veces las orejas. Ojalá con eso baste.

—Las manos con las palmas hacia arriba —nos pide Franta. Obedecemos todos, alineados hombro con hombro delante de las literas. Es como si estuviéramos en el ejército y Franta fuera nuestro comandante. Recorre despacio el pasillo, con los brazos cruzados sobre el pecho, examinándonos las manos. Unas veces se para y le da la vuelta a las manos de alguno, otras sigue caminando.

Seguro que se parará delante de mí.

—Hoy mucho mejor —le dice a Pavel, que está cerca de mí.

Franta llega a donde estoy yo. He acertado. Se detiene. Me coge las dos manos, les da la vuelta. Se inclina para inspeccionarme las uñas. Les he quitado casi toda la mugre, pero no toda. No será por no haberlo intentado.

—Misha —empieza Franta.

—Dime —contesto, intentando aparentar seguridad.

—Me alegro de que trabajes en las huertas. Tener un empleo es bueno, y más si es al aire libre. El trabajo te hará fuerte. Tu madre tiene que ser muy competente para habértelo conseguido al poco tiempo de llegar. Pero en la huerta uno se ensucia mucho, y aquí no podemos tener suciedad. No podemos. En esa suciedad podrían vivir criaturas diminutas y ya viven demasiadas criaturas en la Sala Siete. ¿No te parece?

—Sí —contesto, asintiendo con la cabeza.

—Mendel ha ideado una técnica fantástica para las uñas. Que te la enseñe después de limpiar los baños.

Unos cuantos se ríen bajito. Franta me da una palmadita en el hombro. Me quedo mirando furioso las líneas marrones que tengo debajo de las uñas y me obligo a no llorar. Las risitas continúan y alguien comenta algo así como: «Menudo guarro». Franta, que aún está delante de mí, se para en seco.

—¿Quién ha dicho eso? —pregunta, sin girarse en la dirección de la voz. Nadie contesta—. ¿Quién ha llamado guarro a Misha?

Sigue sin contestar nadie. Franta no se mueve un centímetro. No dice una palabra. Y aunque debe de estar enfadado, no se le nota. Tiene más bien cara de tristeza.

Pasan diez segundos, por lo menos. Las risitas se han calmado, pero nadie dice una palabra. Silencio total. No hay duda de que Franta tiene cara de tristeza.

—Misha —afirma en un tono tranquilo, sin moverse— no es un guarro. Es un chico que se ha unido a los Nešarim hace once días. Hace doce días vivía en Praga. En Praga, no en Terezín, con su madre y su hermana. Ahora su madre y su hermana están en el Barracón Dresde, y él está aquí prisionero, como todos nosotros. Trabaja en las huertas y se le manchan las manos. Mendel le enseñará a quitarse la tierra de debajo de las uñas. Misha se esfuerza todo lo que puede. No es un guarro.

Franta me mira un instante, aunque no tiene ninguna expresión en la cara. Nadie más habla.

—¿Sabes lo que ocurrirá si hay un brote de tifus en esta sala? —Echa la cabeza hacia atrás y hace una breve pausa—. ¿Estando desnutridos y hacinados como estamos? Casi todos nos pondremos enfermos. Fiebre, erupciones y un dolor muy muy fuerte de cabeza. Algunos se recuperarán, pero otros no. Otros morirán. ¿Y sabes qué harán los alemanes si se produce un brote grave en nuestra sala? Nos aislarán, porque le tienen miedo al tifus. Con un cartel grande en la puerta…, o quizá en todo el edificio: «*Achtung-Infektionsgefahr*». Y luego esperarán.

Dos semanas, tres semanas, quizá incluso un mes. Hasta que todos y cada uno de nosotros nos hayamos recuperado o muerto. Cuantos más mueran, mejor para ellos. Si el resultado final es tifus cuarenta, Nešarim cero, no les importará en absoluto. Al contrario, lo celebrarán.

Franta mira hacia los chicos que se burlaban antes. Parece que hubiera pasado una hora.

—Los nazis quieren que nos burlemos los unos de los otros. Quieren que nos llamemos «guarros», «vagos» y «bobos». E insultos mucho mucho peores. Sí, pagarían por oír cómo uno de vosotros lo llama a otro judío asqueroso. No quieren que nos apoyemos mutuamente, que nos queramos como hermanos; y ahora sois todos hermanos. Quieren que nos burlemos los unos de los otros, porque así nos odiaremos. Nos volveremos débiles. Y cuanto más débiles seamos, más les facilitamos el trabajo. Cuanto más débiles seamos, más difícil nos resultará combatir el tifus cuando venga.

Franta mira al suelo y frunce el ceño como si estuviera intentando recordar algo. Luego carraspea, se frota la cara y respira hondo. La mitad de los chicos siguen con las manos extendidas.

—Los nazis no nos consideran humanos. Nos consideran seres inferiores. Nos consideran animales, por eso nos hacinan como si fuéramos ganado. ¡Pero se equivocan! —Franta se cruza de brazos mientras el eco de la última palabra resuena en la sala—. No permitiremos que nada nos prive de nuestra humanidad. Ni sus insultos, ni sus edictos, ni sus campos. Nuestro deber es sobrevivir, y sobrevivir como seres humanos, no como animales. Nos lo debemos a nosotros mismos y a nuestros padres. Tenemos que estar preparados para la vida cuando esto termine, porque terminará. Tiene que terminar. Cuando Misha vuelva a Praga… —me señala—, Pavel a Ostrava y yo a Brno, tenemos que volver como seres humanos, como personas capaces de respetar y amar al prójimo.

Franta sonríe y empieza a recorrer la hilera, con las manos cruzadas a la espalda. Camina balanceándose un poco a los lados.

—Conque no, Misha no es un guarro. Es un muchacho que hace las cosas lo mejor que puede. Y después del desayuno —señala a un par de chicos del final de la hilera—, Hanuš y Kurt, los de las risitas, le enseñarán a Misha que los Nešarim destacan en todos los ámbitos. Incluso en el de limpiar retretes. Venga, ¡a desayunar!

13 de diciembre de 1942

—Siento que se te haya acabado el trabajo en las huertas —me dice mamá—, pero confío en que vuelvas en primavera. Eso si todavía estamos aquí. Cuéntame, anda, ¿qué tal las clases?

Estoy sentado frente a Marietta en una mesa larga de su dormitorio en el Barracón Dresde. Es evidente que aquí no duermen solo ellas, porque también está atestado de literas triples. Puede que haya más gente viviendo aquí que en la Sala Siete. En este momento parece que está medio vacío, pero aun así hay mujeres por todas partes, mujeres que leen, sestean, cosen, limpian o charlan.

Es como cualquier otro atardecer, que es cuando me suelo acercar a visitarlas. Porque al final podemos ir a casi cualquier lado y cuando nos apetezca. Dentro de Terezín, claro está, y siempre que Franta no quiera que estemos en otro sitio. Y, por supuesto, siempre que volvamos antes del toque de queda, pues a partir de esa hora no se puede andar por ahí.

—No son clases —le explico, tragando el último trozo de un pastelillo delicioso que no sé de dónde habrá sacado. Me comería otros cien iguales, y eso que hoy en la cena nos dieron por fin un poco de salami—. Lo llaman Programa. Las clases no están permitidas. Por eso algunos días me toca hacer guardia en la puerta. No vaya a entrar algún oficial de las SS en el edificio.

—Eso no pasará nunca —dice Marietta—. Mientras no causemos problemas, a los nazis les da igual lo que hagamos. Desde que llegamos no he vuelto a ver a un monstruo de esos.

Mamá está detrás de nosotros, haciendo algo en su cama, no acabo de entender qué.

—Llámalo como quieras. ¿Qué has aprendido hoy en el Programa? —me pregunta.

Marietta pone en la mesa una sota de tréboles, pero no recuerdo qué significa. Me está enseñando un juego de cartas que ha aprendido aquí y que dice que debería enseñarle a todo el mundo.

—Hoy... —me esfuerzo en recordar—, el doctor Kohn...

—¿El doctor? —pregunta mamá.

—Sí, creo que daba clases en la Universidad de Praga. Nos da mates.

—¡Qué horror, mates! —dice Marietta—. Menos mal que trabajo el día entero en la lavandería.

—No ha estado tan mal —digo—. Como no tenemos dónde escribir, nos ha enseñado a recordar el orden de las operaciones con una canción.

—¿Y cómo es? —se interesa mamá.

—Ni lo sueñes, no voy a repetirla —digo, y echo el diez de diamantes.

Marietta coloca la carta debajo de otras dos cartas suyas. Tiene las yemas de los dedos pálidas y arrugadas. Antes no las tenía así. Supongo que será del trabajo.

Mamá levanta una esquina del colchón y tira de la manta.

—Muy bien. Y después del doctor Kohn, ¿qué habéis hecho?

—Pues el doctor Zwicker...

—¿Otro profesor de la universidad? —tercia mamá.

—Nos ha dado una clase de historia checa.

—¿Ha sido interesante? —me pregunta.

—Ha estado bien.

—¿Qué os ha contado?

Finjo que hago memoria, pero en realidad estoy pensando en lo que sucedió después de esa clase: el doctor Zwicker nos dijo que el jueves tendríamos examen y se marchó. Franta también se fue, porque dijo que tenía que consultar los horarios de prácticas con Jacob, el otro *madrich*. Después debería haber venido el doctor Jelinkova a darnos inglés, pero, por lo que fuera, se retrasó. Total, que estábamos allí esperando cuando de repente oí dos ruidos raros, seguidos, que venían del otro lado de la sala. El primero fue como un paf, el otro, como un golpe sordo.

Me volví hacia allí. Gorila estaba en el suelo con una sonrisa atolondrada. Encima de él estaba Jila, con una almohada en la mano y una sonrisa mucho más grande.

Gorila se levantó de un salto, cogió otra almohada y sacudió a Jila con fuerza en un costado. A los dos segundos, todos mis compañeros se habían apuntado a la pelea. Veinte, treinta, cuarenta almohadas blandiéndose en el aire. Jiří tenía una en cada mano y caminaba por encima de una mesa, golpeando a todos los que pillaba. Felix se colocó abierto de piernas entre dos escalerillas y enganchó a Brena con las rodillas cuando intentó pasar por debajo. Erich y Koko se aliaron contra Petr, que huyó reptando entre risitas por el túnel que formaban las literas de la fila del medio.

Yo me quedé en la parte de delante de la sala, abrazando con fuerza una almohada que no era mía, por si alguien me atacaba. Brena le arreó tal golpe a Felix en la cabeza que reventó la almohada. Además de plumas, salió volando una mezcla rara de paja y serrín. Felix cogió un puñado y se lo metió a Brena por la camisa. En ese momento vi nubes de plumas que saltaban en otras partes de la sala. Segundos después, yo daba vueltas entre risitas, con la almohada preparada al hombro, cuando vi a Franta de pie en el umbral, con los brazos cruzados sobre el pecho.

Me quedé paralizado y dejé caer la almohada al suelo. Disimulando como pude, me abrí paso entre el mar de plumas y me volví lo más rápido que pude a mi banco.

Franta cerró la puerta de golpe.

—¡Nešarim! —gritó.

Unos cuantos lo oyeron, pero no todos, porque el caos en la sala era completo.

—¡¡¡Nešarim!!! —gritó Franta aún más fuerte, dirigiéndose a un grupo de chicos que se golpeaban con lo que les quedaba de las almohadas.

Segundos después, la pelea de almohadas había terminado, aunque algunas plumas seguían flotando en el aire.

—¿Os habéis vuelto locos? —preguntó Franta con la cara roja—. ¿Dónde creéis que estáis? ¿En un hotel de vacaciones?

Nadie dijo una palabra.

—¿Qué hacemos ahora con todas esas plumas? ¿Cómo hacemos para rellenar ahora las almohadas? ¿Cómo haréis para dormir sin almohadas? Y si había bichos viviendo tan felices en las almohadas, ¿dónde creéis que van a vivir ahora? ¿Y si hubiera pasado un oficial de las SS por debajo de nuestra ventana en ese momento para hacer una inspección en nuestro campamento? ¿Cómo se os ocurre llamar la atención de esta manera? Se oía el alboroto desde la otra punta del pasillo. ¿No os parece que Terezín ya nos impone retos suficientes cada día? ¿Qué necesidad había de crear más?

Nadie soltó una palabra. Franta hizo un montoncito de plumas y serrín con el zapato.

—Todo esto hay que limpiarlo en cinco minutos. Después, como el doctor Jelinkova está enfermo, tendremos ensayo.

—Pero ya tuvimos ensayo anoche —protestó Pavel.

Oh-oh, es verdad, ahora que me acuerdo, pienso mirando a mamá. El ensayo. Se me había olvidado por completo.

—¿Qué hora es? —le pregunto.

—No lo sé —me contesta—. ¿Por qué?

Me levanto.

—Tengo que irme.

—¿Y eso? —dice mamá—. Si acabas de llegar.

—Tenemos que ensayar la obra de teatro. Y seguro que ya han empezado.

Marietta baraja las cartas.

—¿Cuál? ¿Qué obra? —interroga.

—*El flautista de Hamelín* —respondo, abrochándome la chaqueta.

—¿La obra también es secreta? —me pregunta mamá—. ¿Como lo de las clases?

—Pues no lo sé —contesto camino ya de la puerta—. De momento estamos ensayando.

—Recuerda —me grita Marietta—, ¡el as puede ser carta alta o baja!

—Espera, espera, Misha —me dice mamá.

Me giro. Tiene una manta doblada en las manos. Reconozco el dibujo; con esa manta dormían ella y papá en Praga.

—Toma, llévatela.

—¿Qué?

—Que te la lleves. Ahora viene el frío.

—Es nuestra manta gruesa —protesta Marietta.

—Dice Greta que esta mañana ha visto dos mantas de franela en el desván. Nos las quedaremos.

—Pero, mamá —se queja Marietta—, esas no abrigan…
—No me la puedo llevar —afirmo.
—¿Cómo que no te la puedes llevar? —se extraña mamá.
—No es justo —continúo—. Allí no tiene nadie una manta de estas.

Mamá me la pone en las manos.

—Pues la tienes tú, y lo demás no importa.
—No —añado devolviéndosela—. No es justo. Además, Franta no me lo permitirá.
—Franta, Franta… —comenta mamá casi riéndose—. Ni que Franta fuera tu madre. Ese no decide nada. Voy contigo y hablo con él.
—No —suelto con más firmeza de lo que hubiera querido y, por la cara que ha puesto mamá, es como si la hubiera abofeteado—. Perdona. No puede ser. Ya se lo comento yo —le digo, aun sabiendo que no lo haré.

Mamá, con las mejillas encarnadas, estrecha la manta contra el pecho. Miro a Marietta, que mueve la cabeza. Veo de reojo a unas mujeres observándonos. Doy unos pasos hacia mamá y la abrazo. Como no se separa enseguida, meto la cabeza entre los pliegues de la manta, y juro que noto el olor de nuestro piso en Holešovice.

Me habría quedado para siempre pegado a ese olor, pero levanto la cabeza de golpe.

—Gracias por el pastelillo —le digo.

Antes de que me pueda responder, he salido por la puerta. Ojalá no se enfade Franta porque llego tarde.

Me estoy aseando después del ensayo, cuando entra Franta. Estamos solos los dos en el baño. Levanto la cabeza para mirarlo, pero él tiene la vista clavada en el suelo. Entonces se agacha y coge algo. Una pluma. Franta le da vueltas entre los dedos.

—Nos pasaremos un mes encontrando plumas —comenta, moviendo la cabeza con resignación.

—Lo siento —digo, y echo a andar para volver a la sala, escudriñando el suelo, por si hay alguna pluma más.

—Misha —me llama cuando ya estoy casi en la puerta.

—Dime —añado volviéndome.

—¿Os divertisteis? —me pregunta.

—¿Cuándo?

—En la pelea de almohadas —aclara.

No sé qué contestar ni qué pretende él. Lo miro a los ojos, intentando encontrar alguna pista. ¿Me está poniendo a prueba?

—Eh, sí, más o menos.

—¿Más o menos?

Suaviza la mirada un poco.

—Sí, nos divertimos mucho.

—Ya me lo imagino —manifiesta, esbozando una sonrisa—. Ya me lo imagino.

No digo nada, me quedo mirándolo mientras él vuelve a clavar la vista en el suelo. Es evidente que está pensando algo, vete a saber qué.

—Nos divertimos bastante aquí —añado—. El fútbol, los ensayos de teatro. La verdad, no sé para qué se esforzó tanto mi madre en evitar que nos deportaran.

Franta se ríe, aunque tampoco es una risa clara. Quizá solo un suspiro o un murmullo.

—¿Cómo? —pregunto.

—Nada.

—¿Qué piensas?

—Me alegro de que seas capaz de pasártelo bien aquí. Ojalá fuera más frecuente esa sensación en este lugar espantoso.

—¿Qué quieres decir? —le pregunto.

La sonrisa de Franta se ensancha, pero sus ojos no sonríen.

—Nada, Misha —dice—. No quería decir nada. Olvídalo, por favor. Venga, a la cama. Es tarde. Mañana será otro día.

—Buenas noches, Franta.

—Buenas noches, Misha —se despide.

Enseguida estoy en la cama, donde me duermo casi al instante, y eso que mi almohada es la mitad de gruesa que esta mañana.

28 de diciembre de 1942

Esta mañana me he emocionado mucho cuando ha salido el sol y Franta nos ha dicho que íbamos a entrenar, aunque luego he jugado de pena.

—Soy un manta —le confieso a Jiří mientras bajamos del *bašta* de vuelta al L417.

—De eso nada —contesta Jiří, pero se nota que es solo por darme ánimos.

—¿Cómo que no? Desde que estoy aquí no he metido un solo gol.

—¿Y qué? —responde Jiří—. Yo casi nunca meto goles.

—Tú eres defensa, Jiří. Los defensas no están para meter goles. Yo soy alero; los aleros...

—¡Ostras —suelta Jiří dándose la vuelta—, me he dejado la gorra!

Me quedo allí parado, intentando entender por qué se me da tan mal el fútbol en este sitio. Pero como Jiří no vuelve, subo otra vez al *bašta*. Lo veo hablando con Franta, que dobla un trozo de papel y se lo guarda en el bolsillo. Entonces, me lanzan una mirada que deja muy claro de qué, digo, de quién hablan. Me hago el tonto. Enseguida echamos a andar los tres.

—Jiří, Misha —dice Franta cuando pasamos por debajo de unos árboles—, hacedme un favor, coged unas cuantas ramitas.

—¿Cuántas? —le pregunto.

—Unas cuantas —repite.

—¿Para qué? —se interesa Jiří.

—Ya lo veréis.

Hacemos lo que nos ha dicho y enseguida hemos reunido bastantes, unas más largas, otras más cortas, la mayoría un poco torcidas. Franta está en un banco. Nos sentamos a su lado con las ramitas en las manos.

—Jiří —dice Franta—, pásame una ramita.

Franta coge con las dos manos una de las más largas que le ofrece Jiří y nos la pone delante.

—¿Qué creéis que pasará si intento doblarla?

—Que se romperá —contesto.

—Eso es —confirma Franta, y la parte en dos—. Dame dos más, por favor, Jiří.

Jiří le da dos de las más cortas y Franta nos las vuelve a poner delante.

—¿Y ahora qué? —interroga.

Jiří y yo nos miramos.

—¿Lo mismo…? —contesta Jiří inseguro.

Franta parte las dos por la mitad.

—Misha, dame…, dame once ramitas.

Le doy las once, de una en una.

Las coge y forma un haz con ellas.

—¿Y ahora qué?

Me encojo de hombros.

—¿Creéis que seré capaz de romperlas?

—Sí —dice Jiří inseguro.

Franta agarra con fuerza los palitos, los tendones del dorso de la mano se le hinchan. No es muy alto, pero tiene muchísima fuerza en las manos. Lo curioso es que es portero, que fue lo que pensé el día que lo conocí. Todavía no lo he visto jugar, pero todos afirman que es un hacha. No le tiene miedo a nada.

Ahora hace mucho frío, pero cuando haga más calor, empezará la liga otra vez. La de los adultos, donde se enfrentan los distintos gremios. Por lo visto el equipo de los maestros, en el que está Franta, es de los mejores.

A Franta se le han puesto blancos los nudillos, pero no ha conseguido romper las ramitas. Afloja las manos.

—Toma —dice pasándomelas—. Prueba tú, por si crees que os estoy tomando el pelo.

Las cojo y lo intento, aunque dudo que Franta me vaya a tomar nunca el pelo.

—No soy capaz.

—Jiří —dice Franta, y Jiří las coge todas—. No, no, coge solo una.

Jiří obedece.

—Pártela.

La parte.

—Otra.

Lo mismo.

—Otra.

En cuestión de segundos, tenemos delante, en el suelo, veintidós palitos.

—¿Qué? —pregunta Franta.

—Si están juntas no hay quien las rompa —concluyo, mirando los palitos—, ¿no?

Franta no me contesta.

—¿Sí o no?

Levanto la vista y veo que Franta está observando a dos hombres que vienen por la calle no muy lejos. Los sigue un buen rato con la mirada, sin pestañear. Son un judío, que lleva gafas de montura redonda, y un nazi, un oficial de las SS de nariz puntiaguda y mentón prominente. Es el segundo oficial de las SS que veo desde que estoy aquí. Se limita a caminar despacio, pero siento un escalofrío y noto un nudo en el estómago. Aunque desde aquí no lo vea con detalle, estoy seguro de que lleva la cruz de hierro, los cuadraditos y el águila y la calavera, como los que vinieron a casa para llevarse a papá. Cierro los ojos y bajo la cabeza.

—¿Quiénes son esos? —le susurro a Jiří.

—Ese creo que es Seidl y el otro...

—Edelstein —aclara Franta sin dejar de mirarlos.

—Pero ¿quiénes son? —insisto.

—Seidl es el jefe de todo esto —afirma Jiří.

—El doctor Siegfried Seidl, oficial de las SS —cuenta Franta en voz muy baja, pero también con repugnancia—. El comandante de Terezín.

—¿Y Edelstein? —insiste Jiří.

—Jakob Edelstein administra el campo por Seidl —contesta Franta.

—¿Cómo que lo administra?

—Es el presidente del Consejo de Ancianos —me explica Jiří.

—¿Qué? —pregunto.

—Edelstein supervisa las operaciones del día a día —me dice Franta—. Para que no tengan que hacerlo los nazis. Otro colaboracionista asqueroso, que a veces además tiene que tomar decisiones imposibles.

Estoy a punto de preguntarle a Jiří qué significa eso de «decisiones imposibles», cuando Franta se pone en pie.

—Venga, vámonos, que va a empezar la clase de literatura.

Al cabo de un minuto, cuando ya estamos llegando al L417, le pregunto a Franta:

—Espera, ¿qué nos querías decir con lo de los palitos?

—¡Eso! —dice Jiří.

La comisura izquierda de la boca de Franta se curva hacia arriba. Mira al suelo y coge un palito fino que hay en la acera.

—Misha, este eres tú. Eres un palito bastante fino. De momento, por lo menos.

—Ya —confirmo, sintiéndome un poco idiota.

—Algún día serás más grueso. Lo seremos todos. Tú, Jiří —prosigue Franta—, eres un poco más grueso. Los hermanos Gotzlinger, Pudlina y Felix, son los palitos más gruesos de todos los Nešarim. Pero siguen siendo demasiado finos por sí solos.

No comento nada, me quedo mirando a Jiří, que tiene la misma cara de desconcierto que yo.

—Cada uno de nosotros, por sí solo —dice Franta—, no tiene demasiadas posibilidades. Lo siento, Misha. —Parte el palo—. Eres buen jugador. Mejor de lo que crees, de hecho. Haces muy bien varias cosas. No chupas balón, eres rápido, siempre vuelves atrás corriendo cuando hay contraataque. Y lanzas unos pases fantásticos. —Me da una palmadita en la espalda—. Cierto, lo reconozco, no es un currículum para la Copa del Mundo, pero no está mal, porque tienes mucho que aportar al equipo. Recuérdalo. Juegas en equipo. Once palitos. Los Nešarim. Unos son regulares; otros, buenos. Pudlina y Felix puede que sean fantásticos, pero no impresionantes, al menos todavía. Pero si jugamos juntos podemos ser fenomenales.

Franta respira hondo y asiente con la cabeza. Luego echa a andar, en silencio y más despacio que antes.

—Si jugamos unidos de verdad, si nos ayudamos mutuamente y nos apoyamos unos a otros, si tratamos de que cada uno de nosotros haga lo que sabe hacer, si procuramos que cada uno de nosotros confíe en que haya alguien que haga lo que él no es capaz de hacer, si logramos eso, seremos el mejor equipo del edificio. Eso es lo que quería decir.

Echamos a andar otra vez.

—¿Habéis visto jugar a Otto Hirsch? —nos pregunta Franta—. El de la Sala Uno.

—Es una máquina —opina Jiří.

—Lo es —confirma Franta—, es el jugador más habilidoso de todo el edificio. En regates supera a muchos jugadores experimentados que le doblan la edad. Pero siempre va con la cabeza agachada. Por favor, no se lo digáis a nadie, pero, sinceramente, es un chupón. Al final, sus compañeros de equipo se quedan de brazos cruzados, mirándolo. Ya lo comprobaréis. Cuando juguemos contra ellos, él hará un triplete, pero ganaremos nosotros cuatro a tres.

Nunca he estado en un equipo de verdad. Dudo que aquí en Terezín nos den ropa de deporte, pero será fantástico formar parte de un equipo de verdad. ¡Qué digo!, será más que fantástico. Será lo mejor que me ha pasado desde…, desde que empezó esto.

Jiří echa a correr por las escaleras del L417, y yo salgo disparado para ganarle.

—¡Esperad! —nos grita Franta.

Nos paramos. Él gira la cabeza hacia donde estaban Seidl y Edelstein, aunque ya hace un buen rato que se han ido.

—Tenéis que saber que los nazis…

—¿Eh? —digo.

—Los nazis también trabajan unidos. Hitler ha reunido un montonazo de palitos, millones. —Franta señala una hilera de árboles—. Cuando veis a miles de personas con el brazo extendido y gritando *«Heil Hitler»* en perfecta armonía, eso es un buen haz, ¿no? Por eso han podido traernos aquí a todos a Terezín, mantenernos presos en estas condiciones. Para..., para hacer todo lo que nos han hecho, lo que nos hacen, hay que tener un manojo muy, pero que muy grande.

—Pero, entonces... —farfullo—, entonces, ¿para qué...?

—Por eso... —me corta enseguida Franta, pero se interrumpe otra vez—..., por eso no basta con trabajar unidos. Os tenéis que preguntar siempre si estáis en el manojo que os corresponde. ¿Es este el manojo que quiero fortalecer uniéndome a él?

Me quedo mirando los árboles, desconcertado.

—Los Nešarim son un buen manojo —sostiene Jiří.

—¿O no? —pregunto.

—Lo son —asegura Franta—. Estoy convencido. Creo que los Nešarim son un manojo maravilloso. —Franta se frota la barbilla, como pensando algo, vete tú a saber qué—. Venga, palitos —dice por fin—, andando, que los otros se estarán preguntando qué nos ha pasado.

Y echa a correr escaleras arriba, con nosotros a la zaga.

22 de enero de 1943

—«¡Oh, poeta! —El doctor Weiss lee un poema de un tal Josef Hora. Lo lee sobreactuando, con una mano levantada—. Me ahogo en el mar de tu alma destrozada por la marea más profunda».

Hoy, para variar, me esfuerzo en prestar atención, aunque la literatura es la parte más aburrida del Programa, porque a veces el doctor Weiss le pide a alguno que explique el significado del poema. Ojalá acabase pronto, pero por la mañana suele haber Programa desde las nueve hasta el mediodía, así que todavía tenemos para rato.

De pronto, llaman a la puerta. Nos quedamos paralizados unos instantes y enseguida lo guardamos todo, porque aquí nadie llama a la puerta. Pavel y Hanuš, a los que sí les interesa la literatura y se molestan en coger apuntes, meten las notas y los lápices debajo del primer colchón que pillan.

El doctor Weiss cierra el libro y se levanta, pero se vuelve a sentar enseguida. Cuando se abre la puerta, vemos a una mujer judía que está sola. Tendrá la edad de mamá, pero es más alta. Lleva un vestido viejo con un estampado de flores. Tiene el pelo muy ensortijado, aunque lo lleva recogido en un moño. Entra y cierra la puerta.

—¡Mamá! —dice Jila.

Franta se ha puesto en pie cuando ella ha entrado.

—Señora Zweig —dice abriendo de nuevo la puerta para que salga con él de la sala. Pero ella se queda donde está sin hacerle el menor caso—. Señora Zweig —le repite Franta con más firmeza ahora—, perdone, pero estamos en clase.

—Hay un traslado, mañana —anuncia con voz temblorosa. Se acerca a Jila y lo abraza, a él se le nota que le da vergüenza—. Nos vamos.

El doctor Weiss se quita las gafas y se frota la cara. Franta suspira hondo, pero permanece en silencio.

Me vuelvo hacia Pedro, que está sentado a mi lado.

—¿Un traslado? —le susurro—. ¿Un traslado adónde?

Pero no me contesta. De hecho, nadie dice nada durante un buen rato. Todos miramos a la madre de Jila, que llora tanto que ni se molesta en disimular.

—¿Cuántas personas? —le pregunta por fin Franta.

Se limpia la cara con un pañuelo.

—Dos mil.

—Dos mil... —repite el doctor Weiss de tal modo que queda claro que no podría haber peor respuesta.

—¿Mañana? —le pregunta Franta.

Ella asiente con la cabeza.

—Venga —nos dice Franta—, todo el mundo al patio, ya. Llevad los carros, uno al Barracón Dresde, el otro al de Zapadores. La gente ayudará con las bolsas, sobre todo las de los ancianos del Barracón de Zapadores.

Yo tenía mil preguntas, así que me acerqué a Franta en cuanto todos se levantaron, pero entonces apareció un anciano con los ojos enrojecidos.

—¡Señor Forman! —exclamó Franta.

—Pedro —dijo el hombre, aterrorizado—. ¿Dónde está Pedro?

Apenas hemos salido del edificio y me doy cuenta de que este no es un día cualquiera en Terezín.

La gente corre de un lado a otro. Todo el mundo tiene la misma expresión en la cara, como si supieran que un día malo va a empeorar, y mucho.

—No entiendo nada —le digo a Felix mientras vamos con el carro al Barracón de Zapadores—. ¿No nos habían trasladado ya a este campo?

—A estos los trasladan al este —me informa.

—¿Cómo que al este?

Felix se encoge de hombros.

—¿A mí qué me dices? Al este. A Polonia quizá.

—Pero ¿por qué? —le pregunto—. ¿Qué hay en Polonia?

Un hombre viene disparado hacia nosotros. Casi choca contra el carro.

—Se comenta que los llevan a un campo de trabajos forzados. Hay quien dice que a un sitio que se llama Birkenau.

—Pero esto también es un campo de trabajo, ¿o no? —le pregunto—. Eso fue lo que nos explicaron cuando salimos de Praga, que en Terezín…, que aquí trabajaríamos y seríamos…, ¿cómo era?, productivos. Al menos eso nos dijo un oficial en Praga. Y estamos trabajando. Hasta nosotros, los niños, trabajamos a veces. ¿Para qué tienen que llevar a nadie a…?

—No lo sé, Misha, ¿estamos? —se queja Felix—. Así que haz el favor de callarte de una vez.

En el Barracón de Zapadores hay un alboroto tremendo. Gente que grita y baja como puede las escaleras, la mayoría cargados con bolsas demasiado pesadas. Felix y yo encontramos a una mujer muy bajita, poco más alta que nosotros, que porta una maleta rota e intentamos ayudarla. Pero la maleta se nos abre porque tiene las bisagras reventadas; el contenido queda esparcido por el suelo. Calcetines, ropa interior y camisas que no parece que sean suyas. Diría que son camisas de hombre. No hace más que farfullar, pero no le entiendo nada. Puede que hable en otro idioma.

Cuando por fin llegamos al carro, rebosa de bolsas. Metemos como podemos las cosas de la mujer en la maleta y la encajamos entre la balda lateral y otra bolsa para que no se vuelva a abrir. Les pedimos a Pavel y Hanuš que nos ayuden y, por fin, conseguimos echar a andar el carro. A poco más de un kilómetro por hora, nos dirigimos al Barracón Hamburgo, que está cerca de la *Schleuse*.

Unos minutos después, miro alrededor y veo que el carro funciona como un imán. Habrá unas treinta ancianas que nos siguen. Cada una parece más agotada que la anterior. Y entonces pienso, a ver, ¿de qué servirá ninguna de ellas en otro campo de trabajo? Porque aquí no creo que hayan podido trabajar en nada.

—Oye —le digo a Felix, que va empujando a mi lado—. ¿Dónde está?

—¿Dónde está quién?

—La mujer. La de la maleta rota. No la veo.

Sin darle tiempo a Felix a responder, suelto el carro y retrocedo para buscarla. Me cuesta un poco, pero finalmente la distingo, sentada, sola en medio de la nada. Me siento a su lado. Huele a trapo viejo. Trato de encontrar algo que decirle, pero no se me ocurre absolutamente nada. De todos modos, dudo que me fuera a contestar, porque tiene la mirada perdida, como si estuviera en trance, con la cabeza diminuta muy ladeada.

Así que al cabo de un rato, me levanto y vuelvo corriendo al carro.

23 de enero de 1943

—¡Mira, ahí está Jila! —exclama Kapr emocionado, señalando a través de la ventana de la *Schleuse*.

—¡Jila! ¡Eh, Jila!

Pero Jila no nos oye, supongo que por el jaleo que hay.

—¡Jila! ¡Jila!

De hecho, casi ni yo oigo gritar a Kapr, y eso que estamos juntos. Al otro lado de la ventana hay cientos de personas, la mayoría sentadas en el suelo con sus bolsas. La escena se parece un montón a la del Pabellón de Exposiciones de hace unos meses, solo que aquí se ve a la gente aún más triste, que es algo que no creí que fuera posible. Todos parecen convencidísimos de que es peor que los deporten de Terezín de lo que fue que los deportaran aquí.

—¡Jila! ¡Jila! ¡¡¡Jila!!!

—¡Jila! ¡Jiiilaaa! —grita Kapr por enésima vez, haciendo bocina con las manos.

Jila nos oye por fin y se acerca.

—¿Qué hay? —saluda apoyándose en el grueso alféizar de cemento.

Kapr saca una baraja de cartas del bolsillo del pantalón y se la pasa a través de los barrotes metálicos.

—Llévatelas. Por si te aburres en el tren.

—Está bien —dice Jila—, gracias.
—Y te he guardado este panecillo de la comida —añade Kapr—. Toma.
Le tiende un panecillo medio aplastado.
—No, no me hace falta —rechaza Jila—. Una señora de la panadería le ha dado a mi madre una barra entera.
—Pues nada —dice Kapr, y le hinca el diente al panecillo.
Jila me mira y me pregunto si no habría tenido que traerle yo también algo. Pero, la verdad, apenas lo conozco. He venido porque me lo ha pedido Kapr.
—¿Cuándo os vais? —le pregunta Kapr.
Jila se encoge de hombros.
—Ni idea. Esta noche. Mañana.
Mamá ha intentado averiguarlo, pero nadie lo sabe con certeza. Espero que no se vayan nunca.
Kapr agarra uno de los barrotes y hace como si lo sacudiera.
—Seguro que aún te libras —anima a Jila.
—Qué va —dice Jila.
—¿No dijiste que tu madre conocía a alguien que trabaja con mica?
—¿Quién es Mica? —pregunto.
—Quién no, qué —me corrige Kapr—. Es un material que se usa para hacer no sé qué que va en las armas o en las radios o algo así. Los que trabajan con ese material están a salvo.
Mamá trabaja en no sé dónde cosiendo juguetes y flores artificiales. Me ha dicho que empieza a cogerle el tranquillo, pero, aun así, ¿estará a salvo ahí?
—¿Eso qué tiene que ver? —añade Jila—. ¿Desde cuándo sirve de algo conocer a alguien?
—Yo qué sé —comenta Kapr—, igual necesitan más gente. Puede que a alguna persona que trabajaba allí la hayan depor-

tado porque la pescaron *schloiseando* y tu madre podría sustituirla, ¿o no?

—Puede ser —acepta Jila, no muy convencido.

—¡Largaos!

Noto una mano en el hombro. Me giro y veo a un hombre de gorra negra con una cinta amarilla. Es un *Ghettowache*, un guarda del gueto, aunque lleva la estrella amarilla en el pecho como los demás. Franta lo habría llamado colaboracionista asqueroso, fijo.

Echo a andar lo más rápido que puedo, pero entonces oigo a Kapr.

—Solo estábamos hablando.

El hombre agarra a Kapr por el cuello de la chaqueta y lo lanza contra el suelo.

—Largo, he dicho.

Kapr se levanta y se sacude el polvo.

—Jila —dice—, cuando volvamos a Praga, ya...

—¡Vete! —le grita el guarda—. A no ser que quieras acompañarlo. Que eso tiene fácil solución.

Hasta parece que se alegra diciéndolo. Lo juro, si no llevara la estrella en el pecho, diría que es un nazi. Asqueroso, asqueroso de verdad.

Después de unos diez pasos, me giro hacia la *Schleuse*. Jila ya no está en la ventana.

Al poco rato, ya ni se oye el alboroto de la *Schleuse*.

—Imbécil —masculla Kapr, tirando algo, lo que quedaba del panecillo, creo, contra un árbol.

—Kapr —digo.

—¿Qué?

—¿Adónde crees que irán?

Coge una piedra y la lanza contra otro árbol.

—Quiero decir, ¿no crees que a lo mejor no es tan malo? Porque ya es difícil que pueda haber un lugar peor que este, ¿no? Este sitio, en muchos sentidos, es al final peor incluso que Praga, ¿no? —No tengo claro si digo eso para que él se sienta mejor o porque lo creo de verdad—. Poca comida y diez veces más personas de las que caben hacinadas en una sala, donde las pulgas te martirizan durante la noche. Un lugar rodeado de murallas cubiertas de hierba. Y ancianos muriéndose cada dos por tres. Por no hablar —digo, con la sensación de que me lo creo más de lo que me gustaría— de que nos pueden deportar a otro sitio cuando les salga de las narices. Sin aviso previo ni nada. Por eso creo que a lo mejor no se está tan mal en ese otro sitio. Quizá se esté mejor. A lo mejor los mandan allí porque aquí ya somos demasiados y en ese otro sitio hay más espacio. Quizá sea esa la única razón. Puede que una vez allí ya no tengan que marcharse a ningún lado más, al menos hasta que termine la guerra. Y quizá, quién sabe —prosigo, esforzándome por animarme—, quizá incluso haya campos de fútbol de verdad y Jila pueda montar allí un equipo como el de los Nešarim.

Kapr me mira, pero no me contesta.

—¡Chicos! ¡Chicos! —nos grita alguien.

Me giro. Es Pedro.

—¡Pedro! ¿Qué haces tú aquí? —le pregunto.

—¡Nos hemos librado! ¡Mi padre nos ha librado!

—Fenomenal —dice Kapr, y da la impresión de que va a añadir algo más, pero se da la vuelta y echa a andar rápido por delante de nosotros.

Pedro no parece haberse enterado.

—Mi tío trabaja en el departamento de economía —me explica— y conoce al secretario de Edelstein y, bueno, ¡que nos hemos librado!

Entonces Kapr echa a correr, pero, por lo que sea, gira a la derecha, en sentido contrario a nuestro edificio.

Pedro y yo salimos tras él. Al cabo de unos minutos, lo encontramos en la entrada abovedada de otro edificio, con los brazos cruzados y la cabeza apoyada contra la pared suave y dura.

—Kapr —le digo—, vamos, anda, que Franta nos pidió que no tardásemos. Tenemos que volver ya.

No habla. Se aparta de nosotros.

—Eso —dice Pedro, poniéndole la mano a Kapr en el hombro.

—¡Dejadme en paz! —nos grita, y empieza a tiritar.

—¿Tú crees que dos mil significa justo dos mil? —le pregunto a Pedro cuando ya estamos llegando a nuestro edificio.

—No lo sé. Puede ser. Seguramente.

—Porque —añado, notando que no me gusta nada lo que estoy a punto de decir— los alemanes se toman muy en serio lo de organizar bien las cosas, ¿no?

—Sí —confirma Pedro.

—Por eso te apuesto a que sí. A que son dos mil justos.

—¿Y qué? —pregunta Pedro.

—Déjalo —le digo.

—¿Qué pasa?

—Es igual.

—Habla, Misha.

—Que eso, no sé, supone que tengan que ir otras personas en lugar de vuestra familia. Porque vosotros os habéis librado.

Pedro no me contesta. Seguimos así otro minuto, hasta que llegamos al L417. Abre la puerta y se para antes de entrar.

—Con tal de que no seamos nosotros —suelta muy rápido—, me da igual. Totalmente igual.

Vamos por el pasillo hacia nuestra sala, cuando veo a una persona conocida de espaldas. Mamá. ¿Qué hace aquí? Echo a correr, pero ella se gira antes de que la alcance. Tiene los brazos cruzados sobre la manta de marras.

—Misha —saluda sonriendo ligeramente.

—Hola —le digo.

Habría querido añadir algo, no tengo muy claro qué. De pronto se abre la puerta de nuestro dormitorio y sale Franta.

—Llegas tarde —me dice, nada contento—. Os dije que teníais que estar aquí... —consulta el reloj— hace quince minutos. ¿Dónde está Kapr?

—¿Qué pasa, Franta? —suelta Pedro con desenfado cuando llega junto a nosotros, como si lo del traslado hubiera sido una broma.

—¡Pedro! —A Franta se le ilumina la mirada. Estira la mano y le alborota el pelo—. ¡Te has librado! ¡Te has librado! —lo felicita y después lo atrae hacia sí y le da un abrazo—. Bienvenido, amigo, bienvenido.

—Ha sido gracias a mi tío.

—Ya, ya. Fantástico. Venga, entra, que iba a leeros un texto.

Pedro desaparece, dejándonos allí a los tres.

—¡Qué día tan horroroso! —comenta mamá, agarrada a la manta.

Franta asiente y se frota la cara.

—He traído esto para Misha —dice—, hasta que vuelva el calor.

—Misha —me dice Franta—, ve entrando y te lavas las manos.

Miro a mamá y luego a Franta sin saber bien qué hacer. ¿Cojo la manta? ¿Espero a que mamá me indique que entre como me ha pedido Franta? Mientras estoy ahí titubeando, llega Kapr corriendo por el pasillo y se cuela en la sala antes de que Franta pueda decirle nada. Yo sigo allí mirándolos. Al final, le doy un abrazo a mamá, entro y cierro la puerta. Me arrimo, pego la oreja y me tapo el otro oído con el pulgar.

—Señora Gruenbaum, verá… —empieza Franta.

—Le he traído esta manta —le cuenta ella—. Desde que llegamos, hace dos meses, la mitad de los chicos de esta sala han estado enfermos. Y si nos avisan para que nos vayamos en el próximo traslado, necesita estar fuerte.

Aunque ayer ya me di cuenta de que existía esa posibilidad, oírselo a mamá, que también a nosotros nos podrían deportar, hace que se me ponga un nudo en el estómago. ¿Y si eran tres en la familia de Pedro y nos mandan a nosotros en su lugar? Porque este sitio no será perfecto, pero lo único que sé es que no quiero marcharme.

—En realidad —oigo decir a Franta a través de la puerta—, solo hemos tenido ocho enfermos que hayan necesitado asistencia médica desde el inicio de diciembre. Debería saber que los chicos dedican cada día gran parte del tiempo a limpiar…

—Franta —le ruega mamá—, escúchame. Te agradezco lo que haces. Sé que Misha te adora, pero yo soy su madre, su madre. Y hay muchas cosas que tú no sabes de nuestra familia, de lo que es ser madre. No puedes…

—Señora Gruenbaum, mi misión en este campo es cuidar de su hijo. De su hijo y de otros treinta y siete; no, treinta y ocho hijos. Eso es lo que hago cada día. Mi jornada laboral, a diferencia de la suya, no tiene fin.

—Eso no es justo, Franta, tú...

—Cuando se tomó la decisión de alojar a los niños por separado, también se tomó la decisión de que los *madrich* serían la máxima autoridad. Si le da esa manta a Misha, otros chicos querrán...

—¡A mí no me importan los otros chicos! ¡Me importa mi...!

—Por eso soy yo quien manda, y no usted.

—¡Cómo te atreves! ¡¿Qué te has creído?!

—Perdone, un momento —añade Franta.

La puerta se abre de pronto y me voy hacia el pasillo tambaleándome.

—Misha —me dice—, ve a lavarte y te metes en la cama. ¡Ya!

Al cabo de unos minutos, se abre la puerta. Es Franta. Solo y sin la manta.

—Ha sido un día largo —nos anuncia—. Pero si estáis callados y me prometéis que mañana no protestáis, os leo cinco minutos más esta noche.

Si tuviera que adivinar, diría que nos ha leído diez minutos, quizá incluso quince. Pero eso es igual, porque media hora después aún oigo a Kapr, solo en la cama que compartía con Jila, durmiéndose entre sollozos.

7 de julio de 1943

—Misha —dice Franta señalándome al terminar el entrenamiento.

—Sí.

Estamos todos sentados en corro. Franta está en el medio, examinándonos de estrategia.

—¿Qué harías si Petr ataca y va derecho hacia ti?

El entrenamiento ha ido más en serio que ninguno hasta ahora, y no será porque no hayamos entrenado en serio otras veces.

—¿Petr Adler? —pregunto.

—No, Peter Pan —me contesta Franta enojado.

Unos cuantos chicos sueltan una carcajada.

Es lógico que este entrenamiento haya ido más en serio, hemos llegado a la final. Todavía no puedo creérmelo. Le ganamos 4-3 a la Sala Nueve. Ahora jugaremos contra la Sala Uno. Ellos tienen a Otto Hirsch y Zdeněk Taussig, que son los mejores de todos los equipos. Menuda paliza le dieron a la Sala Cinco: 7-2.

Me limpio el sudor de la frente. Hoy creo que ha sido el día más caluroso desde que llegué.

—Lo obligaré a ir hacia la banda.

—Eso es —asiente Franta con la cabeza—. Exacto. La banda es el mejor compañero de la defensa. Que no llegue al medio del campo. Jamás dejéis que lleguen al medio del campo. El medio es nuestro.

Franta se vuelve y nombra a otro:

—Koko.

—Sí —contesta.

—Les toca a ellos sacar de esquina. Tú estás en la portería. No te gusta dónde están Pavel y Jiří. ¿Qué haces?

—Se lo digo.

—¿Se lo dices? —pregunta Franta arqueando las cejas.

—Sí —repite Koko—, se lo digo.

—No, les gritas: «¡Pavel, cubre a Otto! ¡No, por el otro lado! ¡Por su derecha! ¡Jiří, dos pasos atrás! ¡Vamos! ¡Dale!». Ahí eres tú quien manda. Déjate de buenos modales. Y esto va por todos, hablad unos con otros en el campo. Comunicaos. Si jugamos como equipo —Franta levanta el puño—, ganamos. Si cada uno va a su bola, perdemos. Es así de sencillo. —Se cruza de brazos, de manera que la mancha de sudor oval que tiene por detrás en la camiseta forma un círculo—. Venga, todos al campo.

Nos levantamos y formamos un racimo a su alrededor. Pavel, Felix, Pudlina, Koko, Gorila, Pedro, Jiří, Leo, Hanuš, Majošek, Erich, Grizzly, Kapr y yo.

—Rim, rim, rim, ritmo Nešarim —musita Franta y extiende una mano.

Todos vamos musitando lo mismo y poniendo una mano encima de la anterior.

—Rim, rim, rim, ritmo Nešarim —repite, esta vez un poco más alto.

—Rim, rim, rim, ritmo Nešarim —contestamos.

—¡Rim, rim, rim, ritmo Nešarim! —dice.

—¡Rim, rim, rim, ritmo Nešarim!

—¡Rim, rim, rim, ritmo Nešarim!

—¡Rim, rim, rim, ritmo Nešarim!

Hasta que, de repente, no queda nada más que el eco de nuestras voces que nos devuelve lentamente la parte más alejada de la muralla de esta maldita prisión fortaleza.

—Un entrenamiento fantástico —anima Franta—. Venga, todos a lavarse. Y dentro de veinte minutos, nos vemos en el sótano del barracón de las chicas.

—¿Qué hay allí? —pregunta Gorila.

—Una novedad —anuncia Franta—. Venga, corred.

—Vamos a machacar a los de la Sala Uno —añade Felix de camino a nuestro edificio.

—Con ganar por un tanto, me conformo —manifiesta Pavel.

—Y yo —asiente Erich.

Atravesamos las vías, las vías nuevas que recorren todo el campo. Hace una semana llegó el primer tren. Uno pequeño que traería a unos cien judíos. Unos días después, vino otro con la misma cantidad. Alguien informó de que eran todos de Berlín. No se llevaron a nadie al este en ninguno de esos dos trenes cuando se fueron, pero, aun así, no creo que hayan puesto las vías solo para traer a un par de centenares de personas. Caminamos junto a ellas, en fila, hasta que llegamos al final.

Menos mal que Franta ha dicho en el sótano y no en el desván. Aquí el ambiente está cargado y sabe como a polvo y a telarañas, pero por lo menos se está fresco. Hay un montón de chavales sentados por el suelo, y chicas también, todos mirando hacia la parte de delante. He visto a Inka, la pelirroja, en un lateral. Y como en casi todas partes por aquí, hay un alboroto tremendo.

—¡Niños, silencio! —ordena una *madricha*, que es como se llama a las mujeres que son *madrich*.

Le lleva su tiempo, pero al final consigue que nos callemos. A su lado hay dos señores. Los dos de pelo oscuro y tupido; al más delgado le nace en forma de pico en la frente. El otro tiene cara de sueño.

—Hola, me llamo Resi —anuncia la *madricha*.

Algunos de los chicos le devuelven el saludo, pero no Jiří, que está a mi lado, ni yo.

—¿Quiénes de vosotros habéis cantado en algún coro o actuado en una obra de teatro desde que estáis aquí? —nos pregunta Resi, cogiéndose la larga trenza castaña y echándosela por encima del hombro.

Levanto la mano, como hace la mayoría.

—Helga —dice la mujer señalando a una chica que está a un lado—, ¿tú en qué has participado?

—Estoy en un coro —contesta la chica, a la que no veo—. Cantamos canciones en checo y algunas en hebreo.

—Estupendo —comenta la *madricha*—. Estupendo. ¿Y teatro? ¿Quién ha hecho teatro?

Levanto una mano con un montón de chavales más. Por lo que sea, a los nazis no les importa que hagamos teatro; sigo sin entender por qué. De pronto me doy cuenta de que Resi me señala a mí.

—Dime, ¿cómo se llamaba la obra?

—*El flautista de Hamelín* —respondo.

Menos mal que no me ha preguntado qué personaje he representado, porque primero hice de rata y luego de niño. Claro que también toqué un instrumento. Bueno, no era un instrumento de verdad. Era un peine envuelto en papel higiénico. Pero sonaba de maravilla.

—Fantástico, fantástico. ¿Alguien sabe qué sale de la combinación de un coro y una obra de teatro?

Hay muchos murmullos, pero nadie levanta la mano.

—¿No lo sabe nadie? —repite Resi con una sonrisa en la cara—. Lilka, sé que tú lo sabes.

—¿Una ópera? —responde una niña de pelo rizado que está sentada delante.

—Eso es, una ópera —afirma Resi, y mira a los dos hombres, que no parecen demasiado interesados en nuestra conversación—. Pues, a ver si lo adivináis. Vamos a poner en escena una ópera. ¡Una ópera infantil!

Más murmullos e incluso algunas risas.

—Este señor —dice señalando al del pelo en pico— es Rafael Schächter, pianista y compositor.

El hombre asiente levemente con la cabeza.

—¿Alguno de vosotros conoce *La novia vendida*? ¿La ópera de...?

—Smetana —suelta Schächter, y vuelve a asentir con la cabeza.

—¿Alguien la ha visto? —nos pregunta Resi.

Unos pocos levantan la mano.

—Una pena que no la hayáis visto ninguno más, porque estuvo fabulosa. El señor Schächter fue quien se encargó de montarla. Y ha aceptado ser el director musical de la ópera infantil...

Unos cuantos chavales empiezan a hablar y otros a reírse. Schächter se inclina hacia el otro hombre y le susurra algo al oído.

—¡Niños! ¡Niños! —grita Resi—. ¡Silencio! Silencio, por favor.

Los murmullos se van calmando, pero no por completo.

—Esta ópera se llama *Brundibár*.

—¿*Brundibár*? —me dice Jiří relamiéndose, como si hubiera dicho «almíbar».

Schächter se levanta de la silla y camina hasta un pequeño piano marrón que hay al fondo de la sala. Levanta la tapa y pasa los dedos por las teclas, pero sin tocar nada. Enseguida se pone a tocar una canción. Suena como si fuera un carrusel, pero de repente acelera y parece, no sé, como si los caballos del carrusel quisieran soltarse. Schächter cierra los ojos y empieza a tararear mientras toca. Tararea bajito, pero lo oigo bien, porque en la sala el silencio es total. Por lo que sea, cierro los ojos.

En un momento dado el piano para y abro los ojos. Resi señala al otro hombre.

—Este señor es Rudolf Freudenfeld. Será nuestro director. Rudolf, ¿les cuentas tú de qué trata *Brundibár*?

Se pone en pie y empieza a pasear por delante de nosotros. Ya no parece nada cansado. Mueve las manos como si fuera un mago.

—Hay dos niños, Aninka y Pepicek. Son hermanos. Su padre se ha ido. Y su madre está enferma, muy enferma. Un día llega el médico y dice que solo se pondrá mejor si toma leche. Pero no tienen dinero. ¡Si son casi huérfanos! ¿Qué pueden hacer? —Mira a Schächter, como esperando que le conteste, aunque Schächter parece más interesado en el piano—. Deciden ponerse a cantar en el mercado para reunir dinero. Sin embargo, el malvado organista Brundibár —pronuncia el nombre como si tuviera mal sabor— no hace más que echarlos. Brundibár es un hombre muy malo con bigote...

—Un hombre muy malo con bigote —me repite Jiří susurrando—. ¿No te suena?

—¿Qué pueden hacer? Necesitan dinero. Por suerte para Aninka y Pepicek, un gorrión, un gato y un perro, junto con otros niños del pueblo, los ayudarán a derrotar a Brundibár. Y al final, cantan todos juntos en el mercado. —Vuelve a mirar a

Schächter, que asiente con la cabeza—. Y esa es la historia de *Brundibár*.

Freudenfeld se sienta y Resi nos dice:

—Los que queráis actuar en *Brundibár* quedaos, que os daremos más información. Dentro de unos días se harán las pruebas para Aninka, Pepicek, los animales y Brundibár. Y cualquiera puede estar en el coro, con la condición de que asista a todos los...

—¡A todos! —subraya Schächter con firmeza sin levantar la vista del piano.

—Eso —continúa Resi—, a todos los ensayos. Hala, ya está.

Todo el mundo se levanta y en cuestión de segundos hay bastante más jaleo que antes de que se pusiera a hablar la *madricha*.

—Vamos —comenta Jiří—, si nos damos prisa, podemos echar una partida de damas antes de que Franta pase revista.

—Creo que me quedo —informo.

—¡Que te quedas! —exclama Jiří, como si me hubiera vuelto loco—. ¿Para qué?

—No lo sé —contesto encogiéndome de hombros—. Me gusta la música.

—Pero si cantas fatal —dice Jiří.

—¿Y tú qué sabes?

—Hazme caso, lo sé.

Pero como no digo nada, Jiří acaba por marcharse. Me levanto y me acerco a la parte de delante de la sala. Ya hay un montón de chavales reunidos alrededor de Resi y Freudenfeld. Entre tanto, Schächter sigue en el piano, tocando algo tan bajito que no lo oigo bien.

20 de julio de 1943

—Y entonces —le cuento a mamá—, va Otto...
—¿Otto? —me pregunta.
—Otto Hirsch —le digo—, ya te he hablado de él.
—Ah —exclama.

Se sienta en uno de los bancos que hay delante de su barracón. Da unas palmadas en el sitio que hay a su lado para que me siente yo. Me he traído la cena para tomármela con ella, pero se ha empeñado en que comamos fuera. Y me alegro, porque, aunque esta tarde no ha hecho ya tanto calor, el interior del Barracón Dresde es un horno.

—Y entonces este Otto...
—Pues eso, que tiene el balón. Y es buenísimo. Daría mil coronas por saber regatear como él, en serio. Todo el partido nos lo hemos pasado como nos dijo Franta, empujándolos hacia la banda. Y daba resultado, porque...
—Pero si perdíais dos a uno, ¿cómo es que daba resultado?
—Pues porque si no —le explico poniendo los ojos en blanco—, si no hubiéramos hecho eso, a esas alturas estaríamos por lo menos cuatro a uno.
—¿No te impresiona que haya sido capaz de recordar cómo ibais? —me dice, y se pone a hacerme cosquillas por detrás de la oreja.
—Quieta, para.
—¿Y entonces qué?

—Pues que lleva Otto el balón. —Salto del banco al suelo—. Mi misión es...

—Empujarlo hacia la banda, sí.

—Ya, pero... —Y por un momento vuelvo a ver mentalmente la secuencia: lo alto que es Otto, lo rápido que viene hacia mí, la fuerza con la que se muerde el labio inferior...—. Yo sé que está deseando ir al centro. Es lo que ha intentado hacer todo el partido, pero no se lo permitiré. Ni yo ni Jiří ni Leo ni nadie. Y adivina qué pasa entonces...

—Que tú... —Mamá cruza las piernas—. Que... no lo sé, Misha, ¿qué pasó?

—Pues que... —E intento mostrárselo, pero no es fácil siendo yo solo. La cojo de la mano—. Levántate.

—Misha, por favor.

—Anda.

—Estoy agotada. —Se suelta de mi mano—. Con este calor y tantas horas en el taller... Y encima el tiempo que hay que dedicarle al decorado de esa ópera vuestra.

—Por favooor —le pido—, que si lo hago yo solo no se entiende.

Mamá sacude la cabeza unas cuantas veces, pero luego se levanta.

—Te doy quince segundos.

—Muy bien, venga. Tú eres Otto.

—¿Yo soy Otto?

—Y tienes el balón.

Mamá se queda allí parada.

—Vamos, hazme un regate.

—Si no tengo balón.

—Haz como si lo tuvieras —le digo y retrocedo unos pasos.

Mamá viene hacia mí despacio, dando unos pasitos raros, que supongo que es lo que entiende por regatear.

—Vale. Entonces, si te he estado empujando a la banda todo el partido y de pronto me aparto para que vayas hacia el otro lado, ¿qué harías, si fueras Otto?

—Pues diría: «Gracias, señor Gruenbaum, muy amable…».

—Hablo en serio, mamá —añado y, por un segundo, se me atoran las palabras «señor Gruenbaum» en la garganta. Pero no hay tiempo para tristezas—. ¿Qué harías?

—Ir hacia dentro, ¿no?

—Eso —digo, me acerco a ella y la cubro por la izquierda—. Venga, dale.

—¿Que le dé cómo?

—¡Hacia el medio!

Se pone a dar esos pasitos raros otra vez y entonces, igual que en el partido, me lanzo por delante de ella, hasta el suelo y estiro la pierna izquierda todo lo que puedo.

—¡Misha! —me grita al tropezar con mi pie. No se va de bruces, pero por poco. Consigue pararse apoyando las manos en la tierra. Se arrodilla en el suelo y se queda refunfuñando unos instantes—. Pero tú, chiquillo, ¿te has vuelto loco?

—Perdona.

Se levanta, con la cara roja, y se sacude la tierra de las manos.

—Si se me rompe este vestido, este trapo, solo tengo otro.

—Perdona —repito y me siento—. Perdóname.

Se sienta ella también y se arregla un poco el pelo.

—Entonces le pusiste al pobre Otto la zancadilla…

—Que no —la corrijo—, no le puse la zancadilla. Era una entrada totalmente legal. Le robé el balón. Se lo birlé delante de las narices. Creyó que me había vencido, pero lo engañé.

Aún estoy oyendo cómo estalló la banda, el rugido de Felix, que corre hacia el balón sin dueño, Pudlina gritándole a su hermano mientras va lanzado hacia la otra portería para esperar el pase y, sobre todo, el sonido sordo perfecto del balón al volar impulsado por el pie de Felix…

—Y así conseguimos el dos a dos.

—¿Metiste un gol? Eso no me lo habías contado. ¡Qué maravilla, Mi…!

—No, no lo metí yo. Lo metió Pudlina. Yo lo preparé. Hice que el otro equipo perdiera el balón.

—¡Fantástico!

Mamá me aprieta la mano. Se le nota que no lo ha entendido bien. No sé de qué me extraño. De fútbol no tiene ni la más remota idea. ¿Y qué? Al final fue una jugada decisiva. Franta se acercó a mí al terminar el partido, después de que Erich, con un saque de esquina, anotase el tanto que nos dio la delantera, después de que Koko hiciera un último paradón increíble, después de que cantásemos «¡Rim, rim, rim, ritmo Nešarim!» tantas veces y tan alto que pensé que se me desgarraba la garganta. Después de todo eso, Franta me llevó aparte, me puso las manos en los hombros y me dijo:

—¡Misha, eres un genio! ¡Y yo creía que la habías fastidiado! Pregúntale a Grizzly qué estuve a punto de decir. O mejor no. Ya te iba a sacar del campo y, de pronto, el contraataque más bonito que he visto en mi vida. A todos los niveles. Le has dado la vuelta al partido, Misha. —Me señaló con el dedo al pecho—. Si nos llegan a meter ese gol, dudo mucho que hubiéramos sido capaces de remontar el tres a uno. ¿Qué te dije? Solo has metido un gol en toda la temporada, ¡pero has hecho la jugada clave en el partido del campeonato!

Me vuelvo hacia mamá. Tiene los ojos cerrados.

—Mamá.

Se incorpora sobresaltada y abre los ojos como platos.

—Perdón, perdón. Quedasteis dos a dos. Les robaste el balón.

—Déjalo —digo.

—No, si quiero que me lo cuentes.

—Es igual. —Me levanto del banco—. Mañana te lo cuento. Tengo que marcharme ya.

—¿Seguro? —insiste—. ¿No puedes entrar unos minutos?

—Tengo que irme. Franta…

—Te alegrarás de haber entrado, Misha —me dice—. Tengo una sorpresa para ti.

No recuerdo haber visto nunca el barracón tan silencioso. Supongo que porque están casi todas fuera, donde no hace tanto calor ni humedad. No hay más de diez mujeres dispersas aquí y allá.

—Siéntate, anda —me pide mamá cuando llegamos a su cama, que está en un rincón. Por lo que sea, ella y Marietta se han cambiado hace poco de sitio.

—¿Y Marietta?

—Ha ido a ver a Hannah —me explica mamá con una sonrisa—. Son inseparables.

Mamá mete la mano debajo de la litera y saca un paquete del tamaño de una caja de zapatos.

—¿Qué es eso? —pregunto.

—¿Te acuerdas de Max y Rose Klein?

Niego con la cabeza.

—Él estuvo muchos años trabajando con tu padre.

Luego se para un momento, como si se le hubiera olvidado lo que me iba a decir.

—¿Y qué? —pregunto.

—Max y Rose, venían mucho por casa. Sé que los conoces. —Se limpia el sudor de la frente—. Bueno, es igual. Están en Portugal. Ella tiene allí un hermano. Consiguieron huir en 1940. Y Rose nos ha mandado un paquete.

Mamá mete la mano en el pequeño paquete y saca una lata aún más pequeña.

—¿Sardinas? —pregunto.

Mamá asiente con la cabeza y sonríe. Extiendo la mano para coger la lata.

—Espera, Misha —comenta—. Solo hay una lata. Y ya sabes cómo le gustan a tu hermana las sardinas.

Vaya si lo sé. En Holešovice era «una» de las cosas por las que más nos peleábamos. Y a menudo iban unidas a «la cosa» por la que más nos peleábamos, que era el cuscurro, la punta crujiente de una barra de pan recién horneada. Cuando mamá traía una, ya nos estábamos regañando antes de que hubiera sacado la compra de la cesta. Claro que había dos cuscurros, pero mamá no nos dejaba comer el otro hasta que nos hubiéramos terminado la barra entre toda la familia. Y no hay nada mejor que una sabrosa sardina en aceite con el cuscurro. Nada.

—Está bien, está bien —digo, y le cojo la lata de la mano—. ¿Puedo abrirla?

—Claro.

Quito la llave que viene encima de la lata, engancho la lengüeta en la ranura y empiezo a girarla para retirar la lámina fina de metal. Van surgiendo los extremos de cuatro grandes sardinas, dos colas y dos cabezas, con la piel plateada brillando por el aceite. Son de las grandes, mis preferidas. Algunos chicos piensan que estoy chiflado porque me encantan las sardinas, pero me gustan demasiado para fingir que son asquerosas, que es lo que creen casi todos.

Mamá se inclina sobre mí, atenta.

—Hala, dos para ti y dos para Marietta.

Asiento con la cabeza y sigo girando la llave. Me encorvo sobre la lata, porque estoy seguro de que las otras mujeres que hay en el barracón huelen lo que huelo yo, ese aroma sustancioso a pescado. Creo que hace tres años que no pruebo una. Cuento con que mamá me diga que vaya a lavarme las manos, que coja un plato o cualquiera de las tropecientas cosas que me advertía en Praga cuando me iba a poner a comer, pero supongo que aquí las normas son distintas. De hecho, cuando termino de abrir la lata y levanto la vista, ya no está. La busco por la sala. Se encuentra en un extremo, hablando con tía Louise, que debe de haber bajado de su sala del tercer piso.

Meto el pulgar y el índice para sacar una de las sardinas del medio. Pero enseguida la dejo donde estaba para lamerme el aceite de las yemas de los dedos. ¡Qué delicia! Lo juro, me bebería un vaso entero. Vuelvo a coger la sardina, echo la cabeza hacia atrás y la dejo caer en la boca.

Me sabe mejor aún de lo que recordaba. Supongo que porque es comida de verdad. Pescado, pescado auténtico. No sopa aguada, no una rebanada de pan revenido, no una patata espachurrada sin sal ni mantequilla. Tengo la garganta como una planta que no se ha regado, una planta que ha estado semanas achicharrándose al sol. Ni he masticado la sardina, me la he tragado al instante. O eso me ha parecido.

Dejo la lata. Solo me queda una. Tengo que esperar, pronto no me quedará ninguna. ¿Cuántas podría comerme? Si hubiera una pila de latas que llegara hasta el techo, ¿cuántas sería capaz de zamparme antes de que no me apetecieran más? ¿Cien? ¿Trescientas? ¿Mil? ¿Qué sentido tiene esperar? Cojo la lata otra vez en la mano. Agarro una de las sardinas por los lados. Parece un poquitín más gorda que las otras, y quizá no sea justo con Marietta, pero ella nunca lo sabrá. Intento comerme esta a bocaditos, pero no es fácil sin un plato debajo o un trozo de pan (tendría que haberle preguntado a mamá si tenía un panecillo guardado por ahí). Enseguida, así, sin más, se ha esfumado.

¿Dónde pongo la lata? Aquí no se puede dejar algo así a la vista. Por muy buena gente que parezcan estas mujeres, la lata desaparecería en un visto y no visto. Mamá sigue hablando con tía Louise. Podría acercarme hasta allí, pero a lo mejor mamá no quiere que la tía vea la lata. Y no puedo dejarla aquí para acercarme a hablar con ella. Tendré que esperar. No tardará mucho. Además, tía Louise es simpática, pero a veces me pellizca las mejillas, que es algo que no soporto.

Ya se podría espabilar mamá. Franta se enfadará.

¡Qué aspecto tienen estas sardinas! Lo juro, tienen mejor pinta que cuando abrí la lata. Como si haberlas comido me hubiera recordado lo bien que saben. Qué rabia que Marietta no las deteste, igual que detesta la mostaza.

Uy, esa cola está torcida. Está casi suelta. Es algo que pasa a veces, no sería la primera vez. A veces no vienen todas iguales, aunque por lo general sí. Podría decirle que a una le faltaba la cola. Me creería, supongo. Mamá ya no estaba cuando abrí la lata. O eso creo.

No, no debo. De verdad que no. Pero, total, la cola está casi rota.

Y con el hambre que tengo. Y eso que acabo de cenar y de tomarme dos sardinas.

Será por lo que dijo Franta cuando volvimos a nuestra sala después del partido:

—¡Nešarim! Ojalá tuviera una tarta gigante para repartirla entre todos. Una tarta gigante de chocolate en la que pusiera

«Campeones» por encima con letras plateadas. No, mejor doradas.

Entonces todos cerramos los ojos y empezamos a imaginar que nos comíamos un trozo de tarta. Desde entonces, no he dejado de pensar en celebrarlo con otra comida especial.

¿Por qué se me ha olvidado celebrarlo cuando me he comido las dos primeras sardinas?

No es justo y no debo, de verdad que no.

De verdad, de verdad, de verdad que no.

Salgo del barracón por la escalera de atrás, porque Felix me ha dicho que ayer por la tarde vio por esta zona un balón de fútbol. Además, por aquí es más fácil que no me cruce con Marietta. No pienso más que en la cola casi suelta resbalándome por la garganta, una cola que era suya. Y encima, a ella le gustan las sardinas todavía más que a mí.

Al final de las escaleras, veo a lo lejos en la oscuridad a dos personas en un portal. Están abrazadas y una de ellas le acaricia la espalda a la otra. Aún no he decidido si sigo andando o no, cuando una de ellas sale al patio. Es un muchacho o un hombre, es difícil distinguirlo. Quizá de la edad de Franta, quizá más joven. Es bastante alto, de hombros anchos. Se para a unos diez pasos del portal y da media vuelta. Unos segundos después, la otra persona sale y va hacia él, lo coge de las manos. Justo antes de que se besen, consigo ver bien la cara de la otra persona, que tampoco hacía ninguna falta, porque los saltitos que da Marietta los reconocería desde el doble de distancia.

23 de septiembre de 1943

—Misha —me dice mamá—, aguántame esta silla, anda. Cojea de una pata y no me fío.

—Tengo que irme ya, mamá —objeto—. Solo queda una hora para la función y antes tengo que cenar, si...

—¿Quieres que termine el telón de fondo para la ópera o no? —me pregunta.

—Está bien —convengo, y le sujeto la silla.

—Es que hay que ver —comenta mamá, subiéndose con cuidado—. Esta casa no tiene chimenea. ¿Dónde se ha visto una casa sin chimenea?

Se me hace raro oírle a mamá decir eso. Y más raro aún verla con un pincel en la mano. En Praga no la recuerdo pintando nada, no hablemos ya de hacer algo artístico. Pero aquí la cosa cambia.

Hasta me ha contado que su jefe, un holandés que se llama Jo Spier, que creo que es artista de verdad, le ha dicho que es la que hace los mejores animales de trapo del taller. Su especialidad son los ositos. «Ojalá pudiera traerte uno. Son una monada», me dijo hace unas semanas. Como es solo un deseo, no le he dicho que ya soy mayor para jugar con muñequitos de trapo. Más tarde se lo comenté a algunos de mis compañeros de sala y no me creyeron; no se creen ni que los nazis nos tengan haciendo ositos de trapo para sus hijos ni que a mi madre se le dé tan bien fabricarlos.

—Mamá —la llamo, porque de repente me ha venido una cosa a la cabeza.

—Dime, cielo.

—¿Por qué no tenemos que ocultar la función como hacemos con el Programa? Y no solo la función, lo demás tampoco, las obras de teatro, los conciertos. No le veo la lógica.

Mamá me mira desde lo alto de la silla.

—No lo sé, Misha. Hay muchas decisiones que no entiendo, por qué hacen tantas de las cosas que hacen.

En parte pienso que me oculta algo, pero no me apetece insistir. Ahora no, por lo menos.

—¿Qué? ¿Estás preparado? —me pregunta.

—Sí, supongo —le contesto—. Yo sí, por lo menos.

No me pregunta qué he querido decir con eso, porque sabe a qué me refiero. Los ensayos iban estupendamente hasta que hace menos de tres semanas hubo dos traslados enormes en un solo día. Hacía más de medio año que no había ninguno y de golpe desaparecieron cinco mil personas, incluidos diez chicos del elenco, entre ellos algún Nešarim. Estuvimos una semana sin ensayar, y hasta me dijeron que se iba a aplazar la ópera. Un día empezamos otra vez, pero sustituir a los que se llevaron y enseñarles su papel a los nuevos no ha sido fácil. Desde entonces, no sé, las cosas han cambiado. Como si tuviera siempre presente que pueden anunciar un traslado en cualquier momento. Y que me podría tocar a mí. Cuando estoy entretenido con algo, jugando a las cartas, por ejemplo, a lo mejor se me olvida un momento, pero enseguida me viene otra vez a la cabeza. Eso me pasa cantidad de veces al día, todos los días.

Mamá se baja de la silla, retrocede unos pasos y levanta la vista.

—¿Qué? ¿Qué te parece?

—A mí me gusta —contesto. No lo digo por decir, el telón de fondo ha quedado precioso. Imita a una ciudad, con casas, edificios, un árbol y un cartel redondo muy bonito en el que pone «Escuela».

—¿Sabías que es dificilísimo encontrar entradas para la ópera en todo Terezín? —me informa mamá.

—¿En serio?

—Muy en serio —asegura—. Están más solicitadas que las de los Ghetto Swingers o las del concierto de Beethoven del mes pasado.

Como veo que mamá está a punto de contarme esa historia otra vez, me despido hasta después de la función, salto del escenario y me voy corriendo a cenar.

—Recordad, más despacio y más alto de lo que creáis que hace falta. Más despacio y más alto —insiste el señor Freudenfeld. Arquea las cejas, que es algo que hace a menudo, no sé por qué, hasta convertirlas en dos uves del revés. Luego nos pregunta—: ¿Qué tal la acústica en el Barracón Magdeburg?

—¡Horrorosa! —exclamamos los cuarenta a la vez.

Eso ya lo decía de estos barracones hace unas semanas, cuando ensayábamos en el Dresde, donde el sonido también era pésimo. Pero creo que tiene razón, aquí es peor todavía, quizá porque la sala es más grande, y aunque están los músicos calentando al lado, apenas los oigo.

Bueno, en realidad respondimos al señor Freudenfeld treinta y nueve actores, porque a Ela, que hace de gato, la está maquillando el señor Zelenka, que es el que eligió a mamá para que lo ayudara con el telón de fondo. Mamá me contó que era el escenógrafo más famoso de Praga hasta que se presentaron los nazis. Se trajo de extranjis el maletín de maquillaje. Le están quedando chulísimos los bigotes.

—Bueno, bueno —comenta el señor Freudenfeld, y mira el reloj—. Dentro de dos minutos abren las puertas y la función empieza dentro de diez. —Se da la vuelta y echa a andar hacia los músicos, pero de pronto se para, levanta un dedo y sonríe—. Otra cosita. Pinta, Greta, Zdeněk, Ela, Rafael y Honza podéis quitaros la estrella para la función.

—¿Quééé? —exclaman la mitad de los chicos.

Los demás, yo incluido, nos hemos quedado demasiado pasmados para decir nada.

—Nos han dado permiso —anuncia asintiendo un poco con la cabeza—, para los personajes principales. Así que os la podéis quitar.

Los seis empiezan a tirar de la estrella, pero Greta es la única que se la quita de inmediato. Zdeněk le pide ayuda a Sasha y enseguida casi todos se abalanzan a arrancárselas.

En un abrir y cerrar de ojos, estamos todos gritando y tirando de las malditas cosas amarillas como si fueran bichos pegajosos y repugnantes que llevaran años reptando por nuestro cuerpo.

Treinta segundos después, estamos todos riéndonos como locos, con trozos de estrellas en las manos o por el suelo a nuestros pies. Ahora los seis tienen el pecho normal. Como el que tenían hace cuatro años, antes de que empezara esto, antes de que viniéramos a parar a esta cárcel estúpida y horrorosa, donde tanto nos dejan hacer obras de teatro como nos meten en trenes que quién sabe adónde van.

De pronto suenan unos aplausos. Algunos músicos se han puesto debajo del brazo el instrumento (una flauta, un clarinete, unos cuantos violines) y nos aplauden con estusiasmo en pie.

Antes la sala parecía inmensa, pero ahora está hasta los topes. Hay personas de todas las edades. Niños, padres y madres, ancianos… Hasta la última silla está ocupada. Incluso hemos visto una pequeña pelea, o por lo menos una discusión fuerte, entre dos personas por un sitio en el pasillo. La hemos visto porque estamos sentados en la parte de delante, junto al escenario. Esto no es un teatro de verdad. Aquí no hay bastidores.

A Honza se le ha puesto mala cara, y eso hace que yo tampoco me sienta muy bien. Honza se ha atrevido a hacer el papel de Brundibár, o sea, que tiene que cantar solos y hacer de malo a la vez. Encima, en la vida real, es huérfano, y muy alto y fuerte, y yo es la primera vez que lo veo un poquitín angustiado. Por eso me angustio. Y no me pasa a mí solo. Los demás (Ela, Zdeněk, Greta, Pinta) tienen todos la misma expresión.

El señor Freudenfeld les da a unos cuantos unas palmaditas en la cabeza.

—Treinta segundos —nos avisa.

Yo, con cara de bobo, miro al público, donde está el mismísimo Hans Krása, el compositor de la obra. Ha venido a bastantes ensayos y parecía muy simpático, pero ahora ha puesto una cara seria, como si esperase que vayamos a hacerlo bien. Aquel que está allá, al final de la segunda fila, creo que es Edelstein, el administrador de Terezín.

Ojalá le hubiera hecho caso a Jiří aquel día y me hubiera ido a jugar a las damas con él.

Pero entonces sucede algo.

Lo hacemos bien. Bastante bien. No perfecto, pero sí bien. Pinta y Greta parecen hermano y hermana de verdad. Y Ela se mueve como un gato. Rafael tiene una voz impresionante. Y

Honza es malo, pero malo malísimo. Da lo mismo que a Zdeněk se le olvide un verso o que a Zvi se le escape un gallo.

Cuando me llega el turno de subir al escenario con todo el coro, me muero de impaciencia. Cantamos juntos:

> Tendámosles una mano...
> Añadid vuestro talento a nuestro empeño,
> voz con voz se cumplirá el sueño...
> Unidos venceremos al villano.

Cantar todos juntos es un poco como jugar en el equipo de los Nešarim. Aunque también es distinto, por la historia que se cuenta y lo malo que es Brundibár. Aquí no competimos unos chicos contra otros. Aquí luchamos todos contra un canalla. Por eso cuando cantamos la letra, la cantamos como si fuera en serio. Por no hablar de que cuando termina el primer acto, se lo noto en la cara a los espectadores: están felices.

Lo hemos ensayado un montón de veces, pero cuando por fin derrotamos a Brundibár, cuando todos los animales lo echan del escenario, casi me quedo sin aliento de lo emocionado que estoy. De lo emocionado y feliz. Y algo me dice que no soy el único, porque aún no se ha terminado la escena y la gente ya está aplaudiendo. Así que cantamos por encima de los aplausos:

> Ganamos la batalla,
> contra ese vil canalla.
> Ganamos la batalla,
> pues no tuvimos miedo.
> Pues no tuvimos miedo
> desfilamos con resolución,
> entonando esta canción,
> alegres, con tesón y con denuedo.

En medio de todo esto, me doy cuenta de que en parte estoy algo triste, porque no hago más que acordarme de los miembros del reparto que han desaparecido. Eva, Havel, Jan, Lev, Alena y otros cuantos cuyos nombres no me molesté en aprender. Vinieron a un ensayo igual que todos nosotros, sin saber que sería el último. Además, sigo sin entender por qué nos dejan representar esta ópera los nazis, una ópera que trata de la lucha contra un hombre malvado de bigote.

Pero eso lo piensa una parte de mí. La otra no para de sonreír y no solo por lo divertido que ha sido vencer a Brundibár. Lo cierto es que se hace muy difícil estar triste cuando el público no para de aplaudir y tienes que hacer tantas reverencias que al final acabas casi mareado.

10 de noviembre de 1943

—¿Por qué tenemos que acostarnos tan pronto? —pregunta Leo cuando Franta nos ordena que nos lavemos—. No son ni las ocho.

Unos cuantos más nos apuntamos a las protestas, yo entre ellos.

—¡Silencio! ¡Callaos! —añade Franta.

Cuando por fin nos callamos, lanza un suspiro.

—Escuchad, mañana será un día muy complicado. Quiero que estéis todos bien descansados.

—¿Complicado? —pregunta Pavel riéndose—. ¿Hay aquí algún día que no sea complicado?

—Eso —apunta Koko.

—Hablo en serio —continúa Franta—. Corre el rumor de que alguien, incluso puede que más de una persona, se ha escapado y...

—Bien hecho —manifiesta Pavel.

—Pavel, por favor, ya basta —dice Franta. Se cruza de brazos y se queda en silencio varios segundos—. Quieren hacer un recuento total.

—¿Un recuento total de qué? —pregunto.

—De todo el mundo.

—¿Cómo de todo el mundo? —pregunta Pavel, ya sin pretender hacerse el gracioso.

—De todos los prisioneros de Terezín —explica Franta.

Estallamos al completo en un aluvión de preguntas. ¿Todos, lo que se dice todos todos? ¿Y dónde piensan hacerlo? ¿Cómo van a encontrar aquí un lugar donde quepamos todos si cabemos a duras penas en Terezín? ¿A qué hora empieza? ¿Cuánto va a durar? ¿Por qué no les sirve un recuento normal, el que hacen recogiendo los recuentos de cada sala de cada barracón? ¿Por qué no les basta con eso? Franta no tiene demasiadas respuestas. Mejor dicho, no tiene ninguna. Así que nos metemos en la cama y procuramos contentarnos con su promesa de leernos algo hasta que nos quedemos dormidos.

Creo que ya me he dormido cuando algo me sobresalta. Miro hacia la puerta, que está entornada, por donde entra un rayo de luz. Franta para de leer. Oigo entonces fuertes murmullos y unos pasos que vienen hacia mí. Instantes después, mamá está al pie de mi cama.

—¿Mamá? Pero ¿qué...?

—Llevaos esto mañana —me dice, echándonos a Jiří y a mí por encima la manta, la que ya ha intentado darme no sé cuántas veces.

—¿Qué haces? —bisbiseo, ya despierto por completo—. ¡Te has saltado el toque de queda! ¡Como te pillen, te encierran en la Fortaleza Pequeña o te fusilan! ¡¿Estás loca?!

—Señora Gruenbaum —dice Franta, poniéndose a su lado.

—No puedo permitirlo —afirma, sin hacernos caso—. Os la lleváis. Mañana lloverá y hará frío. Que no se te olvide. Y vístete con mucha ropa, toda la que puedas.

—Señora Gruenbaum —repite Franta.

Mamá se queda en silencio unos instantes y me aparta el flequillo de la frente.

—Franta —dice por fin en voz muy baja—, como vea salir a Misha de aquí...

—¿Salir adónde? —pregunto.

—Como lo vea salir de aquí mañana sin la manta, te juro, Franta, que te...

Nadie habla durante lo que parece una eternidad. Ni yo ni mamá ni Franta. Luego se inclina, me besa en la frente y se marcha. Miro a Franta, que se frota la cara y masculla algo que no entiendo.

En cuanto mamá abandona la sala, salto de la cama y corro a la ventana. Cuento con que Franta me mande acostarme otra vez, pero en el fondo no me sorprende que en vez de eso se ponga a mi lado. Unos diez segundos después, veo a mamá a la puerta de nuestro edificio. «Aléjate de las luces», le digo mentalmente, y justo entonces se echa a la calle y desaparece en la oscuridad. No reaparece, pero me quedo en la ventana, siguiendo con la vista un camino imaginario hasta su barracón, conteniendo el aliento, con la esperanza de que no aparezca ningún guardia.

—Venga —me dice Franta en voz baja al cabo de unos minutos—, a la cama.

Pero no me muevo. Me quedo mirándolo. Tiene una expresión extraña en la cara, como si estuviera en otra parte.

—¿Crees..., crees que llegará bien?

Permanece en silencio un buen rato. La mirada se le pone aún más rara, hasta llegar a un punto en que no parece él.

—Sí —me contesta en un tono seco—. Seguro que sí.

11 de noviembre de 1943

Es noche cerrada cuando Franta nos despierta. Aún tardo unos segundos en recordar la visita de mamá. Doy por sentado que ha sido un sueño hasta que mis dedos notan algo raro y me acercan la manta a los ojos. Me tapo con ella la cabeza y, por un momento, trato de imaginarme que estoy en Holešovice, en la cama de papá y mamá. Pero no lo consigo ni siquiera con la ayuda del olor cálido y agradable que desprende.

—¡Arriba, arriba! —apremia Franta—. Poneos todo lo que tengáis de abrigo; gorro, si tenéis; botas, si tenéis. Rápido. A las siete hay que estar en la entrada sur.

Me pongo tres pares de pantalones, cuatro camisas, dos pares de calcetines y las botas, aunque una tiene un agujero en la suela. Luego cojo la chaqueta y la manta y me planto en la puerta, a esperar a los demás.

Llevamos ya un rato en la entrada, cada vez viene más gente, el cielo va clareando poco a poco. Empieza a lloviznar y unos cuantos nos cobijamos bajo un árbol. Como ya se le han caído casi todas las hojas, no sirve de mucho. Entonces se me ocurre una idea.

—Jiří —digo—, ayúdame.
—¿A qué?
—Hazme caso —le pido.

Le pongo la manta en los hombros, me agarro al tronco y echo una mano a la primera rama grande. No tardo en estar en pie sobre una horcadura, por encima de la multitud, que no deja de crecer. Miro alrededor, pero no veo ni a mamá ni a Marietta.

—¡Misha! —me grita alguien tirándome de un pie. Es Franta—. ¡¿Estás mal de la cabeza?! ¡Bájate de ahí en el acto! —Me ayuda a bajar, apretándome el brazo con tanta fuerza que me hace daño—. No es el mejor día para llamar la atención, ¿me has entendido?

—Perdón —digo, algo que a Franta no le resulta suficiente en este momento—. Quería ver si encontraba a mi madre. ¿La has visto tú?

—¿Qué? —Estira un poco el cuello y, creo, suelta un juramento—. No. Preguntaré por ahí. —Y ahora sí que suelta un juramento—. Pero puede llevar su tiempo.

—¿Cuánto? —insisto. Pero no me contesta.

Por fin se abre la verja y la gente empieza a salir en un torrente. Aun así, tienen que pasar quince minutos por lo menos hasta que nos toca movernos a nosotros.

Nunca había visto a tantos SS en Terezín. Cada uno lleva una ametralladora. He soñado con atravesar esta verja desde que llegué. Pero con tanto SS por doquier, sin que nadie nos informe de adónde vamos ni por qué, habría preferido quedarme en la cama. Me habría quedado todo el día, si pudiera.

Nos mandan recorrer el camino por el que vinimos a Terezín hará casi un año.

Alrededor de media hora más tarde, con los pies que no me aguantan de dolor y el estómago preguntándose qué ha sido del desayuno, la cabecera de la marcha sale de la carretera hacia un campo enorme.

Los SS dan voces. Repiten lo mismo una y otra vez, pero pasan unos minutos hasta que estamos lo bastante cerca para oírlos.

—¡Filas de cien! ¡Formad filas de cien! ¡Filas de cien! ¡Filas de cien exactas!

Una vez colocados en la nuestra, Kikina, Jiří, Leo y yo discutimos si la cifra exacta significa que es más o menos probable que nos hayan hecho venir aquí para que nos puedan abatir a tiros a todos. Kikina querría preguntárselo a Franta, pero está a unas treinta personas de distancia de nosotros.

Al final no nos aclaramos, pero acordamos que, si oímos disparos, saldremos corriendo hacia una arboleda que está como a medio kilómetro.

Pero aquí seguimos. Una hora, dos horas, un montón de horas. La llovizna viene y va. Hora tras hora.

Ciento noventa y siete, ciento noventa y ocho, ciento noventa y nueve, doscientos.

—Perdona, Gorila, se te ha acabado el tiempo —le digo—. Te toca, Jiří.

—No pasa nada —comenta Gorila, saliendo de la manta con la que estábamos arropados los dos—. Gracias, Misha.

Durante unos segundos y hasta que Jiří se mete, me ataca el viento frío y húmedo. Menos mal que tengo la manta.

Jiří tiembla tanto que le cuesta agarrarla de su lado.

—¿Cuánto crees que llevamos aquí? —me pregunta, sin que le paren de castañetear los dientes.

—No lo sé —respondo—. Seguro que Franta lo sabe.

Escudriño nuestra fila, cien personas de largo, pero no veo a Franta. Eso no significa que no esté, porque más allá de diez personas es difícil distinguir nada. Debería empezar a contar, porque después le toca a Leo, pero Jiří se merece algo más de tiempo.

—¿Y cuándo pensarán dejarnos volver adentro? —pregunta, tiritando completamente, a mi lado.

Kikina me da un toque en el hombro.

—¿Eh? —pregunto.

—Franta, que vayas —me dice.

—¿Para qué?

—Yo qué sé —me contesta—. Tú ve.

Total, que dejo a Jiří y a Leo con la manta y voy avanzando por la fila. Como no puedo salirme de ella, primero tengo que cambiar de sitio con cada chico, uno por uno. Algunos, como Pedro y Pudlina, me miran como si pretendiera meternos a todos en un lío, pero después de cinco o seis, ya me trae sin cuidado, porque solo hay un motivo por el que Franta haya querido hablar conmigo ahora mismo.

—¿Qué? —le pregunto casi sin aliento cuando por fin lo alcanzo.

—Está bien —me dice—. Está bien.

—¿De verdad? —insisto.

De pronto me doy cuenta de que me tiemblan las manos sin que las pueda dominar. Asiente con la cabeza. Un guardia de las SS pasa a nuestro lado, casi golpea a Franta con la ametralladora en el hombro. Franta espera unos segundos y luego me levanta a pulso.

—Mira hacia allí —añade señalando con la barbilla.

Miro hacia las filas que tenemos más cerca, que hasta ahora me habían impedido ver nada. Lo único que veo son más filas, hasta llegar a un punto en que ya no se ven filas separadas, sino solo personas. Miles y miles y miles de personas.

—¿Dónde está? —pregunto.

—Por ahí, a unas diecisiete o dieciocho filas.

Intento contar, pero a la novena o así pierdo el hilo.

—¿Cómo lo sabes?

—Hablé con Otto Klein, que le pidió a Gonda Redlich que se enterase.

—¿Gonda? —pregunto—. ¿Quién es Gonda?

—Sabes que Otto es mi jefe, ¿no? —me pregunta Franta.

—Sí.

—Pues Gonda es el jefe de Otto. Él sabe lo que dice. Tu madre está por ahí y tu hermana, también. Anda, baja, que no serás muy grande, pero, hoy por lo menos, pesas mucho.

Nada más volver a mi sitio, me arropo bien con la manta, me inclino un poco y apoyo la cara en la espalda de Jiří.

—¿Qué haces? —me pregunta.

—Se me ha congelado la nariz —le miento—. Tengo miedo de que se me caiga a pedazos.

Espero que no me oiga moquear.

Ciento treinta y cuatro, ciento treinta y cinco, ciento treinta y...

—Misha —me dice Jiří. Más bien me susurra, habla con voz muy débil—, ¿qué puede pasar si uno come hierba?

—¿Qué? —pregunto porque a lo mejor no he entendido bien.

—Si no como algo rápido, creo que me va a dar...

Pero entonces ya sí que no le entiendo nada, porque de pronto tenemos encima el zumbido de un motor. Y no lejos, como los que vemos allá en lo alto del cielo los días claros. No, tenemos un avión de color gris oscuro dando vueltas justo encima de nosotros.

A unas filas de donde estamos, un grupo de mujeres estalla en gritos.

—¡No! ¡Que nos bombardean! ¡No!

Los gritos van en aumento.

—¡Nos quieren matar a todos!

Una mujer joven de pelo rubio oscuro y ondulado chilla y echa a correr hacia un extremo del campo. Un oficial de las SS con una ametralladora en las manos sale corriendo tras ella. Cuando la alcanza, la aplasta contra el suelo y le apunta a la cara con el arma. Puede que también le diga algo, pero es difícil de saber, porque ya hay cientos y cientos de personas hablando, chillando y llorando a la vez.

Unos minutos más tarde ha vuelto a la fila y la sostienen dos mujeres, una a cada lado. El avión continúa dando vueltas y ahora es el único sonido que oigo.

—¿Tú qué crees, Misha? —insiste Jiří—. Las vacas comen hierba. A lo mejor la gente también puede, ¿no?

Sé que debería decir algo, pero solo se me ocurre estrechar más con el brazo derecho a Jiří. Cierro los ojos, me imagino los números, cada uno de un color diferente e intenso: ciento treinta y seis, ciento treinta y siete, ciento treinta y ocho...

—¿Cuántas filas crees que habrá? —le pregunto a Leo, que acaba de meterse debajo de la manta.

—Yo qué sé —me contesta.

A pesar de los dos pares de calcetines, noto el agua que me empapa el pie derecho a través del agujero de la suela. Abro la boca para que me entre la lluvia, porque no nos han dado nada de beber en todo el día. Ni de comer. Es de locos, porque ya empieza a oscurecer. De hecho, el cielo está como cuando llegamos aquí esta mañana, a la hora que fuera.

—¿Por qué no hacen más que contarnos una y otra vez? Si en cada línea hay cien personas, tampoco se puede tardar tanto en contarlas. Aunque haya tropecientas. ¿Tan tontos son los nazis?

Y así sin más, pasa junto a nosotros un oficial de las SS, contándonos por décima vez, al menos.

—*Dreiundzwanzig, vierundzwanzig, fünfundzwanzig...*

En la fila de al lado se desploma un anciano. Otros dos hombres se inclinan sobre él unos instantes. Luego se levantan, dejándolo en el suelo. Poco después, un cuarto hombre, alto y calvo, se arrodilla, le quita la chaqueta al anciano y se la pone. Algunos empiezan a discutir y a señalarse con el dedo entre ellos. Al cabo de un rato, se callan. El calvo no se quita la chaqueta.

Leo llora. Procura disimular, limpiándose muy rápido la cara cada pocos segundos, pero me doy cuenta, aunque apenas haya luz a estas horas y estemos empapados. Creo que Erich se ha quedado dormido de pie, apoyado en mi hombro.

—Leo, anda —le digo abriendo la manta.

Erich se estremece y se endereza.

—¿Qué... qué...? —suelta, como soñando todavía.

Leo se apretuja entre nosotros. Solo que ahora no podemos cerrar la manta.

La lluvia cae con más fuerza y hace bastante más frío.

Procuro no pensar en comida.

Trato de contar de nuevo, pero pierdo el hilo una y otra vez. Así que me pongo a pensar en unos *knedlíky*, las bolitas de patata rellenas, e intento recordar a qué saben.

Pero tampoco me puedo concentrar en eso, porque Leo continúa llorando. Y puede que Erich también.

Nuestra fila empieza a moverse.

Aunque tengo los pies entumecidos, pronto empiezo a caminar, o más bien a arrastrar los pies despacio. Por fin volvemos. Eso espero, al menos.

Llegamos a un altozano y empezamos a subirlo. Una vez arriba, cierro los ojos unos segundos, los abro y miro rápido a mi alrededor. Antes de que se me adapten los ojos, soy capaz de distinguir una masa inmensa de personas, más allá de donde me alcanza la vista, en todas direcciones.

Debemos de estar ya cerca de Terezín, pero es difícil saberlo porque la oscuridad es casi completa. Me cuesta creer que quiera volver a ese lugar, pero así es. En especial desde que tropecé y me caí encima de un cuerpo en el límite del campo. Un cuerpo que no reaccionó lo más mínimo cuando le clavé la rodilla en la espalda.

—Oye —me dice Jiří, dándome un toque en el hombro por detrás—, Franta dice que había trescientas cincuenta y ocho filas.

No le contesto. Me envuelvo bien en la manta húmeda y sigo caminando.

En cuanto llegamos a nuestra sala, nos quitamos la ropa empapada y la colgamos en los tendederos que hay entre las literas o la extendemos por el suelo, aunque eso no servirá de nada. Y nos ponemos la ropa seca que no habíamos llevado hoy.

—A la cama —nos dice Franta con una voz que no parece la suya.

—Me muero de hambre —se queja Koko.

—Todos nos morimos de hambre —le replica Franta cortante. A Koko se le tensa la cara—. Perdona, Koko. A dormir, por favor. Ya comeremos por la mañana. Te lo prometo.

Nadie dice nada más. Unos minutos después se apagan las luces. Estoy en una posición incómoda, con el brazo retorcido debajo del cuerpo, pero me faltan las fuerzas para moverme.

—¡Arriba! ¡Levantaos! —grita Franta—. ¡Arriba!

Ha vuelto la luz. Aún es de noche. Cierro los ojos y veo de nuevo el campo. Una parte de mí se pregunta si no lo habré soñado, pero, de algún modo, sé que no cuando Franta grita:

—¡Hay un incendio en el Ele Cuatro Uno Cuatro! ¡Venga, que tenemos que ayudar a llevar agua!

Salto de la cama, cojo unos pantalones, me calzo, camino sobre la ropa mojada que hay por todas partes y salgo detrás de Franta, que va corriendo por el pasillo. Me duele el cuerpo y tengo la garganta como hecha de lija.

Cuando llegamos a la entrada de nuestro edificio, entra Jacob, otro *madrich*.

—Ya está apagado —informa.

—¿Seguro? —pregunta Franta, jadeando.

—Sí —afirma, quitándose las gafas y pasándose los dedos por el pelo ralo.

—Volved a la cama.

No tarda en marcharse, lo mismo que otros chavales que habían bajado antes de que apareciera Jacob. Por lo que sea, Franta y yo nos quedamos allí parados, sin movernos.

Franta se frota con fuerza las manos, agacha la cabeza y cierra los ojos.

—¿Por qué nos han hecho eso hoy? —le pregunto.

Franta abre los ojos y echa a andar hacia nuestra sala.

—¿Por qué? —insisto.

—No lo sé, Misha —me contesta apesadumbrado—. De verdad que no lo sé.

Deja de caminar y se queda allí quieto en mitad del pasillo. Me ha parecido oírle inspirar profundamente dos veces. Luego se vuelve hacia mí, casi sonriendo, y me dice:

—¿Sabes una cosa, Misha? Mañana es otro día. Y algo me dice que será mucho mejor que este.

Al cabo de un minuto estoy en la cama, pero ahora no parece que vaya a conseguir dormir. Sigo con los pies fríos y noto todavía en las manos el cuerpo con el que tropecé en el límite del campo. Me vendría bien ahora la manta, pero seguro que aún está empapada. Me doy la vuelta hacia Jiří, que ya se ha dormido.

Han pasado veinte minutos y continúo despierto. De hecho, tengo ganas de hacer pis. Así que me levanto y camino despacio hacia el cuarto de baño, procurando no pisar la ropa húmeda extendida por todas partes.

Franta no está en la cama. ¡Qué raro!

¿Y ese ruido? Diría que viene del cuarto de baño. ¿Es gente que habla?

Sea lo que sea, viene de allí, eso fijo.

Me detengo en la entrada del cuarto de baño, que carece de puerta. Es un paso abierto con un recodo a la izquierda. Un rectángulo de luz tenue delimita el acceso.

El ruido no es muy fuerte, pero resuena en las paredes. A alguien le cuesta respirar.

Doy unos pasos sigilosos y atravieso el umbral. Dos jadeos rápidos y una aspiración que se convierte en ronquido. Giro despacio la cabeza para mirar.

Franta está sentado en el suelo, con la espalda apoyada en la pared y la cabeza agachada. Lo distingo bien, porque le da justo encima la luz débil que entra por una ventana que no veo. Los hombros se le agitan unos segundos y luego paran. Levanta lentamente la cabeza y la luz se refleja en la humedad que le resbala por las mejillas.

—¿Y mañ...? —dice en voz tan baja que casi me cuesta oírlo.

Me inclino un poco hacia dentro y contengo la respiración para que no me vea.

—¿Y mañana...? —repite.

Y ahora sí lo he oído bien, aunque se interrumpe, supongo que por los sollozos. Necesito respirar, pero intuyo que no ha terminado de hablar. No entiendo por qué habla si está solo. Me agarro al marco de la entrada y me inclino un poco más. Cabecea despacio hacia delante y hacia atrás.

—¿Y mañana qué? —dice.

Se limpia la cara con el dorso de la mano izquierda. Solo consigue desviar el reflejo.

Me enderezo, doy media vuelta, inspiro hondo y me vuelvo al dormitorio.

Una vez allí me detengo ante la pequeña estufa que hay junto a la puerta. Está allí para caldear la sala, pero no da ni para un espacio la décima parte que este. Aun así, Franta me ha dejado poner la manta en el suelo justo al lado. Me agacho y la agarro por el extremo que está más cerca de la estufa. La punta está seca.

Casi sin pensarlo, me pongo a gatas y acerco la nariz a la zona seca. Inspiro unas cuantas veces antes de adivinar a qué huele. No es a Holešovice. Es a campo frío y húmedo.

17 de diciembre de 1943

—Bueno —dice el doctor Lamm—, el sarpullido se te ha pasado y se te está descamando la piel.

Me levanta el brazo y me frota cerca de la axila. Una lluvia de escamas cae al suelo. Bajo rápido el brazo, no quiero que los otros treinta niños lo vean, pero nadie presta atención.

—Eso es buena señal.

—¿Puedo irme, entonces? —pregunto.

Estoy deseando que por lo menos me dejen meterme otra vez en la cama. El suelo de cemento parece hielo áspero.

No me contesta, me pone la mano fría en la garganta y presiona. Me duele un poco.

—Greta —le dice a la enfermera bajita—, toque aquí.

Ella me pone la mano, bastante más caliente que la del médico, en el mismo sitio.

—Siguen inflamados —dictamina.

—¿Entonces no puedo? —pregunto.

No me hace caso. Hoy, por lo que sea, no está muy simpático, como si fuera culpa mía que haya cogido la escarlatina.

—Enséñame la lengua, Misha.

Hago lo que me ha dicho.

—Ahhh…

—¿Qué temperatura tenía esta mañana?

Greta consulta el cuaderno que lleva a todas partes.

—Eh…, treinta y ocho con nueve. Le ha bajado desde ayer.

El médico le echa un vistazo y asiente con la cabeza.

—Muy bien —dice—, vuelve a la cama.

Me tapo bien con la manta, que pica horrores, y me toco la garganta para comprobar qué es lo que me han notado ahí.

—En cuanto te baje la fiebre a treinta y siete, puedes regresar al dormitorio. Como pronto, quizá el domingo.

—¿Dos días más? —pregunto, dando un puñetazo en el colchón fofo—. ¡Qué fastidio!, ya llevo aquí once días.

Pero el doctor Lamm ya está en otra cama, donde lleva unos cuantos días una niña holandesa con la que no puedo ni hablar. Como está dormida, el doctor Lamm y Greta se quedan al lado, susurrando. Tengo la corazonada de que no hablan de ella, porque les oigo mencionar nombres de otras personas. Greta sacude la cabeza y dirige la vista al suelo. Hay algo en la expresión de su cara que no me gusta, así que miro por la ventana que tengo al otro lado de la cama, aunque no se vea nada más que los barracones grises y las copas desnudas de unos árboles.

Como me aburro, cojo el cuaderno que me ha traído mamá esta semana, aunque hasta ahora lo único que he hecho con él es escribirle una carta. El lápiz casi no pinta, tengo que apretar muy fuerte. Si pongo de determinada forma el cuaderno hacia la luz, puedo leer lo que escribí en la página que estaba debajo de la que le mandé:

Querida mamá:

Está aquí el médico que mandó que me quitasen el apéndice (cuando tenía tres años, creo). También está una enfermera que se llama Schultz y que te conoce. Me he comido todo el pan, pero aquí no puedo hacer tostadas. Tengo mucha hambre. El médico dice que me estoy descamando. ¿A ti qué te ha dicho?

¿Por qué no me escribe nadie del dormitorio? Leo Lowy dice que le dé recuerdos a Honza Deutsch. ¿Qué novedades hay de Jiří, Kikina y Felix? Podrían venir contigo y con Marietta la próxima vez que me hagáis una visita. Tengo muchas ganas de veros.

Misha

—Me aburro —le digo a Greta alrededor de una hora después con el termómetro en la boca—. ¿Por qué no puedo volver al dormitorio?

Greta no me contesta. Se acerca y me quita el termómetro.

—Treinta y siete con ocho —dice para sí misma y lo anota en el cuaderno.

—Hablo en serio —insisto.

Me mira como si se le hubiera olvidado que estoy aquí.

—¿Por qué no te lees el álbum de recuerdos?

—¿Otra vez?

—¿Por qué no?

—Porque hace nada que lo tengo y ya me lo he aprendido de memoria.

—Pues mira —me dice poniéndose el lápiz detrás de la oreja—, si unos amigos míos se hubieran tomado la molestia de hacerme algo así, algo para que los recordase...

—¿Qué?

—Lo cuidaría como un tesoro. En serio. —Traga saliva y sonríe de un modo raro, falso. Luego se agacha y recoge el cuaderno que está en el suelo, debajo de mi cama—. «Álbum de recuerdos de Michael Gruenbaum —lee en voz alta, admirando la cubierta—, Terezín, diciembre de 1943». Se han acordado de ti. El chico ese, ¿cómo se llama?

—Jiří —contesto enfadado y le quito el cuaderno de las manos.

—Vino a traerlo en persona. Un encanto.

Cuando se va para hablar con un chaval más pequeño que está unas camas más allá y no hace más que gemir, me pongo a hojear el álbum.

Pone en letra pequeña y firme:

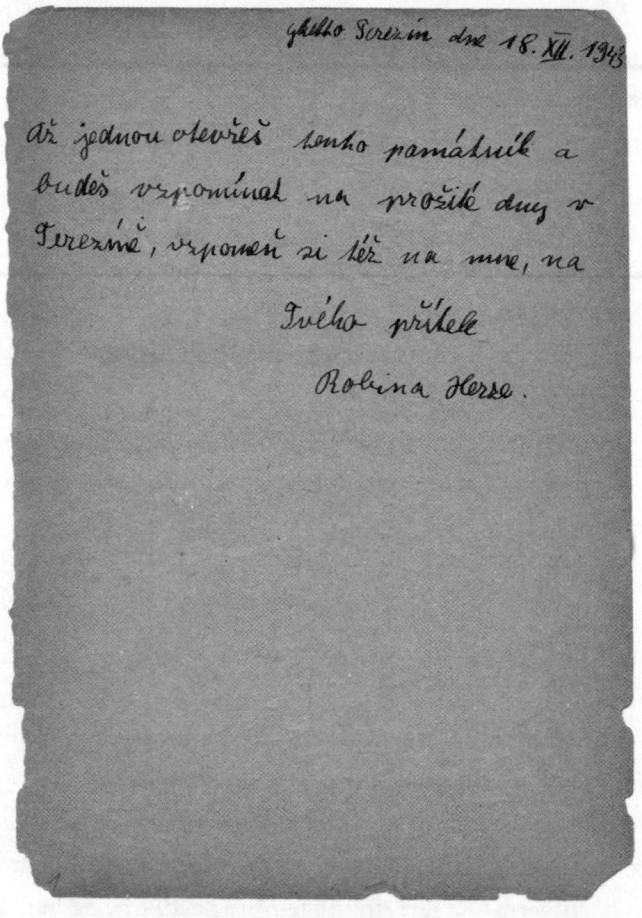

Un día, cuando abras este álbum y rememores los tiempos que pasamos en Terezín, acuérdate también de mí.

Tu amigo, Robin Herz

En letra alargada:

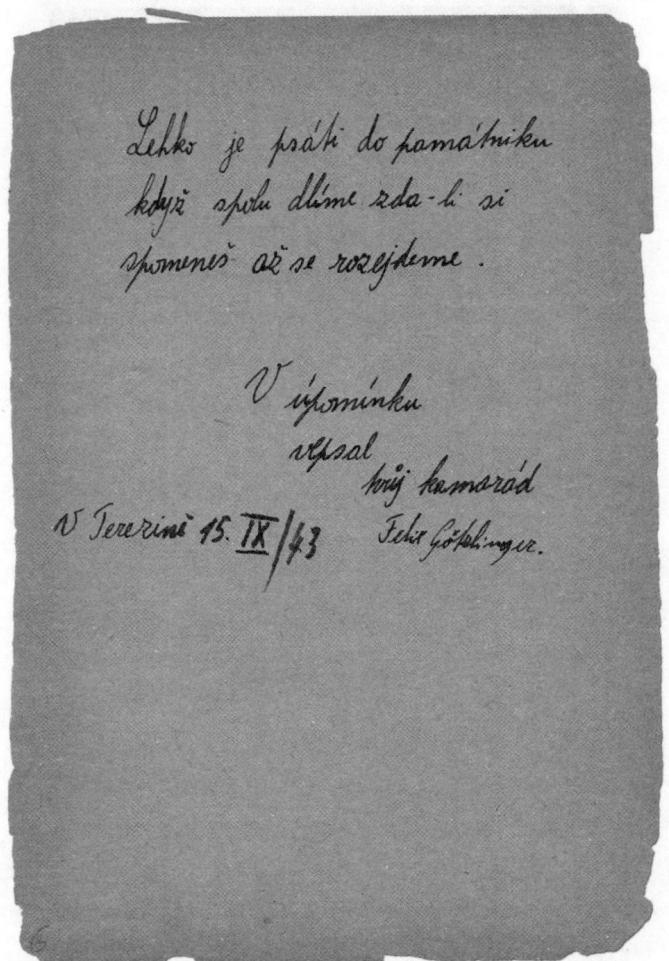

Escribir un álbum de recuerdos es fácil cuando vivimos juntos, pero ¿te acordarás de mí cuando nos separemos?
 Siempre en la memoria.
 Tu compañero, Felix Gotzlinger

Hacia el final, en letra diminuta de imprenta:

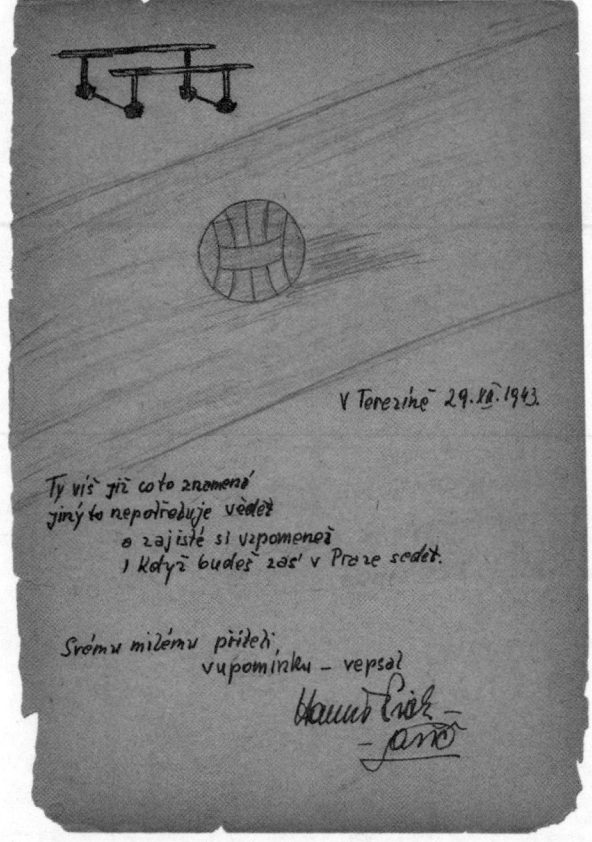

Sabes bien qué significa esto, nadie más tiene por qué saberlo,
y lo recordarás sin duda, incluso cuando estés de nuevo en Praga.
A mi amigo íntimo, siempre en la memoria,

Hanuš Pick

Y un balón de fútbol dibujado. Tendré que preguntarle a qué se refiere, porque, la verdad, no tengo ni idea. Cierro el álbum y los ojos, luego lo abro por una página al azar.

En letra fina y curva, bajo el dibujo de un águila:

Algún día estaremos en Praga, hablando de los Nešarim y de todas nuestras victorias. Y seguiremos siendo muy buenos amigos, ¿verdad?
  Siempre en la memoria, tu compañero,

  Jiří Roth

Dejo el álbum sobre el regazo y miro por la ventana. Todo un detalle que haya venido él a traerlo. Y lo curioso es que tuvieron que ponerse a hacerlo antes de que le preguntara a mamá por qué no me escribían los Nešarim, pues vino pocas horas después de que le entregasen a ella la carta.

Supongo que no estoy demasiado bien aún. Me he pasado media mañana durmiendo y noto que necesito seguir descansando.

Más tarde (creo que me he quedado dormido) entra una mujer y abraza a Greta. Hablan un rato en la puerta. Luego se abrazan otra vez. Las dos lloran. La mujer se marcha y Greta se sienta en una silla limpiándose la cara con la base de la palma de la mano. Cuando se levanta y viene hacia mi cama, me hago el dormido.

Tac... tac... tac.
  ¿He vuelto a quedarme dormido? ¿De dónde viene ese ruido?
  Tac... tac.
  La ventana. Dejo caer el álbum del pecho al suelo. Me levanto y me acerco a la ventana. Tac, más fuerte ahora. Una piedrecita, un guijarro me imagino, que ha dado contra el cristal.

Miro hacia fuera. Jiří está abajo. Dos pisos por debajo. Me saluda con la mano. Le devuelvo el saludo. Dice algo, o eso creo, porque mueve los labios y de su boca sale una nube de vapor. Pero no lo oigo. Levanto las manos y muevo la cabeza hacia los lados. Él mueve los brazos como si estuviera corriendo, doblados en ángulo recto. Me encojo de hombros. Él señala a la derecha, luego a sí mismo y otra vez a la derecha. Vuelve a hacer lo de antes con los brazos y sonríe, aunque no me parece una sonrisa muy alegre. Le hago un gesto con la mano y la apoyo en el cristal, que está helado.

Jiří permanece allí un buen rato mirándome. Se despide con la mano, se da media vuelta y se va.

Me quedo en la ventana hasta que lo pierdo de vista cuando dobla la esquina. Me vuelvo a la cama intentando averiguar qué me ha querido decir. De repente me doy cuenta de que llevaba una mochila a la espalda. Salto de la cama y corro a la puerta. Estoy a medio camino cuando Greta me agarra del brazo.

—¿Adónde vas?

—¡Suélteme! —le grito, intentando liberarme de su mano, que es bastante más fuerte de lo que podría suponerse.

—Misha, quieto, no puedes...

Pero por fin me libero y salgo corriendo. En cuanto tuerzo a la izquierda para ir hacia las escaleras, me doy de bruces contra el doctor Lamm, que me tira al suelo sin querer.

—¡Misha! —exclama mientras se aproxima Greta.

Me levanto de un salto para tratar de seguir, pero librarse de cuatro brazos ya es más complicado.

—¡Déjenme! —grito.

—¡Cálmate! —me ordena el doctor Lamm.

No puedo calmarme o no quiero. Noto cómo tiran de mí y en una décima de segundo veo a unos cuantos chavales mirándome desde la puerta. Greta me rodea con los brazos y me abraza tan fuerte que no puedo moverme. Quiero soltarme, pero estoy tan débil que tengo la sensación de que me voy a romper en pedazos.

—Chist…, chist… —me dice Greta, acariciándome la espalda—. Ya está, Misha, tranquilo.

Y aunque lo único que quiero es sacármela de encima e ir tras Jiří, dejo que me abrace así un buen rato, hasta que los chicos y el doctor Lamm desaparecen.

—Ya está, tranquilo.

—¿Hay un…?

Trato de decir poco después, pero todavía no he recuperado el aliento.

—¿Si hay un qué? —me pregunta Greta.

—Un traslado —respondo apoyándome en su hombro—. Hay otro traslado, ¿verdad?

—Sí —me contesta tras un silencio largo—. Lo hay.

Tuvo que ser idea de Jiří lo de hacerme el álbum mientras me tenían aquí ingresado. Pero no se lo pude preguntar, porque cuando lo trajo hace unos días no le permitieron ni pasar de la puerta. Tuvimos que limitarnos a saludarnos con la mano. Estoy segurísimo de que fue idea suya.

> Algún día estaremos en Praga, hablando de los Nešarim y de todas nuestras victorias. Y seguiremos siendo muy buenos amigos, ¿verdad?
>
> Siempre en la memoria, tu compañero,
>
> Jiří Roth

Abro el álbum por el principio, porque de repente me apetece leerlo otra vez, de cabo a rabo. Y ahí, en la primera página, que es la de Koko:

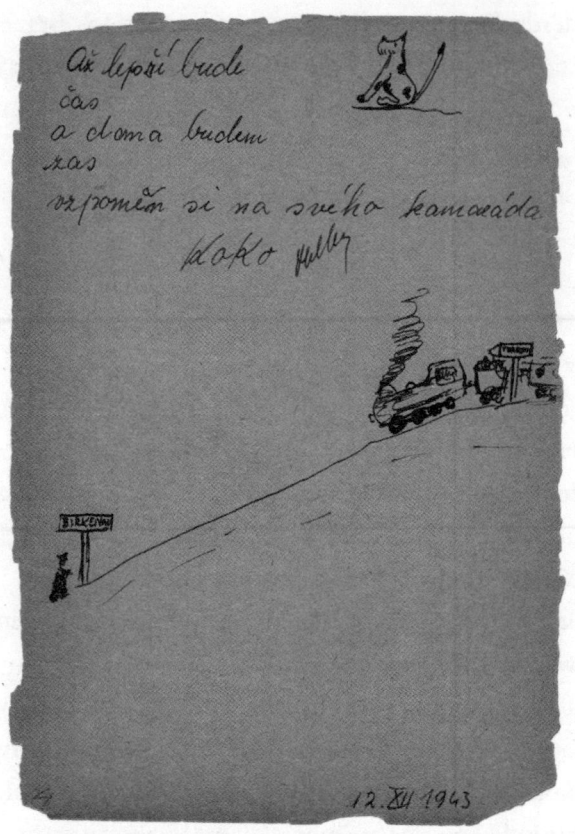

Cuando vengan tiempos mejores y estemos en casa, recuerda a tu compañero Koko Heller.

Debajo del perro dibujó un tren, con una voluta de humo que sale de la locomotora. Está por delante de un cartel en el que pone Terezín y se dirige cuesta abajo hacia otro cartel, en el que dice Birkenau, otro de los nombres para el este. Más vale que no se viva tan mal allí, aunque en este momento se me hace difícil convencerme de ello. Cierro el álbum con cuidado y me quedo mirando por la ventana, intentando recordar el sonido de los guijarros en el cristal, deseando oírlo otra vez.

31 de mayo de 1944

—¡Vamos, Tommy, empuja! —grito desde mi lado del carro.
—No puedo —dice—. Se ha atrancado. Mira.

Me acerco para ver qué pasa. La rueda de atrás se ha hundido unos centímetros en una grieta de la calzada.

—Si hubiéramos vuelto desde el Barracón Dresde —aduce Tommy— y el carro no estuviera cargado con tantas barras, podríamos levantarlo.

—¿Y si, digamos, desaparecieran unas cuantas? —le digo guiñándole un ojo.

Tommy me mira espantado.

—¡Misha! —exclama en susurros—, una cosa son unos panecillos, ¡pero esto son barras!

Tiene razón. No sería buena idea. Unos panecillos se pueden esconder, y más si los pantalones, aunque los tengas desde hace cuatro años, te están enormes. Pero esconder una barra de pan no es moco de pavo. Una pena, porque aun ayer le cambié a una señora un par de panecillos por una punta de salchichón. Este es sin duda el mejor empleo del campo, a pesar de que nos cueste entender a los daneses que se ocupan de la panadería. Además, Tommy es muy majo y me hace caso, supongo que porque soy mayor que él y, oficialmente, el encargado del carro. Tenemos que recorrer Terezín entero y casi siempre podemos escoger itinerario. Encima le he conseguido un empleo a Kikina, que no para de darme las gracias. Ay, y, claro, al trabajar en la panadería, me libro de la escuela. Quizá no sea bueno faltar tanto a clase, pero prefiero mil veces tener la barriga llena y ser tonto a ser listo y pasar hambre.

—¿Y si lo sacudimos hacia delante y hacia atrás? —le propongo a Tommy.

—Puede que dé resultado.

Lo intentamos un buen rato, pero ni se inmuta, quizá porque el carro es tan largo como Tommy y yo juntos. Por fin pasa un hombre de bigote y barba de varios días y le pedimos ayuda.

—Vosotros empujad por ahí, que yo empujo por aquí —nos dice desde mi lado.

Pone las manos, que no podrían estar más sucias, en la tarima del carro. Nos cuesta un poco, pero después de darle unas veinte sacudidas, logramos levantarlo y sacarlo de la grieta.

—Mil gracias, señor —le digo una vez echamos a andar.

—No hay de qué —nos responde, caminando junto al carro, como si estuviera dándose un paseo con nosotros. Doblamos una esquina y entramos en una calle estrecha entre dos edificios grandes.

—Oye —nos dice el hombre en voz baja, mirando hacia atrás—, ¿y si me dierais algo…, bueno…, por las molestias?

—¿Eh? —pregunto.

Señala el carro con el pulgar.

—Lleváis una buena cantidad de pan. No creo que se note una barra menos.

Dejo de empujar y miro a Tommy, que también deja de empujar. Pero él se limita a encogerse de un hombro y a murmurar algo que no entiendo. De manera que meto la mano en el bolsillo y saco un bollito.

—Las barras las cuentan —le digo, dándole el bollo—. Y de todas formas, esto sabe mejor.

El hombre coge el bollo sin vacilar y le hinca el diente.

—Oiga —dice Tommy—, ¿por qué tiene las manos tan sucias?

—¡Tommy! —le recrimino en un susurro negando con la cabeza.

—¿Qué? —me replica, porque supongo que no sabe que no se preguntan esas cosas, y menos a un adulto.

—Me he pasado la semana plantando flores —contesta el hombre dando otro mordisco—, preparando este paraíso nuestro para unas visitas muy respetables.

—¿Visitas? —le pregunto—. ¿Qué visitas?

—No lo tengo claro. He oído que van a venir los de la Cruz Roja —nos explica hablando con la boca llena—. Lo único que sé es que no nos han mandado pintar los barracones, construir un parque infantil y poner bancos por todas partes porque hayan decidido de repente que nos tienen cariño a los judíos. Lo único que hacen por nosotros es decirnos en qué tren tenemos que montarnos. —Se echa a reír y se corta de repente—. Deportan a siete mil quinientas personas en cuatro días y al día siguiente plantan césped como si estuviéramos en un pueblo de veraneo. —Se mete un dedo en la boca, se saca algo de entre las muelas y después succiona—. Bueno, tengo que volver a la brigada de jardinería. Se les agradece el tentempié, señores.

Y se va hacia donde lo encontramos.

Después del trabajo y de la inspección más larga que se pueda uno imaginar (Franta nos ha obligado a cazar chinches, que últimamente andan superrabiosas), me voy al Barracón Dresde. He conseguido *schloisear* media barra de pan al final de la jornada, metiéndome un cuarto en cada bolsillo, y se la quiero dar a mamá y a Marietta.

Su dormitorio está bastante vacío. No me sorprende, porque ya me imaginaba que no habría nadie. Nada más salir de nuestro edificio, vi un montón de gente en la plaza, donde antes nunca nos dejaban estar. Pero han retirado la carpa gigante y ahora al atardecer toca una orquesta bajo el quiosco de madera que nos han hecho construir los nazis. Y a quien no le guste esa música, puede ir a la cafetería de enfrente y oír a los Ghetto Swingers, que tocan *jazz*. El otro día había un hombre tocando el trombón, que debe de ser el instrumento más sensacional del mundo. Si no fuera por lo que es, cualquiera diría que no estamos en una prisión.

Marietta está sentada a una mesa, leyendo. A mamá no la veo por ninguna parte.

Me acerco en silencio a mi hermana, pero no la saludo. Me limito a poner el pan encima de lo que está leyendo.

—¡¿Qué es esto?! —protesta antes de darse cuenta de qué es lo que le tapa el libro y quién lo ha traído. Luego añade, contemplando fascinada el pan—: Misha, maestro *schloisero*.

—No hay de qué —comento.

Ella no habla más. No aparta la vista del pan.

—Ataca, que es para ti. Tengo otro trozo igual para mamá.

Marietta arranca un trozo de corteza y lo mordisquea.

—Por cierto, ¿dónde está?

—Acostada, creo —contesta Marietta, señalando con la cabeza, y continúa leyendo. Luego me explica bajando la voz—: Está agobiada por algo, pero no me quiere contar por qué.

Mamá está en la cama, pero no la había visto, quizá porque está acurrucada hecha un ovillo.

—Hola —la saludo.

Intenta sonreírme, pero no es capaz.

—Os he traído pan. Del trabajo.

—Gracias —musita—, pero no tengo hambre. Cómetelo tú.

—No, es para ti —insisto, poniendo el pan en la armazón delgada de la cama—. Mañana conseguiré más.

Se calla. Lo que hace es levantar un brazo.

—Ven —me dice.

No me apetece mucho echarme con ella. Preferiría ir a jugar al fútbol, pero se la ve tan triste... Se corre a un lado, dejando ver una postal sobre la que estaba acostada. Extiendo el brazo para cogerla, pero ella la alcanza antes.

—¿Quién te ha mandado una postal? —le pregunto.

—No es nada —dice.

—¿Cómo nada?

No me contesta. Así que se la quito de las manos.

—¡Misha! —exclama, intentando recuperarla, pero ya me he separado unos pasos de la cama.

Aunque la postal no es que cuente gran cosa.

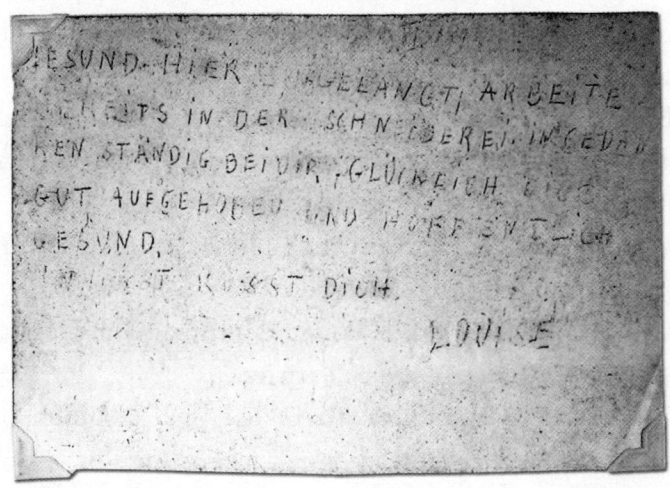

Hemos llegado aquí en buen estado de salud y ya estoy trabajando de costurera. Muchos recuerdos y deseos de que sigáis bien.

Es de tía Louise, que se fue hará dos semanas en uno de los traslados con tío Ota. En el remite pone, «Birkenau». Y aparte del nombre de mamá y esta dirección, no dice nada más.

—¿Qué pasa? —le pregunto—. No pone casi nada.

Mamá se levanta y me la quita, pero sigue sin contestar.

—No entiendo por qué estás tan alicaída. Dice que está todo bien. Y además por fin empieza a hacer calor y este sitio ya no está tan feo. Por no hablar de la incursión aérea de ayer. Franta asegura que eran aviones aliados. Y si han sobrevolado Terezín, no estarán muy lejos de Alemania. Seguro que dentro de unas semanas estamos de vuelta en Praga. Y podrás ver a tía Louise.

Marietta se acerca y le quita la tarjeta de las manos.

—¿Por qué no me la has enseñado? —le pregunta.

—No es nada —dice mamá acostándose otra vez.

—Claro —se enfada Marietta—, y seguro que por nada te has echado en la cama a la vuelta del trabajo. Ni siquiera has cenado.

Miro a Marietta y a mamá, tratando de averiguar qué sucede. Pero Marietta se ha quedado ahí parada de brazos cruzados, mientras mamá tiene la vista clavada en la litera de encima.

—¿No veis cómo se va inclinando la letra hacia abajo? —nos dice por fin, casi bisbiseando.

Observo la postal y, sí, la letra se va inclinando hacia abajo.

—Bueno, ¿y qué? —suelta Marietta.

—Antes de que se fuera, tía Louise y yo llegamos a un acuerdo.

—¿A qué acuerdo? —pregunto.

—Ya sabíamos que los obligarían a mandarnos algo así...

Marietta se ha llevado un trozo de corteza a la boca, pero no lo mastica.

—Si las cosas les iban bien, haría la letra inclinada hacia arriba. Hacia abajo significa que les va mal.

—¿Mal cómo, mamá? —pregunta Marietta.

No recibe respuesta.

—A lo mejor se ha confundido —apunto—. A lo mejor ha pensado que hacia abajo quería decir bien. Y además ya tiene trabajo, ¿o no? Ser costurera no puede ser tan malo. —Miro a Marietta para que me apoye, pero ella observa a mamá y no parece que la haya convencido mi razonamiento—. Ha llegado bien de salud. Lo dice ahí.

—¿Mal cómo, mamá? —insiste Marietta.

—O quizá sea solo un poco peor —prosigo—. No sé, quizá allí no haya buenos músicos. Podría ser eso, ¿no?

—Además —continúa Marietta—, a mí Gustav me contó que allí las cosas serían más o menos como aquí.

Mamá niega levemente con la cabeza y medio sonríe.

—¿Qué pasa? —insiste Marietta como si se hubiera ofendido—. ¿Por qué estás tan segura de que se equivoca?

—¿Quién es Gustav? —pregunto.

Nadie me contesta.

—¿Quién es ese?

—Mi novio —responde por fin Marietta.

—¿Uno alto?

Se me ha escapado sin querer. Marietta pone una cara rara.

—¿Qué?

—No, nada —contesto.

—Bueno, sí, es alto. ¿Qué más da eso?

—¿Y dice él que allí está todo bien? —pregunto.

Marietta asiente.

—No es más que un muchacho —comenta mamá—. ¿Qué sabrá él…?

—Tiene diecisiete años, mamá, no es un muchacho —replica Marietta enfadada—. Sabe de qué habla. Y además, a nosotros todavía no nos han avisado para deportarnos. No hay por qué preocuparse.

Mamá coge el pan, le da un bocado, lo mastica despacio.

—Sí que nos han avisado...

—¿Qué? —exclamo.

Marietta se cruza otra vez de brazos.

—Pero logré hablar con una persona del Consejo. Les recordé lo que hizo vuestro padre por la comunidad en Praga. Accedieron a tacharnos de la lista.

—¿Y eso cuándo fue? —pregunta Marietta.

—Hace un par de semanas. —Mamá coge la postal y la introduce en una rendija entre el colchón y la armazón de la litera—. Y metieron... metieron a Misha en otra a los pocos días, pero logré también que lo sacaran.

—¿A mí solo? —pregunté—. ¿Por qué a mí solo?

Mamá permanece en silencio. Se vuelve a acurrucar en la cama. Estoy a punto de repetir la pregunta, pero me callo. Me despido, o quizá no, el caso es que salgo corriendo, tratando de no pensar más que en el fútbol.

23 de junio de 1944

—¿Qué diréis cuando os den las latas? —nos pregunta un judío, que no hace más que hurgarse una herida de la mejilla, mientras esperamos en la cola a que lleguen las visitas.
—Pero ¿otra vez sardinas, tío Rahm? —contesta uno.
—¡Más alto! —nos ordena—. Estáis hartos de comer sardinas, todos los días, ¿verdad? Pues probad de nuevo.
—Pero ¿ooootra vez sardinas, tío Rahm? —gritamos.
—Bien —dice, aunque no muy satisfecho—. Mucho mejor.
—No quiero más sardinas. ¡Aborrezco las sardinas! —dice Pavel pataleando como si le fuera a dar una rabieta. Y luego se troncha de risa.
El hombre se acerca a él.
—¿Te hace gracia esto?
—Como me den sardinas, no me hará ninguna gracia —le contesta Pavel con una sonrisa de oreja a oreja.
—¿Crees que el comandante Rahm tiene sentido del humor?
Pavel permanece en silencio.
—Contéstame.
Pavel se encoge de hombros y fuerza una sonrisa. El hombre se toca en la mejilla, como quitándose algo. De pronto le suelta una bofetada a Pavel tan fuerte que casi lo tira al suelo. Durante unos segundos nadie hace nada, hasta que Pavel escupe a los pies del hombre. El hombre intenta pegarle otra vez, pero Pavel se agacha.

—¡Lárgate de aquí ahora mismo si no quieres dormir esta noche en la Fortaleza Pequeña! —le grita el hombre—. A ver si te crees que no lo puedo arreglar.

La Fortaleza Pequeña. Ahí mandaron a papá. Solo de oírlo me dan escalofríos. Sigo sin saber muy bien qué sucede en ese sitio. Lo que sí sé es que los que entran ya no salen.

Pavel sale disparado.

—¡Saludad al tío Rahm de mi parte! —nos dice a Felix y a mí cuando pasa junto a nosotros.

En ese momento aparecen cuatro coches negros relucientes. Se detiene el primero y el chófer, un fornido oficial de las SS, se baja y abre la puerta de atrás. Sale un judío con un elegante traje oscuro.

—¿Un judío con chófer? —le bisbiseo a Felix.

—Es Eppstein —me contesta también en un murmullo.

—¿Eppstein?

—Dijo Franta que es el que sustituyó a Edelstein, el que administraba esto antes.

—¿Y qué ha sido de Edelstein?

—Ni idea —añade Felix.

Alguien nos manda callar justo cuando le iba a preguntar a Felix si no cree que Eppstein tiene un ojo morado. Porque a mí me lo parece. Otros hombres de traje se bajan de los demás coches, junto a un segundo oficial de las SS, que sale del último.

Este otro oficial de las SS, que tiene muchas entradas y el pelo afeitado a los lados, camina hasta el extremo de la fila, en la que habrá unos cuarenta chicos. El hombre que nos ha hecho ensayar lo que tenemos que decir está muy tieso, con una caja de cartón en las manos. El oficial de las SS se acerca a él, mete la mano en la caja y saca unas cuantas latas.

—¡Sardinas! —exclama el hombre de la caja, como si fuera una sorpresa, y nos mira con las cejas arqueadas.

—Pero ¿otra vez sardinas, tío Rahm? —soltamos, casi a coro.

Los demás adultos, que supongo que serán de la Cruz Roja, se quedan junto a los coches. Dos cuchichean entre ellos. Otro está con los brazos cruzados. Otro apunta algo en una libreta. ¿De verdad se lo están tragando? ¿Que Rahm ha venido a darnos sardinas? ¿Y que nosotros estamos hartos? ¿Tan tontos son? ¿Y de verdad hay sardinas en esas latas? Al cabo de un minuto, Rahm, que huele fuerte a loción de afeitar, me pone una lata en la mano que tengo extendida. Le doy las gracias, pero él no contesta.

—¿Qué más da que no hayamos podido quedarnos con las sardinas, si nos han dado todo esto de comer? —le digo a Kikina.

Observo mi escudilla de metal, que tiene el triple de comida de lo normal. Y es comida de verdad. Puré de patata, cebolla, pepino y lengua.

—Ya podían venir de visita todos los días los de la Cruz Roja —dice Špulka, metiéndose una cucharada de puré en la boca.

—No sé yo —suelta Kikina—. No creo que pueda aguantar tanto tiempo limpiando el dormitorio otra vez. Ha sido demasiado, hasta para Franta.

—Pero ¿vosotros creéis que se lo tragan? —digo.

—¿Que se tragan qué? —me pregunta Špulka.

—Yo qué sé —contesto—. Todo. Lo de la comida, las flores y lo bonito que está esto ahora.

—¿Por qué no? —pregunta Kikina—. ¿Ellos qué saben?

—Bueno —respondo—, lo averiguarían rápido si le preguntaran a alguien.
—¿Y tú crees que los nazis se lo iban a permitir? —comenta Špulka—. Venga ya.
Seguimos comiendo en silencio. La comida está buenísima, pero la historia de la Cruz Roja me ha puesto un nudo en el estómago.
—Oye —dice Špulka—, ¿contra quién juegan hoy los maestros?
—Contra los electricistas —contesta Kikina.
—Cómo no —añade Špulka, sacudiendo la cabeza—, los dos mejores equipos. Para que la Cruz Roja vea lo bien que se juega al fútbol en la fabulosa Theresienstadt.
Kikina saca la lengua con un trozo de lengua. Nos reímos.
—¿A qué hora es el partido? —pregunto.
—Creo que sobre las cuatro —indica Špulka.
—¡Qué faena! —digo—. A esa hora tengo función de *Brundibár*.
—Que lo pases bien —dice Kikina.
—¿Vosotros creéis que los de la Cruz Roja pillarán de qué va la ópera? —pregunto.
—Lo dudo —afirma Kikina—. Si fueran tan listos como para darse cuenta, sabrían que lo de la visita es una farsa y no serviría de nada.
—Pero entonces ¿a qué vienen? —pregunto.
Nadie me contesta. La comida empieza a saberme mejor y peor a la vez, no sé por qué.
—A ver, una cosa… ¿no será por eso por lo que nos dejan jugar al fútbol y representar óperas? Aunque no tengamos colegio…
—Sí que tenemos colegio —replica Špulka.

—No, no tenemos —le digo al instante.

—¿No te has enterado? —continúa—. Han convertido unas cuantas salas en aulas...

—¿Dónde? —pregunto.

—No estoy seguro —dice Špulka—. Creo que en el Barracón Hamburgo, solo que...

—Es mentira —lo corta Kikina.

—Si me dejáis terminar —dice Špulka—, veréis que no. Me lo ha contado mi padre. Han transformado unas cuantas salas en aulas. Pero luego, fijaos bien, han puesto un cartel en la entrada. Que dice... —Špulka levanta la mano y nos la pasa por delante—: «Colegio cerrado por vacaciones».

Los tres nos desternillamos, aunque no creo que tenga gracia.

—Un momento —tercio—. En serio, a lo mejor por eso nos dejan representar óperas y dar conciertos y todas esas cosas. Aunque no podamos tener colegio de verdad. Así nos pueden exhibir, ¿no? Quizá sea por eso. Para que la gente piense que los nazis se preocupan por nosotros.

—Sí, claro —dice Špulka—, y la semana que viene van a rodar una película para que el mundo entero vea lo fantástico que es este sitio.

—¡Venga ya! —digo.

—Era broma —explica Špulka.

—Ah —exclamo, aunque no me sorprendería nada que hubiera sido verdad.

Nos quedamos callados y seguimos masticando la estupenda comida en el borde de una acera que limpiaron el miércoles tan a fondo que desde entonces nos han prohibido caminar por ella.

La función de *Brundibár* de hoy, que ya llevamos veinte por lo menos, nos ha salido mejor de lo normal. Quizá porque la hemos representado en el Edificio Sokol, que ahora creo que lo llaman Centro de la Comunidad, en una sala enorme que hasta tiene galería.

No sé si los de la Cruz Roja han venido. Lo que sí sé es que hemos cantado bastante más alto, sobre todo al final. Por si a lo mejor así captaban el mensaje y obligaban a los nazis a cerrar Terezín y a mandarnos de vuelta a casa. Por supuesto, la obra termina, la gente aplaude y no pasa nada. Ha sido como otra función cualquiera. Aun así, estoy un poco emocionado. Porque en cuanto Freudenfeld, el director, nos dé permiso, me largo al *bašta,* a ver si llego a tiempo de ver el final del partido entre el equipo de Franta y los electricistas.

Atravieso el campo volando, paso por el parque infantil nuevo, el quiosco de la música abarrotado, donde está calentando la orquesta, por los arriates de flores azules, rosas y anaranjadas y por los amplios trechos de césped auténtico. Los edificios casi brillan de lo relimpios que están. Llego al límite del *bašta* y subo rápido las escaleras. Solo cuando llego a lo alto me doy cuenta de que les han puesto una barandilla.

Habrá unas veinte o veinticinco personas aquí arriba, todas más o menos de mi edad. ¡Qué rabia! Me he perdido el partido. Veo a Pedro y a Zdeněk Taussig de la Sala Uno y me acerco corriendo a ellos.

—¿Se ha acabado? —pregunto.

—¡Buah —exclama Zdeněk—, menudo partidazo!

—¿Por qué lo dices? ¿Cómo han quedado?

—Han ganado los maestros, tres a dos —informa Pedro—. Franta ha estado de fábula. Tendrías que haberlo visto. Hizo un par de paradas increíbles. Te lo juro, ¡saltó y se puso completamente paralelo al suelo! Y paró la pelota, bueno, la rechazó de un puñetazo más bien. No se arredra ante nada. Apuesto a que algún día será profesional.

A los pocos minutos empieza nuestro partido. Todo el mundo parece de buen humor, incluso Zdeněk y los otros chicos de la Sala Uno. Jugamos cerca de una hora y solo paramos porque van a pasar revista.

—Si esto fuera siempre así —comenta Pudlina dándole patadas al balón, mientras volvemos al L417—, no me importaría quedarme aquí. De verdad que no.

—¿Aunque siguiera habiendo deportaciones de vez en cuando? —le pregunto.

—Eso da lo mismo —dice Hanuš, quitándole el balón a Pudlina—, porque los estadounidenses ya han entrado en Francia. Dentro de nada volveremos a Praga.

—Eso tú —añade Erich—. Yo me vuelvo a Brno. Praga es una porquería. No se entiende cómo una ciudad tan grande puede tener unos equipos tan malos.

—¿Qué dices? —protesto, pero no me hacen ni caso, porque se están disputando el balón a unos metros de mí.

Decido ir entrando en el campo, pero antes le doy una patada bien fuerte al balón cuando viene hacia mí. Sale por el aire, rebota contra un árbol y salta un muro de ladrillo.

—Muy bonito, Misha —me riñe Pudlina—. Ahora lo vas a buscar.

—¿Ese no es el Barracón Vrchlabí? —pregunta Kikina.

—Creo que sí —apunta Hanuš.

Kikina sacude la cabeza y da un respingo.

—¿Qué pasa? —pregunto extrañado—. ¿Por qué haces eso?

—Venga, ve a buscarlo —me dice Pudlina—, que va a empezar la revista.

Estoy por negarme, pero la culpa ha sido mía. Y es el mejor balón que hemos tenido en meses.

—Está bien —acepto—, pero que me ayude alguien a saltar el muro.

Al cabo de un minuto, Felix y Erich me hacen de estribo y se quejan de que peso una tonelada.

—Subidme un poco más —les pido.

Por fin llego a lo alto y me aúpo. Me produce una sensación agradable en los brazos subirme así. Puede que la lengua me haya dado fuerzas o qué sé yo.

Me dejo caer y noto un olor desagradable, ácido.

Levanto la vista.

Estoy en un patio que no había visto nunca. Por todas partes, entre sábanas manchadas, o encima de la tierra sucia y desnuda, hay personas enfermas, la mayoría muy ancianas, todas escuálidas. No sé si es por la luz o qué, pero están como amarillentas, salvo por las ronchas y sarpullidos que tienen en el cuerpo. El balón está ahí, en medio de dos personas, que no se han dado ni cuenta de su presencia.

Por un momento, se me ocurre poner una excusa y decir a los otros que no lo he encontrado, pero al final me acerco. El olor, que es de pis y algo peor que el pis, se hace más penetrante a cada paso. Contengo el aliento y cojo el balón.

Aunque trato de desviar la mirada, me tropiezo sin querer con los ojos de un anciano. Los tiene plateados o grises y me da la impresión de que no me ve. Los dientes, más que amarillentos, son de color marrón.

—¿Bruno? —dice.

Me quedo allí parado unos segundos, tratando de entender qué le ha pasado en los ojos.

—¿Eres tú, Bruno?

No le contesto. Me limito a sacar el balón de allí de una patada. Luego cojo una silla de madera destartalada que está volcada en el suelo, la acerco al muro y me apresuro a saltar al otro lado.

—Oye —digo unos instantes después—, ¿los de la Cruz Roja estarán aún por aquí?

—Qué va —me contesta Kikina—, me ha dicho mi hermano mayor que ya se han ido. ¿Por qué?

Pero ni yo digo nada ni ellos se dan cuenta de que camino tan despacio que me dejan atrás. Apenas aparece delante de nosotros el L417, oigo que la orquesta se pone a tocar de nuevo. Es una pieza conocida. Me suena de haberla oído en el salón de casa por la radio, después de cenar, mientras papá y mamá tomaban el té y yo pedía permiso para que me dejaran comer solo una galletita más.

24 de septiembre de 1944

Nada más oír los cuchicheos he avisado a Tommy de que tenemos que irnos, ¡ya! Me ha parecido que lo decían dos mujeres que iban por la calle, pero prefiero no arriesgarme.

—¿Y qué pasa con la última entrega? —me pregunta.

—Queda pendiente para otro momento —afirmo.

Empujamos rápido el carro de vuelta a la panadería, y por poco no atropellamos a unas cuantas personas. Lo dejamos por fin en su sitio, sin importarnos que hayan quedado en él los panecillos del Barracón Hannover, uno de los barracones de los hombres. Porque si esas mujeres tenían razón, no tiene sentido llevárselos.

Tommy y yo recorremos el gueto a toda velocidad, y si digo a toda velocidad es a toda. Veo en la cara de por lo menos la mitad de las personas con las que nos cruzamos que el rumor se está propagando rápido. Han pasado más de cinco meses desde que hubo el último grande, lo que empeora más la cosa.

Entro en nuestro dormitorio tambaleándome. Franta está junto a una de las mesas. Han llegado también la mitad de los chicos y están todos a no menos de tres metros de él.

—¿Es verdad? —pregunto, ya sin aliento.

Nadie me contesta, pero sé que lo es. Porque la mayoría de los chicos está llorando y nadie hace nada más. Ni se juega ni se lee. Nadie habla. Están paralizados, sin mover un músculo de la cara. Salvo Kikina, que golpea rítmicamente con el puño la mesa.

Y Franta, claro, que parece que estuviera hablando consigo mismo. Lanza miradas de un lado a otro, arruga el ceño, lo estira y lo vuelve a arrugar. Se le hincha el pecho mientras respira hondo. Retiene el aire unos segundos, cierra los ojos y lo expulsa.

—¿Es verdad? —insisto, apretujándome entre Felix y Leo en la mesa.

Hanuš asiente.

—¿Cuándo?

—Mañana —anuncia Špulka—, a partir de mañana.

—Llevará su tiempo —dice Franta por fin—. No se pueden llevar a cinco mil en un día.

—¿Cinco mil?

—Todos los hombres, de los dieciséis a los cincuenta y cinco —aclara Hanuš—. Todos.

—Por lo visto, quieren montar un campo de trabajo en otra parte —añade Špulka.

Eso explica que no estén aquí todos los chicos. La mayor parte de los padres se tienen que ir. El de Pavel, el de Erich, el de Koko y los de muchos otros. Se quedarán todos como yo. Bueno, más o menos.

—¡No te vayas! —Me han salido las palabras de la boca sin darme cuenta—. No puedes irte.

Kikina se echa a llorar.

—No me queda más remedio —comenta Franta—. No soy una persona protegida, no...

—¿Y Gonda qué? —protesto—. El jefe de tu jefe. Podría sacarte de la lista. Seguro que sí. A ver, eres el mejor *madrich* que hay aquí.

Franta me sonríe.

—Quizá sí, si no tuviera que irse también Gonda.

Normalmente, cuando voy a llorar, lo cual no sucede a menudo, lo noto venir. Eso me permite luchar contra las lágrimas. Suelo ganar. Y cuando no, por lo menos me da tiempo a prepararme, a irme a algún sitio donde pueda llorar a solas. Pero ahora se me saltan las lágrimas de repente. Veo borroso a Franta y siento que tengo que sonarme la nariz. Pero me da igual. Si están todos llorando, ¿qué importa? Se abre la puerta y entra Pavel mordiéndose el labio inferior.

—¿Cómo va? —le pregunta Franta.

Pavel se encoge de hombros.

—Un momento —interrumpo—, ¿qué pasará con nuestro dormitorio? ¿Quién vendrá a vivir con nosotros?

Todas las cabezas que no miraban a Franta se vuelven hacia él.

—Van a evacuar el Ele Cuatro Uno Siete…

—¿Qué?

—¿Por qué?

—No pueden…

—La mayoría de vosotros —prosigue Franta, como si nos fuera a informar a qué hora será la inspección de la tarde— iréis a vivir con vuestra madre. Por lo visto, se va a montar un barracón para los niños.

—¿Y el Programa? —pregunta Erich.

—Los que queden harán lo que puedan para llevarlo adelante —comenta Franta.

—¡No! —exclama Kikina—. ¡No hay derecho! ¡No!

Se levanta de repente, agarra la escalerilla de una de las literas y se pone a sacudirla. Como eso no sirve de nada, se lía a darle patadas. Me quedo mirándolo unos instantes, pero aparto la vista justo en el momento en el que cruje la madera.

—Kikina —dice Franta con voz firme—, ya está bien.

Kikina da unas patadas más, luego para y se desploma en una de las camas. Franta se levanta y se dirige a su cama. Saca una maleta pequeña de debajo y se pone recoger sus cosas. A juzgar por los sollozos, afirmaría que ya no hay nadie que no esté llorando. Franta se detiene un momento, se le marcan los músculos de la mandíbula. Está unos segundos sin hacer nada y al final cierra de golpe la maleta y vuelve a la mesa. Pero no se sienta.

—Špulka —dice.

—¿Eh?

—¿Cuáles son aquí las normas?

Špulka no contesta.

—En nuestra sala, Špulka, ¿cuáles con las normas?

Špulka se sorbe los mocos y se limpia la nariz con la manga.

—Hacer la cama cada mañana.

—¿Qué más?

—Mirar si hay chinches.

Franta asiente.

—Y... limpiar el cuarto de baño. Alguien tiene que hacerlo.

—Muy bien —anima Franta—. ¿Qué más? Otro que no sea Špulka.

—Y a nosotros mismos —añado—. Tenemos que asearnos nosotros.

—¿Nada más? —pregunta Franta casi sonriendo—. ¿Es que los Nešarim son exclusivamente simples expertos en higiene?

Nos miramos los unos a los otros como cuando algún antiguo profesor de la universidad nos hace una pregunta complicada de historia o de ciencias.

—¿Nada más? ¿Solo eso?

—Ser amables —apunta Felix— con todo el mundo.

—Y compartir lo que se tenga —añade Pedro—, aunque cueste.

—Ser puntuales —responde Kikina bocabajo, sin siquiera levantar la cabeza.

Unos cuantos nos reímos.

—Trabajar en equipo —dice Kapr.

—No insultar —añade Felix—, no insultar a nadie.

Franta asiente.

—Ya lo veis —dice—, ya no os hago falta, ya os lo sabéis todo…

—Y mantenernos unidos. Pero esto no es mantenerse unidos —digo. Noto que se me sube algo a la garganta, pero sigo hablando—. Esto no es mantenerse unidos, Franta. No lo es.

—No —confirman unos cuantos.

Franta se hace un sitio entre Špulka y Felix y se sienta. Felix se echa a llorar sin poderse contener y Franta lo abraza. Felix suelta un gemido. Ojalá estuviera yo en su sitio. Al cabo de un rato, Felix se aparta, cruza los brazos sobre la mesa y esconde en ellos la cabeza, bocabajo.

Franta le pone la mano en la espalda.

—¿Sabéis? —empieza—, yo tenía un primo, Sasha. Me llevaba nueve años. Vivía en Praga. Como yo soy de Brno, no lo veía con frecuencia, pero cuando lo veía, siempre pensaba: «¡Buah, qué mayor es Sasha!». Uno de los primeros recuerdos que tengo es del fin de semana de su *bar mitzvá*. Por entonces, tanto me daban trece años como veinticinco. Y cuando jugábamos juntos al fútbol, para mí era como si jugara con alguien de la selección nacional. Cuando fue mi *bar mitzvá* pronunció un discurso, por ser el primo mayor. Como cualquier otro adulto. Mi primo mayor Sasha. ¿Y sabéis una cosa? La última vez que lo vi, en 1939, pensé por primera vez: «Solo me lleva nueve años. Solo». Porque yo ya era un hombre también. La diferencia de edad ya no tenía tanta importancia. —Franta se levanta y se pone a caminar alrededor de la mesa—. Vosotros pronto seréis hombres. Todos. Seremos todos iguales. Dentro de unos años, iréis por la calle, de camino al trabajo, quizá con una corbata al cuello. Sí, no os riais, eso le pasa al más pintado. Y veréis a vuestro viejo amigo Franta. Y nos pararemos a tomar una cerveza, claro que sí. —Franta me da una palmadita en el hombro. Ojalá dejara ahí la mano para siempre—. Eso es lo que hacen los hombres.

—La cerveza sabe a rayos —suelta Kikina.

—Se comenta que esta es una de las salas de los niños —prosigue Franta—, pero vosotros ya no sois niños. Habéis dejado de serlo en estos últimos años. Los nazis también os han robado eso. Os han robado los últimos años de la infancia. Ya sois hombres y lo sabéis. Sois hombres, y como hombres continuaréis sin mí. Yo no soy más que un miembro de los Nešarim y los Nešarim son mucho más que una persona. Lo que tenéis que hacer es apoyaros los unos a los otros y recordar cómo hacemos aquí las cosas. Nada más. Seguiréis sin mí, ¿lo habéis entendido? Y eso… —Franta abrió mucho los ojos e inhaló profundamente—. Y eso incluye las peleas de almohadas. Aunque seáis hombres. —Franta se acerca a una escalerilla, se sube y se sienta en la litera de arriba—. Miraos bien. Sois los Nešarim —dice y carraspea.

Todos nos quedamos callados hasta que Franta retoma la palabra con los ojos enrojecidos:

—Os quiero mucho. Como a hermanos. A todos y a cada uno de vosotros. Prometedme que lo recordaréis. Prometédmelo.

Toda la sala guarda silencio. Unos pocos todavía lloramos, pero solo unos pocos.

—Franta —dice Felix por fin—, ¿tu primo... Sasha... está aquí, en Terezín?

Franta no contesta, se muerde la mejilla por dentro o algo así y pestañea unas cuantas veces.

—Rim, rim, rim, ritmo Nešarim —bisbisea.

De hecho, lo bisbisea tan bajito que no tengo claro que lo haya dicho hasta que lo musita otra vez, en voz tan baja como la primera:

—Rim, rim, rim, ritmo Nešarim.

—Rim, rim, rim, ritmo Nešarim —lo acompañan ahora unos cuantos.

—Rim, rim, rim, ritmo Nešarim —me sumo yo también, aunque apenas se me oye.

—Rim, rim, rim, ritmo Nešarim.

Todo el mundo lo repite ya, pero continúa siendo un susurro. Y eso, a saber por qué, me hace sentir mucho más poderoso que antes. Más poderoso que el día que lo gritamos a pleno pulmón tras ganar el campeonato de fútbol.

Cierro los ojos y oigo cómo cada uno lo pronuncia por separado y a la vez, mientras nuestras voces se funden y no se funden en el aire.

—Rim, rim, rim, ritmo Nešarim —dicen Kikina, Pudlina, Pavel, Brena, Kapr.

—¡Rim, rim, rim, ritmo Nešarim! —dicen Špulka, Felix, Pedro, Erich, Extraburt, Kali.

—¡Rim, rim, rim, ritmo Nešarim! —decimos Grizzly, Pajik, Gustav, Krsya, Franta y yo. Todos casi a gritos.

—Rim, rim, rim, ritmo Neša...

Un estrépito nos interrumpe. La puerta ha golpeado contra la pared. Abro los ojos. Es Erich, con las mejillas enrojecidas, los ojos entornados de rabia.

—¡No hay derecho! —grita—. ¡No hay derecho!

En un momento dado, Franta tiene que salir a hablar con alguien. La sala sin él está mucho más triste, así que me voy hasta el Barracón Dresde para visitar a mamá y a Marietta. Terezín parece desierto y agitado a la vez. Hay gente que camina rápido en distintas direcciones, pero nadie habla, nadie se para siquiera a mirar a nadie.

—Oiga —me dirijo a una mujer a la que reconozco de otras veces, pero cuyo nombre no recuerdo—, ¿ha visto a mi madre?

—Está arriba —me dice señalando al techo—. La he visto subir al desván detrás de tu hermana.

—¿Al desván? —pregunto—. ¿Para qué va a querer nadie subir al desván?

Pero ella se limita a explicarme por dónde se va.

Aún no he llegado al último escalón cuando oigo a alguien hablar a voces.

—¡Que no! ¡Deja eso donde estaba!

¿Es mamá?

—¡Déjame en paz!

Esa es Marietta, seguro. Me quedo quieto, no porque pretenda esconderme, sino más bien por el tono de sus voces. Nunca las he oído discutir tan furiosas.

—¡No te lo permitiré! —grita mamá—. ¡Ni lo sueñes!

—¡Tú intenta impedírmelo!

Y entonces nadie dice nada. Lo único que se oye son jadeos, unos gemidos y luego unos golpes sordos. Doy unos pasos hacia delante y giro hacia la zona principal del desván. Mamá y Marietta están en el suelo. Mamá tiene agarrada una maleta y Marietta trata de quitársela.

A su alrededor, ocupando la mayor parte del desván, hay pilas y pilas de maletas. Debe de haber unos cuantos cientos, bien estibadas casi hasta alcanzar el techo.

—¡Dámela! —grita Marietta—. ¡Es mía! ¡Dámela!

—¿Qué pasa? —pregunto.

Las dos me miran como si las hubiera pescado in fraganti haciendo algo malo. Me siento casi como si fuera mamá o algo así.

—¿Por qué os peleáis?

Mamá se arregla el pelo, se pone de pie y se estira el vestido. Marietta se inclina para coger la maleta, pero mamá la ha puesto fuera de su alcance.

—No es nada, Misha —me tranquiliza mamá—. Baja, que voy enseguida. Así me cuentas qué tal te ha ido el día.

—¿Para qué quiere Marietta la maleta? ¿Adónde se va? Creí que solo iban a deportar a los hombres.

—No se va a ninguna parte —comenta mamá, con la voz entre calmada y no sé qué más.

Justo entonces Marietta da un salto y coge la maleta.

—Me voy con Gustav —afirma y enfila hacia mí.

—Párala —me ordena mamá con voz firme—. No la dejes pasar, Misha, por favor.

—Espera, Marietta, espera —le pido levantando los brazos—. ¿Qué haces? ¿De qué estáis hablando?

Marietta pasa delante de mí, pero luego se detiene.

—Gustav se va deportado —lanza sin siquiera darse la vuelta— y me he ofrecido voluntaria a irme con él.

—Marietta —dice mamá, y rompe a llorar—, Marietta..., por favor..., te lo suplico...

Marietta guarda silencio. Busco qué decir, pero no se me ocurre nada y tengo miedo de que eche a andar otra vez si meto la pata. Entre tanto, mamá continúa llorando, aunque intenta mantenerse derecha y aparentar que no tiene cara de alguien que está en su estado.

—Estoy enamorada de él —añade Marietta, aún dándonos la espalda—. Quiero estar con él. Me voy voluntaria. Y punto.

—Ya, pero... ¿y nosotros qué? —le pregunto.

Veo cómo sube y baja los hombros con cada respiración profunda.

—Quiero estar con Gustav.

Y empieza a bajar las escaleras. Mamá pasa a mi lado como una exhalación y agarra del brazo a Marietta.

—¿De quién has tenido noticias? —le pregunta a Marietta.

—Déjame en paz —contesta Marietta, que se quita la mano de mamá del brazo y sigue bajando las escaleras.

—¿De quién has tenido noticias? —le repite mamá, esta vez más despacio, cada palabra como si fuese una frase entera—. ¿De Alena? ¿De Nina? ¿De Berta? ¿De quién? ¿De Dita, de Marcela, de Eva, de Helena, de Monika? ¿Has sabido algo de alguna de ellas? ¿Aunque sea solo de una? Hace cinco meses, Marietta, se fueron todas hace cinco meses. De tía Louise hemos recibido una postal. Una. Con la letra inclinada hacia abajo, Marietta.

—¿Y qué? —insiste Marietta volviéndose y mirándonos con desdén—. ¿Qué? ¿Qué te crees? ¿Que matan a la gente a tiros al final del trayecto? Eso lo podrían hacer aquí y se ahorraban los gastos para otra cosa. Piénsalo un poco. —Nos da la espalda—. Me marcho con él. Y no hay más vueltas.

Y echa a andar escaleras abajo.

—La última vez que uno de nosotros accedió a ir con ellos —dice mamá rápido, haciendo que a mí se me acelere el corazón y que a Marietta se le paren las piernas—, la última vez que uno de nosotros accedió a ir con ellos... —Mamá se lleva la mano a la boca y la oigo sollozar de nuevo. Luego añade casi en un susurro—: Marietta, si te vas y no vuelvo a verte...

—No —exclama Marietta—. No es lo mismo, tú no...

—Marietta —insiste mamá y baja unos peldaños hasta que la alcanza. La abraza por detrás—, si tú lo quieres y él te quiere —le dice en un tono suave—, quédate aquí, donde él sabe que no corres peligro. Aquí no corres peligro. Se pasa mal, sí, pero no corres peligro. Y si allí va todo bien, como piensa él, cuando acabe todo esto, os encontraréis. Y seguiréis queriéndoos, ¿no? ¿No querrías que él hiciera lo mismo por ti si fueras tú la que se marchase? ¿No querrías que se quedara aquí, donde sabes que no le pasará nada?

Ni Marietta contesta ni mamá la suelta. Y allí estamos, hasta que, al cabo de un minuto, Marietta deja caer la maleta, que rueda unos cuantos peldaños hasta que se detiene contra la pared. Después termina de bajar las escaleras, sale y da un portazo.

Mamá se sienta justo donde estaba. Recojo la maleta para llevarla al desván y la coloco encima de una pila no muy alta de maletas casi idénticas. Después me quedo allí un buen rato, hasta que noto que mamá ha dejado de hacer esos ruidos raros que nunca le había oído hacer antes. Ruidos que espero no oírle en mucho, mucho, mucho tiempo.

6 de octubre de 1944

Mamá me ha aconsejado que no vaya, me ha dicho que solo servirá para hacerme daño, pero, por lo que sea, no puedo evitarlo. Me encaramo al *bašta* y espero hasta que arranca. Hoy es la cuarta vez que hago esto. Hace dos días me pasé aquí un par de horas. Pero hoy parece que están más organizados, porque ya vienen. Diecisiete vagones de largo. Salen del campo traqueteando y chirriando sobre los raíles, adonde quiera que vayan. Al este, al lugar desde el que la gente escribe postales con la letra inclinada hacia abajo.

El quinto traslado en diez días. Casi diez mil personas deportadas en total.

Lo veo desde aquí arriba. Porque la única vez que lo vi de cerca, el día que se fue Franta, supe que no volvería a hacer eso nunca.

Después de haberlo abrazado por quinta vez, después de haberle visto abrazar por quinta vez a un montón de Nešarim, se dirigió al tren. Ese día estaba distinto. Estaba, no sé cómo describirlo, tranquilo.

Las puertas de los vagones de madera se abrieron y dentro no había nada. No había donde sentarse. Quiero decir que los vagones eran como cajas alargadas y vacías sobre ruedas. Y los guardias, dando patadas y gritos, metieron a la fuerza en cada vagón a cuantas personas pudieron. Más personas de las que parecía posible meter. Como cuando nos metimos nueve en el ascensor de Holešovice y se quedó atascado. Papá nos obligó a subir por las escaleras durante una semana.

Ahora el tren da una curva, ciñéndose a unos árboles multicolores y a un edificio alargado con diez ventanas que dan a las vías.

Nos despedimos de Franta a gritos y nos quedamos mirando hasta que lo vimos perderse entre la muchedumbre que entraba en el cuarto vagón. Donde no había asientos. Y seguro que tampoco había aseos. Tendrían que ir todos de pie, apretujados, hasta que llegasen adonde quiera que fueran. Algo que debe de llevar su tiempo. Dudo que Polonia, adonde todo el mundo afirma que van estos trenes, esté a la vuelta de la esquina.

Tuti, Brena y Gustl ya se han ido. También vi a Inka hace un par de días, con su preciosa melena pelirroja recogida en una cola de caballo, cuando se dirigía al tren. Me armé de valor y le dije: «Adiós, Inka», más que nada porque nunca me había atrevido antes. Me hizo un gesto con la mano, aunque no estábamos a más de tres metros, y me contestó: «Hasta luego, Misha». Me hizo mucha ilusión, porque siempre me había preguntado si ella sabría cómo me llamo.

Gustav se ha ido también. Desde entonces no he vuelto a ver a Marietta. Va al trabajo y luego se mete en la cama, negándose en redondo a hablar.

Bueno, otro tren que se ha ido.

Adiós.

Venga, que es hora de volver.

Desciendo y atravieso el campo hasta el Barracón Dresde, que es donde me alojo ahora. Terezín está tan tranquilo y tan desierto... Cuando llegué, pronto hará dos años, todas las calles y aceras estaban como en Praga los domingos bajo el reloj astronómico de la plaza del Casco Viejo, cuando va a dar las campanadas del mediodía. Un hormiguero de gente.

Ahora ya no.

Ya nadie toca en el quiosco de madera. Ya nadie se sienta en los bancos. Quizá esto fuera un poco más llevadero si no hubieran empezado a caer las hojas de los árboles y a enfriarse el aire. La llegada del invierno lo empeora todo.

Los daneses de la panadería (a quienes por lo que sea no los deportaron cuando a Franta) no hacen más que repetirnos a Tommy y a mí que esto se terminará pronto. O por lo menos, eso es lo que supongo que dicen. Cada día oigo un rumor nuevo sobre cómo van avanzando los aliados y cómo van perdiendo los alemanes. Pero no son más que habladurías, así que vete tú a saber. En cualquier caso, no creo que los alemanes vayan perdiendo si se las apañan para organizar tantas deportaciones. Si les fuera tan mal, se olvidarían de nosotros y se concentrarían en luchar contra los otros ejércitos. O eso es lo que haría yo, porque nosotros no es que seamos una amenaza.

Entro en el barracón y voy directo a mi dormitorio. Mamá está colgando una falda mojada en un tendedero que hay entre dos literas. Cuando por fin se seque, olerá como para tener que lavarla otra vez. Me mira como si quisiera preguntarme de dónde vengo, como si quisiera regañarme por no obedecer, pero sabe que no servirá de nada. ¿Qué podría hacer? ¿Mandarme a mi habitación? No tengo. ¿Imponerme más tareas? Trabajo como un mulo durante horas a diario. ¿Amenazarme con otro castigo? ¿Y qué más? ¿Puede haber peor castigo que esto?

Así que me echo en la cama. Podría leer un libro o algo, pero sé que no seré capaz de concentrarme. Porque en la cabeza solo me da vueltas una idea: si los trenes siguen llevándose a gente, pronto ya no los veré partir desde el *bašta*. Por no ver, no veré nada, pues, que yo sepa, esos vagones no tienen ni ventanas.

En realidad, no es eso lo único que me agobia. Hay otra cosa: que alguien esté dispuesto a meter en un vagón sin asientos, en un vagón sin ventanas, a más personas de las que caben, ¿qué significa? ¿Haría eso si su intención fuera llevarlas a un lugar mejor? ¿Y si la tía Louise tenía claro qué quería decir la letra inclinada hacia abajo y ese lugar es peor que este?

Pero peor ¿cómo? ¿Y peor por qué? ¿Cómo puede ser que las cosas no hayan dejado de empeorar desde hace más de cinco años? ¿Cuándo empezarán a mejorar?

¿Y si no mejoran...?

12 de octubre de 1944

—¿Adónde ha ido mamá? —le pregunto a Marietta.
No me hace ni caso. Abre el bolso para cambiar algo de sitio. Después barre con la vista el enorme y ruidoso salón de actos, como si estuviera esperando a alguien.
—Contéstame —insisto—, ¿adónde ha ido?
—¿A mí qué me preguntas? —me suelta cortante.
—Está bien —musito.
Agacho la cabeza, aunque no me apetece nada ver el papel que llevo colgado del cuello con un cordel, en el que solo hay un número impreso: el 1385. En el de Marietta pone 1386.
De entre mil quinientos. Formamos parte de ese grupo, porque al final la suerte nos ha dado la espalda. Supongo que la reputación de papá ya no daba más de sí.
—Bueno…, más vale que se dé prisa —comento—. Porque como empiecen a subirnos al tren y no esté, ya me dirás.
—¿Qué? ¿Tienes miedo de que lo pierda? Si fuera tan fácil librarse, ¿no crees que lo haría todo el mundo? —me replica Marietta—. Está en la lista, Misha, igual que nosotros. Nos vamos todos. Los tres.
Tiene razón. Nos vamos. Ha llegado la hora que tanto temía. Y aquí estamos, en el Barracón Hamburgo, en la *Schleuse,* donde la gente debe presentarse para luego esperar, esperar y esperar. Antes he visto a Pavel con su madre, pero ahora ya no lo encuentro. Llevamos aquí la tira. Cuando llegamos, las ventanas

del otro lado de la sala eran una especie de rectángulos claros. Ahora esos rectángulos son de un gris pálido.

    Marietta se ha puesto a revolver otra vez en el bolso. A saber por qué. Creí que se alegraría de que nos tocara el traslado. Por Gustav. Pero se ve que no, que no se alegra nada.

    —Oye —le digo—, ¿quieres que te lleve yo algo? Aún me queda si…

    —¿Me dejas en paz, Misha? —me dice, poniéndose colorada—. Solo por una vez.

    —Perdona —le digo—. Solo pretendía…, era por…

    E intento concentrarme en el enorme botón negro de mi bolsa. Solo en eso. Metal brillante. Cuatro agujeros.

    Intento bloquear el eco de la voz de Marietta que se me ha metido en la cabeza. Intento no pensar en la muchedumbre que hay por todas partes y en que dentro de poco nos encerrarán en los vagones. Intento no pensar en mamá. Ni en por qué no está aquí ni en que, en el fondo, da igual que no esté o cuándo va a volver, porque al final iremos todos en el próximo tren, que no tardará en partir. Y eso nadie lo puede remediar. Esta vez, ya no.

    De pronto solo pienso en papá. Por un segundo, he sido tan idiota como para creer que a él se le ocurriría una solución. He sido tan imbécil que me he olvidado de que ya no está y he confiado en que él sabría cómo arreglar esto. Me lo he imaginado entrando aquí de traje y corbata y resolviendo el asunto. Con la sonrisa y la confianza serena en sí mismo de siempre.

    Pero han pasado casi tres años desde la última vez que resolvió algo.

    Concéntrate en el botón. Metal brillante. Cuatro agujeros. Hilo negro.

    Y entonces noto la mano de Marietta sobre la mía. Su mano fría y suave.

—Perdona, Misha —me susurra al oído, con su aliento cálido—. Perdóname. Volverá pronto. Lo sé.

Metal brillante. Cuatro agujeros. Hilo negro. Un arañazo en el borde.

Aparece al cabo de una hora, con la luz gris de las ventanas cada vez más tenue. Camina rápido entre el enjambre de personas y viene directa hacia nosotros. Lleva el número 1384 colgado del cuello. Pero sus ojos ya no parecen sus ojos. Los tiene tan abiertos que da la impresión de que se le van a salir de las órbitas. Y no logro distinguir si está contenta, triste o qué.

—Venga, vamos —nos apura.

—¿Adónde? —pregunta Marietta.

—Venga, vamos, daos prisa —nos repite sin más.

Coge su bolsa y echa a andar. Nos levantamos con las nuestras y la seguimos. Se detiene cada pocos pasos para tocarse el borde de la manga izquierda con la mano derecha. Culebreamos entre las demás familias sin padre reunidas alrededor de sus bolsas. De pronto comprendo hacia dónde vamos. Hacia los guardias que están en la mesa de madera del otro extremo. La misma en la que nos registramos hace un montón de horas.

En la mesa hay dos guardias fumando y hablando con despreocupación, como si no estuvieran en una sala con mil quinientos prisioneros que esperan que los deporten a quién sabe dónde. Por detrás de ellos duermen tres pastores alemanes.

—Disculpen —les dice mamá en voz baja, pero firme—. Disculpen —repite unos segundos después.

Uno de ellos, de cara delgadísima y con una cicatriz larga por encima del ojo derecho, levanta la vista. Permanece en silencio.

Mamá introduce dos dedos en la manga larga del vestido y saca lo que parece un tubito. Enseguida veo que en realidad es un papel enrollado. Lo desenrolla sobre la mesa, le da la vuelta y se lo acerca al guardia. Es una especie de volante mecanografiado. Creo distinguir también una firma. Cuando él va a cogerlo, ella lo aparta por un instante.

—Nos han excluido... del traslado —dice.

—Sé leer —replica él.

—¿Qué? —pregunta Marietta emocionada.

Mamá la hace callar.

El guardia le da un codazo al otro, que deja caer el cigarrillo y lo aplasta con la suela de las botas lustrosas. Después echa un vistazo al papel por encima del hombro del guardia.

—Subid por esas escaleras. —El segundo guardia señala una puerta que hay en el otro extremo—. Esperad allí en una de las salas. Ya os avisaremos cuando os podáis ir.

—Pero —añade mamá recogiendo el papel—, perdonen..., pero... aquí dice que se nos excluye del traslado.

El primer guardia ladea un poco la cabeza y tensa las aletas de la nariz. Uno de los perros gruñe, pero no se mueve. Otro abre los ojos.

—Perdonen..., pero es que...

—Subid —ordena el primer guardia—. Ya.

Por las escaleras, a mitad de camino, oigo un chirrido fuerte. Subo corriendo hasta lo alto y me asomo por una ventana estrecha con barrotes. Aunque no haya mucha luz, distingo bien el tren. Nos apretujamos los tres para observar cómo avanza despacio, con estruendo. Trato de contar los vagones, pero al llegar a catorce pierdo la cuenta.

Mamá abre la primera puerta, la que está pegada a las escaleras. Es una habitación del tamaño de la que teníamos en el

L417. En ella hay unas treinta personas, entre ellas Pavel y su madre.

—¡Pavel! —exclamo.

—¡Eh, Misha! —dice saludándome con la mano.

Estoy a punto de ir hacia él, cuando mamá me agarra del brazo.

—Aquí no hay donde sentarse. Vamos —añade.

Marietta avanza por el pasillo estrecho y abre la segunda puerta. Está más o menos como la primera. El mismo tamaño, la misma cantidad de gente. Me parece haber visto a alguien conocido cuando mamá me dice:

—Ve a mirar en la tercera puerta, Misha.

Camino unos cuantos pasos. Mis pisadas hacen crujir el suelo de madera y resuenan en las paredes desnudas. Me quedo quieto unos instantes ante la puerta. En el interior hay un silencio total.

Giro el picaporte y abro. Dos mujeres jóvenes y un chico al que quizá le doble la edad. Perfecto. Vuelvo junto a mamá y Marietta.

—Esa está casi vacía —les cuento.

Entramos y nos sentamos al fondo, en un rincón. No sé si será aquí donde tenemos que estar. Estoy a punto de preguntárselo a mamá, pero entonces me fijo bien en su cara. Sigue con los ojos tan abiertos como antes, pero el resto de la cara se le ha puesto como de vidrio, como si fuera a estallar en añicos si algo sale mal.

—Total, que le pedí por favor al señor Spier... —nos cuenta mamá una vez nos hemos acomodado, aferrada todavía al papelito.

—¿Al señor Spier? —pregunto.

—El jefe de mi sección —me contesta.

Intento quitarle el papel de las manos, pero lo pone fuera de mi alcance.

—¿Y qué hizo? —pregunta Marietta.

La puerta se abre. A mamá se le va la cabeza hacia la puerta, como si alguien hubiera disparado. Solo son dos mujeres de la edad de mamá y una niña.

—El señor Spier —insiste Marietta—, ¿qué hizo?

Mamá cierra con fuerza los ojos y respira hondo.

—Pues salió y yo me quedé allí un rato esperando, preocupadísima por vosotros. —Casi se ríe—. Angustiada por si venía el tren mientras yo no estaba y cuando volviera…

—Te lo dije —le suelto a Marietta, que niega con la cabeza.

—Hasta que por fin apareció, con un oficial de las SS. Ya lo había visto antes, uno joven, de pelo muy rubio. Muy jovencito. Venía de vez en cuando al taller a hablar con el señor Spier. Nunca hablaba con nadie más. Pero hoy vino directo hacia mí, con el señor Spier a la zaga. «*Herr* Richter —le dijo el señor Spier—, ¿recuerda lo mucho que le entusiasmaban los ositos de trapo que hacemos?». Richter no abrió la boca y se cruzó de brazos. «Hace dos semanas duplicó usted el pedido de ositos para Navidad, ¿lo recuerda?». El señor Spier cogió de una mesa cercana uno de los ositos que hice yo.

—¿Cómo son? —le pregunto.

—¡Misha! —gime Marietta—, ¿qué más dará eso?

—Son pequeños, de color castaño claro —me explica mamá—. Peluditos, claro. De barriguita redonda. Ojos negros de plástico, nariz negra, una boca pequeña negra, casi sonriente. O por lo menos, a mí me lo parece. Y a cada uno le coso una camisita de franela con su botón arriba.

A los tres se nos va la cabeza hacia la puerta al oír que se abre. Son solo una mujer y un niño de unos cuatro años.

—El señor Spier le tendió el oso a Richter —continúa mamá—. El que terminé ayer por la mañana, justo antes de que anunciaran el traslado. Puede que sea el mejor que he hecho hasta ahora.

—¿Por qué lo dices? —le pregunto.

Mamá niega con la cabeza y se queda mirando hacia su regazo.

—Es difícil de explicar. Pero a veces… a veces los osos, nunca me ha pasado con otras cosas que haya hecho, pero a veces… con los osos, es como si sintiera que cobran vida. O no, tampoco es eso, pero noto cómo los va a querer algún día un niño o una niña. ¿Te acuerdas de la muñeca que tenías cuando eras pequeña, Marietta?

—Alexandra —responde Marietta en voz baja y sonríe.

—¿Y de lo mucho que la querías? —prosigue mamá.

—Me pasaba las horas cepillándole el pelo.

—Eso es lo que pienso a veces cuando hago un oso. Cuando los hacía. Que algún día un niño le hablará y compartirá con él la almohada cada noche. Que lo querrá.

—Un niño con un padre nazi —añade Marietta.

Mamá asiente moviendo ligeramente la cabeza y se frota los ojos. Se oye alboroto abajo. Quizá ladridos de perros. Quizá gritos. El ruido atraviesa el suelo y se me mete en el cuerpo, obligándome a ponerme de pie, casi como si me hubiera llevado un calambrazo. Me acerco a la pared en la que hay dos ventanitas. Me alzo de puntillas para mirar hacia fuera, pero no hay nada que ver. Las ventanas dan hacia otro lado, abajo no hay más que una calle desierta. Todavía queda algo de luz, pero sé que pronto se hará de noche.

—Misha —me llama mamá.

Vuelvo a mi sitio y me siento.

—¿Y qué hizo Richter con el oso? —pregunta Marietta.

—Lo cogió. Lo apretó. Lo puso bocabajo. Lo inspeccionó como solo podría hacerlo un oficial de las SS. Cómo si estuviera buscando una radio o un fusil. —Mamá descruza y vuelve a cruzar las piernas—. Luego asintió y me miró de arriba abajo, así que yo agaché la cabeza, claro. Pero oí cómo el señor Spier le decía: «Esta mujer ha hecho ese osito. Es la que los ha hecho todos. Y la han incluido en el próximo traslado».

—Creí que también hacías flores falsas —le digo.

—Se llaman «flores artificiales» —me corrige mamá—. Y también las hago. Mejor dicho, las hacía. Últimamente me pasaba el día haciendo ositos.

—Bueno, ¿y qué? —pregunta impaciente Marietta.

—Pues Richter habló por fin. «¿Solo ella?», le preguntó al señor Spier. Y el señor Spier le explicó: «De vez en cuando la ayuda alguien, pero casi siempre los hace ella sola. Y es la mejor. Con diferencia».

—¿En serio? —le pregunto—. ¿Eres la mejor?

—No lo hago mal —explica mamá, y hasta sonríe una décima de segundo—. Richter se quedó allí parado, con el osito en las manos.

—Un nazi con un osito de trapo —comenta Marietta, meneando la cabeza.

—Entonces el señor Spier dijo: «Si se va en este traslado, no podremos terminar su pedido. Al menos los osos no serán como los que había previsto usted regalarles a sus hijas».

—¿Y qué más? —pregunta Marietta.

Mamá no le contesta, porque de repente volvemos a oír mucho follón proveniente de abajo. Más fuerte ahora. Gente que chilla y grita y perros que ladran. Y algo más que no soy capaz de distinguir. Sea lo que sea, hace vibrar el piso. Supongo que será el sonido que hacen mil quinientas personas tristes y asustadas que se levantan y echan a andar hacia el tren. Mamá me coge de la mano y yo me dejo y aprieto la suya con fuerza. Cierro los ojos y espero a que el piso deje de temblar.

—¿Y qué pasó después? —vuelve a preguntar Marietta al cabo de unos minutos.

—Ah, sí. Richter, entonces, estuvo unos instantes en silencio. —Mamá traga saliva y el pecho se le hincha—. Yo procuraba no hacer nada, porque estaba segura de que cualquier cosa que hiciera o dijera lo enojaría. Me quedé con la cabeza agachada, mirándolo de soslayo, con la esperanza de que no se diera cuenta. Por fin, le respondió al señor Spier, no a mí: «De acuerdo».

—¿De acuerdo? —repito—. ¿De acuerdo qué?

—Eso mismo —dice mamá.

Entonces se oyen los ladridos de los perros con más fuerza a través del piso, justo por debajo de nosotros. Uno de los niños que hay en la sala se echa a llorar.

—¿Y qué más? —insiste Marietta, en un susurro, por lo que pueda pasar.

—Entonces el señor Spier le dijo: «Es que tiene dos hijos. Si ellos se van, ella los acompañará». Richter le devolvió el osito al señor Spier y se cruzó de brazos. Como me di cuenta de que me miraba, bajé enseguida la vista. Hasta que por fin anunció: «De acuerdo, esos dos también, pero nadie más». Y antes de que yo pudiera decir ni media palabra, el señor Spier se lo llevó a su minúsculo despacho.

Mamá se queda mirando su rodilla izquierda un rato, como si hubiera perdido el hilo de la historia.

—Cuenta —digo por fin —, ¿qué pasó cuando salieron del despacho?

Mamá tarda en contestarme.

—Richter —continúa hablando despacio— se fue del taller. De inmediato. A mí ni me miró. Pero el señor Spier se me acercó y me entregó esto.

Mamá levanta un poco el papel. Por fin me deja que lo coja. Una esquina del pequeño rollo está doblada de la fuerza con la que lo ha agarrado.

Como a estas alturas no hay ya apenas luz, me acerco a los ojos el papel, que es finísimo, hasta que logro distinguir las letras. Lo único que pone es:

1384 Cc 977   Gruenbaum   Margarete
1385 Cc 978   "   Michael
1386 Cc 979   "   Marietta
quedan excluidos del Traslado Eq
19.10.1944   Sección de Traslados

Y después un garabato, la firma de Richter, supongo.

—Entonces ¿por qué estamos aquí? —pregunta Marietta—. ¿Por qué no nos han dejado marchar? Ahí dice que estamos excluidos. Está bien claro, mamá. ¿Qué hacemos aquí?

Mamá se limita a menear la cabeza.

No aguanto más sentado. Me levanto y me pongo a andar por la sala, aunque no hay nada que ver ni hacer en ningún lado. Me acerco a la puerta y pego la oreja. Nada. Por lo menos, al principio. Luego oigo un tac, tac, tac, como un taconeo, creo que viene de las escaleras, sí, viene de las escaleras, porque cada vez se oye más alto y más cerca.

Una puerta se abre en el pasillo y una voz grave grita no sé qué.

—¿Qué dice? —me pregunta mamá.

—No he entendido nada —contesto.

El hombre vuelve a gritar y unos perros ladran. El niño de nuestra sala se echa a llorar.

—¡Chist! —le dice Marietta a la mujer que lo tiene en brazos—. Hágale callar.

La mujer le pone la mano en la boca al niño y lo acuna como si fuera un bebé. Por fin se calla y vuelvo a pegar la oreja a la puerta para tratar de entender qué hablan.

—¡Cincuenta! —grita la voz, más fuerte y más claro esta vez—. ¡Cincuenta más!

Mamá se lleva la mano a la boca. De pronto se oyen varios ruidos horribles: voces, gritos y ladridos feroces. Corro junto a mamá y me cojo de su brazo, esperando que los perros se callen. El niño se pone a llorar otra vez. Mamá me echa un brazo por el hombro y a Marietta la coge de la mano. Me aprieta con demasiada fuerza.

—¡Venga, todos fuera! —ordena el hombre.

Los perros empiezan a ladrar una fracción de segundo después del grito.

—¡No! ¡No, no, no! ¡Por favor! —grita aterrorizada una mujer, repitiéndolo una y otra vez hasta que las palabras se transforman en llanto.

Me suelto de mamá y vuelvo corriendo a la puerta.

—¡Misha! —exclama en un susurro.

No puedo evitarlo. Me agarro al picaporte y pego la oreja a la puerta.

—¡Tú! —ordena la misma voz—. ¡Ya!

Y después ladridos más feroces, gritos y súplicas.

Y pasos. La gente de la primera sala debe de estar bajando las escaleras. Alguien continúa gritando y suplicando sin parar «¡No, no, no!», a lo que los perros responden con sus ladridos terroríficos. Después un nombre, creo que «Gerta», resuena con fuerza.

A los cinco segundos se oye un portazo y todo queda en completo silencio, como si no hubiera pasado nada.

Me duele la mano izquierda y tardo unos segundos en convencerme de que debo soltar el picaporte. Ni aun así consigo mover el resto del cuerpo, de modo que me quedo allí parado, tratando de no pensar.

Entonces caigo en la cuenta de que no he oído alejarse el tac, tac, tac, escaleras abajo y enseguida lo vuelvo a oír, acercándose. Muchos tac, tac, tac: las botas de los hombres y quizá las uñas de los perros. Juro que siento todos esos tac, tac, tac, recorriendo el suelo y acercándose a esta puerta. Es como si me recorrieran el pabellón de la oreja. Se abre otra puerta.

—¡Veintiuno! ¡Arriba! ¡Caminad!

Quiero apartarme de la puerta, pero hay algo que no me deja, aunque noto que tiemblo de los pies a la cabeza.

—¡A él no, a él no! —suplica una mujer a gritos.

Irrumpe el ladrido de un perro y alguien chilla, como si le hubieran mordido. La sala se inunda de llantos de niños y alaridos de mujeres. Son voces tan potentes y tan aterrorizadas que es como si las oyera a través de la piel, como si se me metieran dentro.

—¡Suéltalo ya! —grita un hombre.

Luego se oyen pisadas y un golpe fuerte y sordo, como si hubieran estampado a alguien contra la pared que separa esta sala de la otra. Los gritos paran unos instantes para volver a empezar con más fuerza. Gritos y gritos que se solapan y hacen que tiemble de arriba abajo.

—¡Venga, todos aquí! —vocea un hombre por encima de los gritos y los ladridos de los perros que rasgan el aire.

«Todos» ha dicho. ¿Eso significa que se lleva a cuantas personas hay en esa sala? Si es así, después le toca a la nuestra, porque está claro que está ahí. Es evidente que está en la sala contigua. Y si necesita a más personas, ¡le toca a la nuestra! Vendrá taconeando con su tac, tac, tac por el pasillo y abrirá la puerta de par en par, con los perros gruñendo y amenazándonos con la boca. Dirá «trece», o sea, iremos todos. Suplicaremos como han suplicado las demás personas, pero dará lo mismo, porque a ellos les traen sin cuidado las súplicas, todo les trae sin cuidado, porque si no tienen inconveniente en apiñar a cien personas en un vagón que carece de asientos y de ventanas, ¿por qué habrían de importarles las súplicas de alguien?

A la gente que llena vagones de personas hasta que no cabe ni una aguja no les importa nada de lo que debería importarles. Solo les importan los ositos de trapo y los números, y si tienen que llevarnos a todos, nos llevarán a todos. Se llevarán incluso al último de nosotros. Y si eso es lo único que les importa, quién sabe qué querría decir la letra inclinada hacia abajo de la postal de tía Louise. Quizá el lugar al que nos conducen sea un lugar malo, malísimo. Quizá sea el peor lugar del mundo y por eso tía Louise no nos mandó ninguna postal más. Y quizá estemos a punto de averiguar por qué.

Los chillidos, los ladridos y los forcejeos continúan saliendo a raudales de la sala de al lado, pero he logrado despegarme de la puerta y volver junto a mamá. Entierro la cabeza en su regazo. Ella me abraza con fuerza, pero no siento alivio, porque le noto la tensión en cada músculo del cuerpo, a la espera del tac, tac, tac, de los ladridos y de que una cifra demasiado alta para nuestra sala casi vacía sea gritada en la puerta. Noto que Marietta me abraza por detrás, tratando de abrazarse también a mamá. Marietta llora y hace ese ruido horrible que me recuerda a la niña de ocho años que fue.

No quiero que tía Louise tenga razón. No quiero que «letra inclinada hacia abajo» signifique lo que dice mamá. No quiero que se abra la puerta y aparezcan los perros para meterme en ese tren. No quiero estar sentado en el suelo esperando a que ocurra algo espantoso. No quiero estar más aquí ni ser un prisionero indefenso al que solo le queda confiar en que no haya más números.

Hundo todavía más la cabeza en el regazo de mamá, le pido que se borre todo esto, le pido que se borren estos cinco últimos años, le suplico que el tren se vaya sin nosotros, le suplico que desaparezcan para siempre todos los trenes del mundo.

Y de repente, silencio. No hay más que el eco de los gritos, los ladridos y los lloros resonando en mi cabeza.

Separo un poco la cabeza de mamá para asegurarme. Enseguida lo oigo otra vez. El tac, tac, tac. Solo que esta vez se aleja sin ninguna duda, el hombre y los perros, tac, tac, tac, escaleras abajo, hasta que el silencio es completo. En mi vida había oído un silencio igual.

Estamos muy juntos, los tres, en completa oscuridad. No tengo ni idea de cuánto tiempo ha pasado. A veces me parecen horas, pero entonces reparo en la respiración de Marietta y comprendo que quizá hayan sido unos pocos minutos. Si ladeo un poco la cabeza, oigo un ruido que entra por las ventanas. Nada concreto, una especie de rumor sordo que aumenta y disminuye otra vez. A veces se abre paso un grito muy fuerte, pero las palabras en sí no se entienden.

¿Volverá el tac, tac, tac? Y si vuelve, ¿llegará a nuestra puerta? Y si el tac, tac, tac abre nuestra puerta y grita «¡Seis!», ¿entonces qué? ¿Tendremos que pelearnos para ver quién va y quién se queda? Aquí no hay donde esconderse, estamos sentados en el suelo. ¿Y si es uno de los guardias de antes, el que le dijo a mamá que sabía leer? ¿Y si se sintió insultado y lo recuerda? ¿Vendrá a nuestra sala y nos señalará? ¿Vendrá adrede a por nosotros? ¿Le quitará a mamá el papel y lo romperá en mil pedazos? ¿Nos arrastrará a todos fuera de aquí mientras los perros nos enseñan los dientes amenazantes?

¿O se llevará solo a mamá o a Marietta?

¿O solo a mí?

Aguzo el oído, como si tuviera antenas gigantes, tratando de detectar el tac, tac, tac de las botas subiendo las escaleras, mientras mi cerebro intenta adivinar qué número gritará cuando abra la puerta. Quizá me haya puesto a rezar, aun cuando creo que jamás he entendido qué es rezar.

Pero lo pido, lo ruego.

Por favor, no dejes que nos lleven.

Por favor, lo que sea menos ese tac, tac, tac.

Por favor, solo silencio.

Por favor.

Entonces oigo algo que no es un tac, tac, tac, ni ladridos, ni gritos de gente aterrorizada. No, son crujidos y chirridos. Metal que roza contra metal. Ese ruido dura aproximadamente un minuto o dos y luego se va desvaneciendo. Silencio absoluto. Nada más que el sonido de nuestra respiración exhausta inunda la sala.

El tren... se ha ido.

—Vamos —dice mamá no sé cuánto tiempo después.

Puede que me haya dormido, bocabajo en el suelo. Creo que la he oído levantarse, pero no estoy seguro. La oscuridad es completa en la sala. Me pongo en pie y oigo a Marietta hacer lo mismo. Caminamos hacia la puerta. Tanteo en busca del picaporte, al fin doy con él y lo giro. En el pasillo hay un resplandor tenue, que creo que viene de las escaleras. Vamos hacia él, seguidos por las demás personas que estaban con nosotros. Cuando llegamos a la sala de al lado, nos paramos y mamá abre la puerta.

—Hola —bisbisea—. Hola.

—¿Sí? —responde alguien en un susurro.

—El tren se ha ido —les informa mamá—. Ya se ha ido.

Van saliendo despacio unas diez personas, cada una de ellas agarrando algo. Incluso en la penumbra me cuesta mirarlas a la cara. Son como espectros o como personas que hubieran pasado las últimas horas entre espectros.

Recorremos el pasillo sin molestarnos en comprobar si queda alguien en la primera sala. Cuando alcanzamos la escalera, nos paramos un instante y empezamos a bajar los peldaños con cuidado. Nos detenemos unos segundos ante la puerta que nos separa de la sala principal. Mamá gira el picaporte y la entreabre, una rendija apenas, tan fina que no veo nada. Luego la abre de par en par.

La enorme sala, iluminada por la luz tenue de la única bombilla que ha quedado encendida, está desierta.

Mamá se echa la mano al cuello, se arranca el número y lo rasga en pedazos. Los aplasta en la mano unos instantes y luego, lo juro, se los mete en la boca y se pone a masticarlos. La imitamos todos. El papel tiene un sabor dulzón. Después, a medida que regresamos al Barracón Dresde, vamos escupiendo bolitas de papel mojado.

Suspiramos. Hemos logrado sobrevivir un día más, gracias a la perseverancia de mamá. Y de pura chiripa también: cuando llegamos al primer piso del Barracón Hamburgo no quedaba sitio en las dos salas más próximas a la escalera.

Por lo que sea, aunque ya es tarde, estoy seguro de que nadie se molestará en pararnos, quizá porque nuestro camino coincide con el del taller de mamá, a donde volverá mañana para seguir confeccionando ositos adorables para los hijos e hijas de los SS.

11 de febrero de 1945

La mayoría de los días, Tommy y yo nos turnamos para contar chistes, da lo mismo que sean malos. O para describir los goles impresionantes de la selección checoslovaca en la próxima Copa del Mundo. Lo que sea con tal de no aburrirnos. Hoy no. Ahora no. Hoy solo nos da para tratar de encontrar la forma de dar un paso detrás de otro. Y menos mal que la panadería está a pocas manzanas.

El problema es la nieve. Hace unos días cayeron unos treinta centímetros. Luego subieron las temperaturas un poco, después bajaron de forma considerable y ahora las calles son una mezcla de nieve derretida, barro y hielo. Esa masa sucia que cubre el suelo hace que el carro nos pese el doble de lo normal, incluso ahora, que va vacío.

Así que me permito cerrar los ojos y empujo. Los abro de vez en cuando para asegurarme de que no nos desviamos. Miro a Tommy y veo que él también va con los ojos cerrados.

Solo siento el dedo gordo del pie izquierdo. Ni idea de si aún tengo los otros nueve. Ayer fue más o menos lo mismo. Y anteayer. A veces aborrezco de verdad este sitio.

Pero por lo menos no ha habido más deportaciones, desde la de finales de octubre.

Es asombroso que se pueda dormir así. Mantenerse en pie, caminar, empujar y dormir.

Todo a la vez.

Creo que he soñado algo, ahora mismo. Ha sido un sueño muy corto. Yo era el dueño de El Rey de los Trenes, pero no los vendíamos. Los utilizábamos para celebrar fiestas de cumpleaños.

No he celebrado un cumpleaños como es debido en lo que llevamos de década, y ya ha pasado casi la mitad.

En el sueño, poníamos las velas en bizcochos escarchados, en El Rey de los Trenes, y cantábamos «Feliz cumpleaños» en danés, aunque yo de danés no tengo ni idea.

Kikina, Pajik, Extraburt, Špulka y yo somos los únicos Nešarim que quedamos. Salvo a Kikina, a los otros casi nunca los veo. Nuestro dormitorio ya no existe y hace demasiado frío para jugar en la calle.

Los demás se han ido todos: Gorila, Pavel, Majošek, Robin, Felix, Pudlina, Grizzly, Eli, Jila, Erich, Jindřich, Koko, Leo, Kalíšek, Kuzma. Y Franta. Todos. Franta en septiembre pasado y los demás, a finales de octubre.

Y un montón más cuyos nombres se me han olvidado.

El de las cejas pobladas. ¿Cómo se llamaba?

Algo va dando botes en el carro. Un panecillo que se nos ha despistado. O quizá lo haya *schloiseado* Tommy. Tengo hambre, porque siempre tengo hambre, pero estoy demasiado cansado para masticar.

¿Mazr? ¿Cómo se llamaba? Estoy casi seguro de que empezaba por «M». Y lo de las cejas pobladas, fijo. Tosía mucho.

Se oye un zumbido en el aire a lo lejos, pero me da igual. Solo me preocupo cuando oigo una sirena. Cada pocos días hay una incursión aérea. Cada pocos días hay un rumor nuevo.

Los soviéticos están en Polonia. Los estadounidenses están en Alemania. Un día de estos, un día de estos, un día de estos...

Pero ahora mismo me da la impresión de que continuaré haciendo esto de por vida. Dentro de veinte años, seguiré empujando este carro. Aunque ya habré cumplido los treinta y cuatro años, parecerá que sigo teniendo diez, porque hay algo en este sitio que me impide crecer. Estoy casi seguro de que llevo los mismos pantalones que el día que llegué, que se me caerían si no fuera por el cinturón.

¿O era Mautner? ¿Martin? Lo que sí está claro es que tosía mucho, como quiera que se llamase.

—No, no... —balbucea Tommy. Se le sube y baja el hombro izquierdo—. Pare, no..., que no...

O puede que se le retuerza. Habla en sueños. Hace dos días le ocurrió lo mismo. Una vez oí que no hay que despertar a las personas cuando hablan en sueños. Es igual, ya falta poco para la panadería. Se despertará en cuanto lleguemos, porque siempre se despierta a la que se para el carro.

Mazr. Creo que era Mazr. Se lo preguntaré a Kikina cuando aparezca él con su carro. Tiene mejor memoria que yo. «Oye, Kikina, ¿te acuerdas del chico de las cejas pobladas que tosía tanto? —Eso es lo que le preguntaré—. Jugaba muy bien al ajedrez, ¿te acuerdas?».

Mazr. ¿Mazr? Bueno, esté donde esté y se llame como se llame, espero que sus botas abriguen más que las mías.

20 de abril de 1945

—¿Oís eso? —les pregunto a Tommy y a Kikina.

—¿No es un tren? —sugiere Tommy.

Estamos en la panadería, no demasiado lejos del lugar por donde entran las vías en Terezín, terminando de cargar el carro para otro reparto. Rudi, el chico con el que distribuía Kikina el pan, está enfermo, por eso hoy nos toca trabajar a los tres juntos. Echo un vistazo para asegurarme de que ninguno de nuestros jefes daneses nos mira. Habrán ido a hacer un descanso, así que salgo corriendo, con Tommy y Kikina a la zaga.

Pues sí, es un tren, que no es que tenga nada de extraordinario, pues durante este año ha habido un goteo constante de trenes. Pero la mayoría eran bastante cortos; transportaban, por lo general, no más de un centenar de personas. Judíos casados con no judíos, o los hijos de esas parejas, o algo por el estilo, que es el tipo personas que traen últimamente. Trenes cortos con unos cuantos judíos o medio judíos que por lo que fuera se salvaron hasta que los nazis decidieron que ya no se los protegería más.

Este, sin embargo, no parece un tren de esos, porque trae una docena de vagones, por lo menos.

A medida que nos vamos acercando, me doy cuenta de que son vagones abiertos. Como los que se usan para transportar madera o carbón. Pero en ellos vienen personas, personas calvas.

Corremos junto al tren mientras va reduciendo velocidad. Como se mueve, me cuesta comprender qué es lo que veo.

Todas las personas están calvas, que ya es bastante raro de por sí, pero hay algo más que las caracteriza. Algo que me hace lamentar que los daneses no nos hayan pescado cuando decidimos salir corriendo.

Tommy y Kikina han visto lo mismo que yo. Porque han dejado de correr. El tren avanza arrastrándose y ellos se han quedado petrificados, boquiabiertos, siguiendo con la mirada las cabezas. Entre tanto, se ha ido acercando más gente y el tren se detiene por fin con un chirrido. Reparo en una mujer a la que he visto otras veces, creo que trabaja en la cocina del Barracón Dresde. Sí, es ella, la mujer más simpática de todo Terezín. Siempre está sonriendo y deseándole un buen día a la gente, como si no se hubiera enterado de dónde estamos.

Pero ahora mismo no sonríe. Se ha llevado una mano a la boca. Enseguida la otra. Luego ha cerrado los ojos. Los abre a los pocos segundos y entonces, así sin más, se desmaya.

Tommy me tira de la manga.

—Vámonos —me dice.

—Sí —le contesto, pero mis pies no se mueven.

¿Dónde se ha metido Kikina? Estaremos a unos seis metros de uno de los vagones, pero el cuerpo no me permite acercarme más. Un par de pasajeros se han bajado y desvío la mirada. Son dos hombres —por lo menos creo que lo son—, aunque en realidad no parecen personas. Los dos llevan uniforme, de rayas blancas y azules, pero tan mugrientos que lo de las rayas blancas me provoca dudas. Uno de ellos solo tiene pantalones. Me fijo en su pecho, que no parece un pecho de verdad. No tiene el tamaño suficiente, no se corresponde con el volumen de la cabeza calva que va unida a él. Camina hacia nosotros, y me quedo esperando que se rompa con un chasquido casi a cada paso. Es un esqueleto recubierto de piel.

Trato de volverme hacia otro lado, pero él ve que lo miro. Encima ya está a unos tres metros de nosotros. Le sobresalen mucho los pómulos de la cara y tiene un ojo hinchado. Le oigo la respiración o quizá sean gemidos.

Se para a un metro de mí. Se le abre la boca, me enseña unos pocos dientes podridos. Nada más. El resto es negrura y encías. Se queda allí unos segundos, como una persona o un esqueleto preparándose para decir algo. Noto que se me abre la boca como a él, pero no sé qué decir. Por fin la suya emite un sonido:

—Agua.

No distingo si es una pregunta o una afirmación.

—Agua.

Tommy y yo volvemos corriendo a la panadería, sin cruzar una palabra. En cuanto entramos, busco una taza o un cazo o una botella, pero no encuentro nada.

—¿Y esto? —me pregunta con una olla en la mano como la que usaba mi madre para hacer sopa.

—Sí, venga —le contesto.

La estamos llenando en el fregadero cuando entra uno de los maestros panaderos, el señor Haber.

—¿Qué hacéis? —nos interroga enfadado.

Pero no nos detenemos. Una vez llena, cerramos el grifo y corremos hacia la salida.

—Hay un tren —digo—. Acaba de llegar... Es algo... Vaya a mirar.

Volvemos al tren raudos, llevando la pesada olla por un asa cada uno. El agua chapotea y una parte se vierte, por eso pasamos a caminar rápido, lo que por desgracia me proporciona una panorámica mucho más clara del tren entero y de cuanto lo rodea. Hay personas por doquier, personas de Terezín y personas del tren. Personas en camillas y personas tendidas en la hierba. Y aunque estamos a medio campo de fútbol de distancia, distingo que el hombre que nos pidió agua no se diferenciaba apenas de los demás. Todos y cada uno de ellos son esqueletos.

—¿Dónde está? —me pregunta Tommy.

—Yo qué sé.

Hemos llegado al sitio en el que creo que estábamos antes, pero el hombre del ojo hinchado no aparece por ninguna parte. Al otro tampoco lo localizo. Pero entonces tres personas más bajas, un poco más altas que yo, ven la olla y vienen hacia nosotros. Una resbala y cae en silencio al suelo. Las otras no parecen darse cuenta, de hecho, ni nos ven a Tommy y a mí. Solo ven la olla. Tratan de quitárnosla y casi la vuelcan, pero por suerte Tommy y yo tenemos la fuerza suficiente para impedirlo.

—Un momento —digo—. Os la inclinamos.

Y sin más, como si ya lo hubieran hecho antes, se arrodillan. Uno de ellos va sin pantalones, está desnudo y tiene los muslos como de goma elástica vieja. Abre la boca y cierra los ojos. Mientras Tommy y yo levantamos la olla y la inclinamos despacio, reparo en dos bichitos ovalados que le cuelgan de un párpado.

Hacemos esta operación un montón de veces, corriendo del tren a la panadería una y otra vez, para repartir agua. Es un sistema absurdo, porque se nos vierte gran cantidad por el camino, pero al menos nos da un pretexto para escapar de allí cada pocos minutos. No hago más que repetirme, cada vez que llegamos a la panadería, que puesto que ya conozco su aspecto, no tiene sentido que me sorprenda siempre al volver al tren. Pero no sirve de nada porque me sorprendo. Principalmente por la piel, que es lo peor de todo.

Están cubiertos de llagas, con bichos, heridas de un rojo intenso, infectadas, que supuran pus.

Y no sé qué tienen esas cabezas calvas y esos ojos raros, porque casi no distingo si son hombres o mujeres ni si son adultos o adolescentes.

Por eso es un alivio salir corriendo cada pocos minutos y apuesto a que Tommy opina lo mismo, aunque no hayamos hablado prácticamente nada desde que empezó este ir y venir.

El olor se me está pegando a la nariz. Me ha costado un poco averiguar a qué me recordaba. Y de pronto me he dado cuenta. Un verano se nos estropeó la nevera. Estas personas apestan a carne podrida.

Volvemos por décima vez con agua y veo que algunas de las personas que sacan en camilla van a parar a un montón en la otra punta del tren. Un montón en el que nunca pondrías a una persona viva.

Vaciamos la olla y estamos a punto de volver a la panadería, cuando me parece oír que una persona que está detrás de mí me llama. Me doy la vuelta. Una persona bajita, otro esqueleto, me mira a los ojos.

—Misha.

Casi como una pregunta.

—Ajá —contesto evitando mirar las manchas rojas que tiene en el cuero cabelludo.

—Misha —dice, y se lleva una mano huesuda al cuero cabelludo y ahora lo que veo es un codo muy muy puntiagudo.

—Dime —contesto.

Me obligo a mirar a los ojos a esa persona. Sigo sin distinguir si es hombre o mujer, pero estoy casi seguro de que no es un adulto. Se le mueven los ojos de un modo raro, como si no fuera capaz de enfocar la mirada.

—Inka —me dice con voz muy débil—. Soy Inka.
Me vuelvo hacia Tommy, como si él pudiera ayudarme.
—Soy Inka —me repite.
Me quedo mirando la hierba un instante y pronuncio el nombre para mí. «Inka». Un estremecimiento me sacude el cuerpo. La miro. Creo que trata de sonreír, pero es como si solo le funcionara la mitad de la cara.
Entonces aparece Kikina a nuestro lado, con un cazo en la mano.
—Oye —me dice.
Suelto un gemido.
—Creo que no deberíamos seguir trayéndoles agua. Estas personas necesitan comida.
No le respondo. Me he quedado con la vista clavada en Inka, tratando de encontrar a Inka.
—¿Cuánto pan hay en la panadería, Misha? Espera, ¿y si no pueden masticar? ¿Tú qué crees?
No la encuentro.
—¡Contéstame, Misha! ¿Qué hacemos?
—Es Inka —le digo, con la voz rota—. ¿Te acuerdas?
Ella aprieta los labios y sangra por una herida larga que tiene en el labio de arriba.
—Inka, la pelirroja tan guapa. Tan guapísima. Inka, ¿te acuerdas?

El señor Hertz nos está esperando en la panadería.
—¿Qué vosotros hacen? —nos pregunta muy enfadado en esa mezcla rara de danés, checo y alemán que habla—. Cogen saco. Bajan, en Barracón Hamburgo, en el *keller*. Abajo, sótano. Patatas. Traen mucho patatas.

—¿Patatas? —pregunta Tommy.

—Ya. Sí. ¡Corren!

Nos lleva un buen rato, pero acabamos encontrando una despensa húmeda y oscura llena de bidones gigantes de patatas. Algunas se han podrido, pero la mayoría están buenas. Ponemos unas cuarenta cada uno en los sacos de arpillera que hemos traído y volvemos corriendo a la panadería.

Cuando llegamos, encontramos a otras cinco personas trabajando. Una de ellas es el señor Wolff, el jefe de la panadería. A las demás no las conozco.

—Cuchillos, venga —ordena Wolff—. Pelan, ya.

Nos ponemos a pelar. Entonces Wolff me da una lámina de metal con agujeros.

—Tú, tú.

Coge una patata y la pasa una y otra vez por la lámina metálica.

Por debajo salen tiras finas de patata.

—¿Quiere que las ralle? —le pregunto.

—Sí, sí. Ralla, tú —me dice—. Y después…

Señala una olla enorme de agua que hay sobre un hornillo de gas.

—¿Las echo ahí? ¿Sí?

Nos pasamos una hora pelando, rallando, cociendo y machacando patatas. Cuando se nos acaban las patatas, cogemos los sacos y volvemos por más al Barracón Hamburgo. En cuanto terminamos de machacar las patatas, Wolff y Hertz añaden un poco de harina en una bandeja de metal, cogen un buen cucharón de puré y lo extienden en una capa fina por la bandeja. Luego la meten en el horno.

—¿Patata asada? —pregunta Kikina—. ¿Y por qué no les damos pan y ya está?

—Muy duro —nos explica el señor Hertz señalándose la boca—. Ellos sin, eh, sin *tænder*.

—¿Sin dientes?

—Sí, sin dientes —repite meneando la cabeza y mascullando para sí mismo—. Sin dientes.

Las primeras tandas están hechas. Entre los tres colocamos las bandejas en los carros, las tapamos con sacos y echamos a andar.

—Momento —nos advierte el señor Hertz.

Le da un cuchillo largo a Kikina.

—Corta igual tamaño. Igual todos. Igual. Ojo. Mucho ojo.

Empujamos el carro por el gueto, sin saber muy bien adónde dirigirnos.

—¡Allí! —dice Tommy de pronto.

Vemos a unas treinta personas en la hierba que lleva hacia el *bašta*. Empujamos el carro hacia ellas. Evito mirar a uno que tirita como si estuviera a diez grados bajo cero.

—¿Y ahora? —susurra Tommy.

—Tenemos patatas. Patatas —anuncio.

Algunos no se enteran, pero otros prestan atención y más o menos la mitad de estos se levantan y vienen hacia nosotros. Hablan todos a la vez, algunos en idiomas que no entiendo.

Rodean el carro empujándose unos a otros. A punto están de volcarlo.

—¡Atrás! —grita Kikina levantando el cuchillo.

Unos cuantos se apartan mientras que un hombre muy alto levanta el puño. Le tiembla tanto que lo sujeto para que pare.

—Sentaos —pide Kikina—. Hay para todos.

Pero casi ninguno se sienta. Kikina se pone a cortar.

—Misha —me susurra—, avísame si los trozos no son iguales. No es cuestión de que se peguen entre ellos o a nosotros por haber recibido uno más pequeño.

Kikina corta y Tommy y yo repartimos las raciones.

La mayoría no se mueve del sitio una vez que recibe su parte. Se quedan de pie o se sientan donde estaban, masticando muy rápido o muy muy despacio. Algunos hacen un ruido raro, una mezcla de gemido y lamento.

Una vez les hemos dado un trozo a cada uno, empujamos el carro hacia otro grupo que está reunido en la hierba a unos cincuenta metros. Entonces caigo en la cuenta de que Tommy no está con nosotros. Me giro y lo veo con el primer grupo. Está en el suelo junto a lo que me parece una mujer. Está acostada de lado, con la cabeza calva medio enterrada en la hierba. Tommy sujeta su pedazo de comida, lo parte en porciones pequeñas y se las va colocando con delicadeza en la boca cada diez segundos o así.

En el siguiente reparto distingo a lo lejos a Marietta, que va de un grupo a otro. Ahora que la tengo más cerca, observo que está muy alterada. Tiene la cara roja y mueve los brazos como loca. Dejo a Tommy y a Kikina y voy corriendo hacia ella.

—¡Marietta!

Me ha oído, pero me da la espalda.

—Marietta —insisto. Sé que lo que voy a preguntar es una estupidez, pero aun así lo hago—, ¿qué te pasa?

—Gustav —contesta—. Nadie..., nadie sabe nada de él. Solo un hombre, que me ha dicho..., que lo más seguro...

No termina la frase. Se tapa la cara con las manos y se derrumba entre sollozos.

22 de abril de 1945

—¡Ay! —grita Kikina.

Pero apenas lo oigo, por la lluvia, que cae como si estuviera atacando al suelo.

—¿Qué? —le pregunto a voces.

Entonces algo me golpea a mí también.

—¡Ay! ¿Qué es eso?

—¡Granizo! —chilla Tommy—. ¡Vamos, corred!

Empujamos el carro a toda velocidad hasta el patio del Barracón Dresde y lo metemos bajo la entrada. Durante un breve período este fue mi hogar. Ya no lo es. Ahora están aquí hacinadas en cuarentena las personas que llegaron hace dos días. Además del montón que ha llegado a pie esta mañana temprano. Por lo visto los han traído andando desde Polonia. Desde otros campos que hay allí. Desde Birkenau y de sitios de los que nunca había oído hablar, Auschwitz y Bergen-Belsen. Como los soviéticos han alcanzado por fin esos campos, los alemanes los han cerrado y han mandado hacia aquí a los prisioneros.

La mayoría venían con esos zuecos de madera espantosos y al verle a uno quitarse... bueno, al mirarle los pies, me inventé la excusa de que tenía que volver a la panadería. Cuando llegué, me encerré unos minutos en la despensa, para que nadie me viera.

El granizo rebota en el pavimento y el ruido resuena con violencia en el cemento. Nos quedamos así, sin hablar, porque igualmente no nos oiríamos. Una ráfaga de viento me trae el olor agradable de las patatas. Llevamos cuarenta y ocho horas de reparto, y la mayoría de las personas cogen su pedazo como si no hubieran visto comida en su vida. Cada vez que volvemos a la panadería, hay más gente ayudando, pelando patatas, rallando patatas, repartiendo patatas. Pero ni así damos abasto. Ni de lejos.

A los pocos minutos, la lluvia amaina un poco. Cogemos una bandeja cada uno y entramos corriendo.

—Gracias —me dice en checo una mujer de ojos verde claro cuando le tiendo el último trozo de mi bandeja.

—De nada —le contesto.

Me da la impresión de que va a añadir algo, pero se limita a comer un bocado. Lo mastica despacio y cuando traga casi parece ya una persona normal. Tremendamente delgada, extremadamente débil, pero una persona de verdad. No un esqueleto.

Así que le hago la pregunta que llevo queriendo hacerle a cada una de las personas a las que hemos dado de comer estos últimos días.

—¿Dónde ha estado? —pregunto.

Da otro bocado, mastica y traga.

—En Auschwitz —me contesta.

—Yo creía —le digo, mirando a ver dónde están Kikina y Tommy— que deportaban a la gente a Birkenau.

—Es lo mismo —me dice.

—Pero entonces —empiezo, pero me interrumpo porque no sé bien qué quiero preguntar—, ¿qué había allí? ¿Qué ha pasado?

Ella sigue masticando despacio, sin hacerme caso. Decido hacerle otra pregunta, una que me atormenta desde ayer por la tarde.

—¿Por qué no han vuelto con ustedes ni niños ni ancianos? ¿Qué ha sido de ellos?

—Gas —me dice y recoge una pizca de patata que se le ha caído en el antebrazo, no lejos de los seis números negros que tiene tatuados en la piel.

—Y después... —Traga—. Por la chimenea.

—¿Qué? —me inclino hacia ella—, ¿qué quiere decir eso?

Lo único que hace es acercar la mano huesuda a mi cara y pasarme un dedo por la mejilla unas cuantas veces. Me da mucha grima, pero la dejo hacer.

Varias horas después, vamos empujando el carro por encima de unos charcos, cuando Kikina y yo rompemos el silencio casi a la vez.

—¿Habéis...? —dice él.

—¿Qué es eso de «por la chimenea»? —pregunto yo.

—¿Cómo? —pregunta también Tommy.

—Me lo dijo antes en Dresde una mujer —les explico—. Que la gente salía por la chimenea.

Kikina asiente con la cabeza.

—Ayer se lo oí a mi madre. Pero cambió de tema en cuanto me vio.

—Y gas —dice Tommy—. Todo el mundo habla del gas.

Estamos con el carro en medio del gueto.

—La mujer esta —sigo contándoles— dijo primero gas y después chimenea.

Por lo que sea, pienso en mamá. Hemos estado trabajando tanto que, en cuanto nos acostamos por la noche, nos quedamos fritos. Y así llevo casi dos días sin hablar con ella. En condiciones normales a mí me parecería bien, porque desde que empecé a trabajar en la panadería me gusta estar a mi aire. Pero ahora mismo, no me importaría que apareciera de repente.

—¿Os habéis fijado en que no hay ancianos? —les digo—. Ni niños. Creo que Inka, que es un par de años mayor que nosotros, es la persona más joven que he visto.

—Aunque cuesta bastante distinguirlos —apunta Tommy.

—Ya, pero tiene razón Misha —continúa Kikina—. Yo chicos más pequeños que nosotros no he visto. Eso seguro.

Tommy se pone a empujar el carro y pronto pasamos por una hilera de árboles llenos de hojas nuevas.

—¿Significa eso que Felix, Gorila, Leo y los demás…? —comienza Kikina—. Bueno, ¿qué significa?

—Y Franta —digo—, ¿qué habrá sido de él?

—Es mayor —dice Tommy—. Puede que… ¿no?

—Y Pudlina, Grizzly, Eli…

Empujamos el carro en silencio durante un rato.

—Gas y después chimenea —repito.

Intento formarme una imagen mental, pero no veo nada. Solo siento un bulto oscuro, pesado, que me oprime el pecho.

—No, no, no. Ni hablar —suelta Kikina—. Ni hablar. Ni siquiera los nazis serían capaces de eso.

—¿Cómo que ni hablar? —replico casi a gritos—. ¿Tú has visto a estas personas? ¿Las que han estado comiendo nuestras patatas como si no hubieran comido en la vida? ¿Las has visto? ¿De qué no son capaces unos individuos que les han hecho esto a estas personas, que las han dejado llegar a estos extremos, que las han montado en vagones de carbón o que las han obligado a caminar tantos kilómetros? ¿De qué no son capaces? ¡Piénsalo bien!

Nadie habla en el trayecto que nos queda hasta la panadería.

—Noticias fabulosas —nos dice el señor Hertz en cuanto llegamos, con una sonrisa de oreja a oreja. Lo miramos como si hubiera venido de otro planeta—. Cruz Roja, no nazis, manda.

—¡¿Quééé?! —preguntamos a coro.

—Nazis pronto… —Hace un gesto con las manos—. Entregan pronto. Terezín. Hombre nuevo manda. Dunant. Cruz Roja. Suizo.

—No me lo creo —responde Kikina—. No es verdad.

—Verdad, verdad —insiste Hertz—. No Rahm. No alemanes.

—¿Qué significa? —pregunta Tommy—. ¿Se han ido los alemanes? ¿Podemos marcharnos? ¿Se ha acabado?

—No, no, acabado no —aclara el señor Hertz—. Tanto todavía no. Pronto, pronto.

—Es mentira —insiste Kikina.

El señor Hertz se da media vuelta y va hacia los hornos.

Saca unas cuantas bandejas de patatas y las coloca en nuestro carro.

—No creen —comenta encogiéndose de hombros—. Pues no creen. Llevan patatas entonces. Personas mucha hambre aún. Venga, venga, venga.

2 de mayo de 1945

—No me apetece jugar a las cartas —le digo a mamá—. ¿Por qué no puedo salir?

—¿Cuántas veces tengo que repetírtelo? —me contesta doblando una falda que luego coloca en un estante—. Me ha dicho Nora que los soldados alemanes que pasan de retirada por Terezín se dedican a disparar al tuntún. Por pura diversión. Olvídate de salir. Te quedas aquí. Y no, Misha, no hay nada que negociar. De aquí no sales.

«Aquí» es el Barracón Hamburgo, donde nos metieron cuando nos desalojaron del Dresde. Lo juro, está medio Terezín ya en cuarentena. Llega gente del este casi a diario. Hasta hace unas semanas, Terezín estaba prácticamente desierto, pero eso se ha terminado. Muchos de los que llegan tienen tifus, que no sé quién ha dicho que es eso lo que explica las manchas rojas. Aparte de la fiebre alta y otros síntomas. Los nazis le tienen terror. No sé de nadie que haya visto a un oficial de las SS o siquiera a un soldado alemán normal desde hace la tira. Hay quien piensa que la mayoría de ellos se ha largado.

—A esta baraja le faltan dos ochos, un cinco, un diez y la reina de diamantes. Ya me dirás tú —insisto, sin que mamá me haga caso—. ¿Y Marietta? Ella no está. ¿Por qué ella sí puede salir?

—Está en el Edificio Efe, con unas amigas. Y me ha prometido que de allí no se mueve.

No, claro, mamá a Marietta le deja hacer lo que le venga en gana. A los pocos días de que empezara a volver gente del este encontró por fin a una persona que reconoció el nombre de Gustav. Y luego esa persona se puso a negar con la cabeza. Eso es lo único que me cuenta mamá. Y a Marietta no me atrevo a preguntarle nada.

Mamá recoge un vestido andrajoso que está al pie de su cama.

—Cuéntame, anda, ¿cómo le va a Kikina?

—Yo qué sé. —Vuelvo a revisar la baraja, por si me he equivocado en las cartas que faltan—. Estoy seguro de que está en la enfermería, pero no sé qué tiene. Ojalá no sea tifus.

Mamá saca un papelito de un bolsillo del vestido.

—Me parece extraordinario lo que habéis hecho. Repartir patatas de sol a sol durante una semana.

Mete la mano debajo de la cama y saca una cajita de cartón. La abre y guarda el papelito dentro.

—¿Qué tienes ahí? —le pregunto.

—Cosas.

—¿Cómo cosas? ¿Qué cosas? —Me levanto y me acerco. La caja está medio llena de papeles—. ¿Qué es eso?

—Piensa en cuántas vidas habéis salvado, Misha —me dice—. Sois unos héroes, de verdad. Me alegro de que no se te haya pegado nada, como al pobre Kikina. Menos mal que ahora está aquí la Cruz Roja.

Cojo algunos papeles.

—Con cuidado —me advierte.

Una cartilla de racionamiento, una asignación de tareas y un dibujo de alguien en una cocina.

—Hala, ya está —me dice.

Me quita los papeles de las manos, los vuelve a meter en la caja y lo guarda todo otra vez debajo de la cama.

—¿Para qué guardas esas tonterías?

No me contesta. Se limita a sonreírme y me alborota el pelo. Estoy a punto de pedirle que pare ya, cuando los papeles me recuerdan una cosa.

—¿Sabes que hoy, al pasar Tommy y yo por el Q414 había humo y papeles por el aire…?

—Sabes de sobra que no deberíais acercaros a ese edificio.

—¿Y por qué no? Que yo sepa los SS se han ido. ¿No acabas de decir que ahora está aquí la Cruz Roja?

—Pues sí, pero no tengo muy claro quién manda de verdad ni quién está o no todavía por aquí —me explica mamá—. Hay quien dice que Rahm sigue en Terezín con algunos de sus hombres.

—Bueno, a lo que iba —continúo—. Nos cayeron al lado unos papeles. Y los cogimos. Y en uno de ellos ponía no sé qué de «Herman Lowe» y una fecha, 1901. El día no lo recuerdo. Tres de enero o algo así. Después venía una parte que se había quemado, pero vi otra fecha: diecisiete de octubre de 1943, creo.

Mamá va hacia el sitio donde estaba yo sentado antes y coge las cartas.

—Encontramos varios papeles de esos con fechas. ¿Por qué los queman?

Mamá se pone a barajar y me hace un gesto para que me acerque.

—Esto terminará pronto —me dice, mientras reparte las cartas— y entonces se les exigirán responsabilidades a algunas personas, porque…

En ese instante oigo un zumbido de aviones por encima de nosotros. Me acerco corriendo a la ventana y miro hacia fuera. Una vez Tommy me explicó cómo eran los aviones de los Aliados, pero no noto ninguna diferencia.

—Ven, Misha —me llama mamá—, vamos a echar una partida.

Me quedo mirando por la ventana. Son por lo menos veinte aviones plateados volando en formación. Ojalá sean estadounidenses.

—Estoy harto de los juegos que conocemos. Estoy harto de estar aquí encerrado. ¿Cuándo se va a terminar esto?

—Anda, vamos a inventarnos uno —me dice—. Un juego nuevo para el que solo hagan falta cuarenta y siete naipes.

8 de mayo de 1945

—No —le digo a Tommy—, yo al *bašta* no subo. Ya bastante se va a enfadar mi madre.

—Está bien —comenta Tommy, dándole patadas a la pelota contra la pared del edificio.

Habría que hincharla un poco, pero una pelota es una pelota. Me la encontré en el sótano de nuestro edificio cuando bajé a curiosear después de la cena, porque no se me ocurría nada mejor que hacer. Fue verla y salir disparado con ella al barracón de Tommy.

—Escucha —le propongo—, ¿y si practicamos tiros? Por debajo de esa raya y entre las dos ventanas será la portería.

Así que nos tiramos así un rato, turnándonos y probando con y sin portero. No es tan divertido como un partido, pero puede pasar. Por suerte, aparecen otros chicos, algo mayores que nosotros. No hablan checo, pero es igual. Enseguida nos ponemos a jugar dos contra dos en mitad de la calle. De repente oímos un alboroto tremendo. Gritos. Vienen de las vías del tren. No entiendo ni media palabra de lo que dicen, pero son gritos diferentes de los que se oyen aquí por lo general.

—¡Vamos! —le digo a Tommy.

Echamos a correr. Los sonidos se oyen cada vez más fuertes y se nos va uniendo gente por el camino, incluso algunas de las personas que han venido del este, descalzas y con la ropa holgada, a las que ya les ha empezado a crecer el pelo.

Veo a Marietta un poco más adelante y grito su nombre con todas mis fuerzas. Llevaba días sin verla. Se vuelve, pero no para de correr, así que agacho la cabeza y salgo a toda mecha tras ella.

—¡Oye! —le digo cogiéndola de la mano. Casi no puedo hablar porque me falta el aire—. ¿Qué…? ¿Por qué corre la gente?

Y justo al doblar la esquina lo veo. Enorme y verde, con una estrella roja de cinco puntas en el cañón principal.

Un tanque soviético avanza por Terezín.

—¡Cielos! —exclama Marietta, que me agarra y me apretuja, rodeándome firmemente con los brazos—. Somos libres, Misha —me dice jadeando al oído—. Por fin somos libres.

Se asoman del tanque unos soldados y la multitud los ovaciona. Algunas personas se ponen a cantar el himno nacional checo y otras se les unen, entre ellas nosotros. Los soldados sonríen, y cuando se acaba el himno empiezan ellos a cantar el que imagino que será el suyo. Llegan dos tanques más y cuando me quiero dar cuenta, los soldados están repartiendo cigarrillos y caramelos.

Entre tanto, cada vez viene más gente y los cantos y los vítores son cada vez más fuertes.

Se ha terminado. Por fin se ha terminado.

Al cabo de unos minutos y unos caramelos, decido alejarme del jaleo. Hay una parte de mí que no piensa hacia dónde va, pero otra parte de mí sí lo sabe. Llego a las vías y las atravieso hasta que veo la entrada, que está abierta de par en par, sin nadie que la vigile.

La alcanzo y sigo andando.

Hasta que ya no estoy en Terezín.

Encuentro un peñasco y me siento en él; miro a mi alrededor sin fijarme en nada en concreto. Árboles, unas casas, las montañas a lo lejos. Pasan otros tanques, los soldados rusos que asoman de la escotilla me saludan con la mano.

Y entonces todo se queda en silencio.

Tardo un poco en comprender que sigo con la respiración acelerada por lo que sea. Permanezco allí sentado, procurando no pensar en que mamá se estará preguntando dónde me he metido, hasta que por fin se me relajan los pulmones.

Y entonces caigo en la cuenta. A pesar de las chocolatinas, a pesar de la cantidad de pan que he *schloiseado* durante este medio año, a pesar de las chucherías que he cambiado por el pan que he *schloiseado*... tengo un hambre horrorosa. Nunca había tenido tanta hambre. Todo mi cuerpo tiene hambre. Siento hambre en las tripas, en los pies, en las manos... juro que la siento hasta en el pelo. De comida, de comida de verdad, de todo y de lo que sea.

Casi me levanto de un salto, porque me han entrado unas ganas enormes de contárselo a mamá. O de no contárselo. Simplemente de estar con ella. Pero me quedo donde estoy, observando unos pájaros, casi disfrutando de esa hambre intensa y extraña que no hace sino aumentar.

Luego, aunque el hambre no desaparece, se me va la cabeza hacia otro tema. Papá. Hago esfuerzos por recordar su cara, por recordar cómo era exactamente, cómo le brillaban los dientes cuando sonreía, cómo se le arqueaban las dos cejas a la vez. Pero no logro verlo, así que me convenzo de que quizá mamá haya escondido alguna caja en otra parte en la que nos estén esperando algunas fotografías suyas.

Estoy así un buen rato. Cuando empieza a anochecer, me da por pensar en lo mucho que me habría gustado contarle a papá todo lo que siento ahora mismo, aunque me falten palabras para explicarlo. ¡Qué más da! Estoy seguro de que papá entendería cómo es el hambre tan horrorosa que siento, estoy segurísimo.

EPÍLOGO
Praga (Checoslovaquia)

17 de diciembre de 1945

—¡Misha! —grita mamá desde la cocina—, ¡tienes carta!

Suelto las páginas de deportes del periódico y corro por el pasillo de nuestro edificio de antes. El de Holešovice. No es el mismo piso donde vivíamos antes, pero con que sea el mismo edificio ya me conformo.

Mamá está arrimada a la encimera con un vestido nuevo reluciente. Y estoy casi seguro de que se ha puesto ese pintalabios rojo oscuro en los dos últimos minutos. Me tiende la carta y, cuando la cojo, le noto cierta tristeza en la cara. Creo que es el efecto que le causa la correspondencia últimamente. Recibimos más noticias malas que buenas; la mayoría, de las personas que no han podido volver como nosotros. Entre otros Gustav, Jiří y casi todos los Nešarim. El traslado al este fue mucho, pero que mucho peor de lo que nos imaginábamos.

Para colmo, hace unas semanas nos llegó una carta diciendo que todos los objetos de valor que mamá envió a Londres cuando empezó la guerra estaban en un almacén que arrasó por completo un bombardeo alemán.

Después de llorar un rato, se limpió la cara y nos dijo que deberíamos sentirnos dichosos con lo que tenemos. Desde entonces no hace más que repetirlo, pero a veces su cara me dice que no se lo cree del todo, al menos de momento. Encima, algunas de las personas de Praga que nos guardaron cosas no parecen alegrarse demasiado de que hayamos vuelto. Algunas incluso negaron que les hubiéramos dejado nada. Marietta me ha contado que circula por Praga un chiste idiota, en el que al final una persona dice: «Ya es mala pata. Por desgracia, mi judío también ha vuelto».

Cojo la carta y le echo un vistazo al remite. Brno. Justo lo que esperaba. Me ha faltado un tris para abrirla en el acto. Sin embargo, me aguanto las ganas.

—¡Hay que ver! —dice—. Cualquiera diría que te han elegido para jugar en la selección nacional.

Hoy no hace calor, pero veo que el sol aún brilla con fuerza y con eso me basta.

—Me voy a dar una vuelta —digo.

—¿Y los deberes?

—¿Qué pasa con los deberes?

—¿No tienes? —me pregunta mamá con los brazos en jarras.

—Alguno sí —contesto.

—¿Alguno sí?

—Sí, alguno.

—¿Y cuándo piensas hacerlo?

Me pongo el chaquetón y cojo unas nueces de un cuenco que hay en la mesa del comedor.

—Me las he apañado bien sin hacer deberes durante casi tres años. No creo que pase nada porque estos esperen unas horas.

Mamá se acerca donde estoy y me pone un gorro de lana en la cabeza.

—Ten cuidado, Misha.

Se pone de puntillas, porque ahora ya soy más alto que ella, y me da un beso en la mejilla.

—Vuelve pronto, ¿me oyes?

—Claro —digo y salgo al pasillo.

A unas manzanas de nuestro edificio, veo a Marietta. Va caminando con un chico que no conozco. No parece que se alegre mucho de verme.
—¿Qué hay? —le digo.
—¿Qué hay? —contesta.
Nos miramos, un tanto incómodos, unos segundos.
—¿Qué tal en el colegio? —me pregunta.
—Bien —digo—. No ha estado mal.
Miro al chico con el que va. Es bastante alto, muy ancho de hombros. Esboza una sonrisa y me hace un saludo rápido con la cabeza.
—Se llama Rudi —anuncia Marietta por fin.
—Hola —saludo.
—Misha, mi hermano.
—Encantado —me dice, con una voz mucho más grave de lo que esperaba.
Nos quedamos así parados un momento y luego Marietta se inclina hacia mí.
—No le cuentes nada a mamá, ¿de acuerdo? —musita.
—Tranquila —contesto y echo a andar.
Me giro al rato y los veo andando hacia el otro sentido.

No es *sabbat*, y aunque lo fuera, tampoco iría a la sinagoga Vieja Nueva, lo cual no quiere decir que tenga algo contra el paseo que daba con papá. Sobre todo un día como hoy. Los árboles ya están casi desnudos, pero el sol lo compensa de sobra y al ver su reflejo en el agua me entran ganas de silbar.

Así que silbo, inventándome melodías que debería anotar. Pero para eso antes tengo que aprender solfeo. ¿Qué más dará? Sigo silbando, palpándome el bolsillo interior del chaquetón de vez en cuando para verificar que la carta no ha desaparecido.

Los ojos se me van, cómo no, al castillo, y luego hacia una zona que en realidad no veo, al barrio de Štěchovice, que queda al otro lado. Me cuesta creer que haya estado viviendo allí unas semanas en mayo. Los tanques soviéticos entran en el campo y así sin más, esa misma noche, estoy con Zdeněk Taussig, uno de los fabulosos futbolistas de la Sala Uno. Voy con él y su familia en un carro de regreso a Praga.

Zdeněk trabajaba en Terezín con una pareja de caballos viejos, labrando campos, retirando basura e incluso trasladando cadáveres al crematorio (allá no se molestaban en enterrarnos). Por eso, en cuanto aparecieron los soviéticos, Zdeněk cogió los caballos y el carro y montó en él a sus padres, a su hermana y sus escasas posesiones. Entre esas escasas posesiones estaban algunos números de la revista *Vedem*, que hacían los chicos de la Sala Uno. Como Zdeněk fue el único que quedó de ese dormitorio, enterró los números y los desenterró antes de irse. Espero que la gente los pueda leer algún día.

Mamá no quería que me quedara ni un segundo más en ese sitio asqueroso, así que le preguntó al padre de Zdeněk si podía ir con ellos. Y aceptó. Viajamos toda la noche, con el clip-clop de los caballos escuálidos de fondo como si hubiéramos salido a dar un paseo a la luz de la luna. Luego, al llegar a Praga, como si no fuera ya bastante locura, Zdeněk y yo dormimos juntos en un establo. Así estuvimos unos días hasta que su familia encontró un piso.

Mal se podría haber imaginado mamá que en cuanto me fuera el campo entero iba a quedar en cuarentena debido al tifus. Por suerte, la familia de Zdeněk me acogió durante un montón de semanas hasta que autorizaron a mamá y a Marietta a salir de Terezín. Supongo que tiene su lógica que los dos años y medio increíbles que pasé allí encerrado acabasen de este modo tan absurdo.

En cuanto alcanzo el puente de Čechův, enfilo por él. Aquí el viento sopla con bastante fuerza, pero no me importa. He decidido que esto es un ritual nuevo. Cada vez que reciba carta de Franta, vendré aquí a leerla.

Recorro el puente, recordando las carreras que les echaba en secreto a las personas cuando era pequeño. Ahora ya no. Ahora me basta con observarlas. Mientras conducen un coche nuevo o lucen un sombrero nuevo o caminan con zapatos nuevos. Sigo intentando acostumbrarme: Praga en 1945. Menos mal que ni los alemanes ni los aliados la bombardearon.

Camino despacio hasta el centro exacto, el punto en el que no distingues qué extremo está más cerca. Que también es el que ofrece mejores vistas del castillo. Muchos Nešarim decíamos que después de la guerra nos reencontraríamos aquí, en este puente. Pero vengo siempre que puedo y todavía no he visto a ninguno de ellos. Vengo aun sabiendo que es probable que no vuelva a ver a ninguno. Para la gente de mi edad, ser deportado era igual que ser gaseado.

Gas y después por la chimenea. Así nos mataban y así se libraban de nuestros cadáveres. No sé por qué será, pero esa frase me viene a menudo a la cabeza: «Así nos mataban y así se libraban de nuestros cadáveres». Me surge de pronto en la cabeza. A veces todavía me cuesta creérmelo.

Saco despacio el sobre del chaquetón, lo abro, extraigo la carta y, sujetándola con precaución, me guardo el sobre en el bolsillo de atrás.

Brno, diciembre

Querido Misha:

He leído tu carta sincera y potente. Me parece que entiendo lo que has escrito y en el fondo del corazón tengo que reconocer que me enorgullezco de lo que conseguí a base de mucho trabajo. Nešarim es mucho más que una palabra, es una idea que pervive entre un grupo de amigos, una idea que arraigó en cada uno de vosotros, los afortunados supervivientes.

Sin embargo, tengo que decir, mi querido Misha, que no eres nada objetivo en la evaluación del tiempo que pasaste en Terezín. Estabas relativamente bien, te sentías feliz entre tus compañeros, por eso no tenías demasiadas preocupaciones.

Pero no lo olvides: Terezín era un campo de concentración por cuyas puertas entraban los prisioneros para salir más adelante, condenados a muerte. Era un lugar donde a las personas se las mataba de hambre, se las ahorcaba y se las sometía a los caprichos de los opresores. A estas alturas estoy convencido de que ya sabrás algo de lo que ocurrió, de modo que también sabrás que nuestro hogar fue una pequeña isla de desarrollo tranquilo, un lugar donde, a la fuerza, le dimos la espalda a la realidad para concentrarnos en nuestros propios intereses y en nuestro futuro sin tener demasiado en cuenta nada más.

Entre tanto, casi 35 000 personas murieron en el mismo Terezín, mientras que los que eran deportados llegaban a un destino del que muy pocos regresaron. A ese respecto yo tuve muchísima suerte. Entré en Auschwitz, pero me libré de las cámaras de gas.

Terezín, con sus poderosas murallas y sus preciosas vistas de las montañas a lo lejos, fue un lugar cruel y terrible, incluso cuando los nazis lo convirtieron en un campo de exhibición, en un instrumento de propaganda para la Cruz Roja. Me alegro de que no notaras los grilletes como otras personas, pero cuando escribes «Ojalá volvieran los tiempos de los Nešarim», no puedo sino responder: «Ojalá no vuelvan jamás de los jamases». Espero que algún día disfrutes de unas experiencias igual de memorables y positivas, pero no en una cárcel hostil.

¿Son posibles esas experiencias? Tal vez.

Me imagino que en un campamento de verano o incluso entre un grupo de amigos íntimos se podría crear un ambiente similar. Por supuesto, los jóvenes como tú nunca volveréis a estar unidos de forma tan estrecha y con la misma dependencia que teníais en Terezín. Recuerdo las primeras semanas en nuestro hogar, la falta de unidad, la diversidad irreconciliable de caracteres y las intromisiones de los progenitores que obstaculizaban los avances. Por entonces, nadie comprendía que la Sala Siete solo podía descubrir sus propias necesidades y desarrollar sus propios intereses limitando la intervención de los padres. Así y por eso creció nuestra solidaridad.

Hoy en día los padres envían a sus hijos a los campamentos de verano pensando nada más en el interés de estos. Ni siquiera confían en las personas que están allí para orientarlos. Puede que no tarden en surgir nuevos grupos juveniles, compuestos de individuos tan entregados como tú. Es una lástima, mis chicos podrían haber logrado muchas cosas, pero tal como me repito a diario, de nada sirve pensar en ello.

Hasta ochenta chicos llegaron a vivir en la Sala Siete en algún momento. Sobrevivieron once. Si lo comparamos con el conjunto de Terezín, es un éxito impresionante. Y, desde luego, Terezín, en comparación con Auschwitz... (Terezín era poco más que el corral provisional de Auschwitz, como ahora sabemos todos); en fin, Misha, no tengo claro que deban compararse siquiera.

Espero que leas entre líneas la promesa de que no debemos olvidar. La mejor manera de comprometerse a cumplir el legado de los Nešarim sería que llevaras a cabo todo lo que creía y sigo creyendo que eres capaz de hacer. Eres capaz de eso y de mucho más, no hay razón para opinar lo contrario. Y, tranquilo, estoy seguro de que nos las arreglaremos para encontrarnos en persona, más pronto que tarde. Estoy deseándolo, pero también lo temo. Supongo que quiero demasiado a los Nešarim.

Mi querido Misha, el próximo Año Nuevo supondrá el final de un capítulo de nuestra gran aventura. Se extiende ante nosotros una inmensidad desbordante de grandes posibilidades y de responsabilidades aún mayores. Pasa página, adelante. Eso no quiere decir que seas desleal, no quiere decir que olvides el pasado. Seguirás recordándolo y al recordarlo te armarás de valor para afrontar lo que te depare la vida. Porque es cierto, la vida es una lucha.

Prométeme, por favor, que nunca te rendirás.

Te deseo un feliz y próspero Año Nuevo.

Sinceramente,

   Franta

P. S.: Dales recuerdos míos a tu madre y a tu hermana. Te avisaré cuando vaya a Praga, donde podremos volver a vernos por fin.

Me leo la carta dos veces más. Oigo la voz de Franta en mi cabeza cada vez con más claridad. Discuto un poco con él, sobre todo para poder ir aceptando que lo que dice es cierto. Cuando por fin levanto la vista del papel, me quedo un poco sorprendido al verme en el centro de un puente en medio de Praga. Por un momento, no sé ni adónde ir ni qué hacer. Tengo ambos extremos del puente a la misma distancia. Hay demasiado que hacer, demasiado que ver. De pronto me siento en la extraña y abrumadora obligación de vivir una especie de vida perfecta, una vida atestada de acciones heroicas tan increíbles que ni soy capaz de imaginar cuáles podrían ser.

Dirijo la mirada al castillo, escucho a los pájaros, noto el viento en la cara. El mismo viento que ondula la superficie del agua. El aire de última hora de la tarde es bastante frío, pero no me importa. Se aproxima el invierno, y eso tampoco me importa.

Saco el sobre, introduzco la carta en él y me lo guardo con cuidado en el bolsillo. Echo a andar de vuelta a casa. Voy con un retraso escolar de casi seis años, que es mucho retraso cuando uno tiene quince. Así que este es mi enorme y heroico plan: terminaré los deberes, hasta la última tarea, antes de cenar.

Y después, ¿quién sabe?

Posfacio de Todd Hasak-Lowy

Cuando veo una película que empieza con las palabras «Basada en una historia real» o «Inspirada en sucesos reales», siempre me quedo con una duda: ¿hasta qué punto se ciñe a la realidad esta película? Si de toda la película solo hubieran ocurrido de verdad unos cuantos episodios, ¿pondrían esas palabras en pantalla? Y si la película solo está «inspirada» en sucesos reales, ¿significa que toda la película, desde el protagonista hasta los escenarios, e incluso tal vez el clímax, podrían ser muy muy diferentes de la persona, el escenario y el clímax reales que los inspiraron?

Ojalá las películas respondieran a esas preguntas, pues que algo sea o no cierto es importante. Si no lo es, de partida los directores no pondrían esas palabras en pantalla. Vemos, leemos y escuchamos las historias de manera diferente cuando creemos que sucedieron de verdad. Creo que incluso las valoramos más si estamos convencidos de que son reales, que supongo que es la razón principal por la que se decide abrir una película con un «Basada en una historia real».

¿Cuánto hay de real, pues, en el libro que acabas de leer? ¿Está simplemente «basado» en una historia real? ¿Está solo «inspirado» en sucesos reales?

Creo que es algo más complicado que cualquiera de esas dos opciones. Mucho más, mejor dicho. Pero para responder a esas preguntas como es debido, tengo que explicarte cómo escribí este libro y por qué lo escribí de la manera en que lo hice.

Cuando acepté escribir la historia de Michael Gruenbaum, viajé desde Chicago (donde vivo) a Boston (donde vive Michael). Pasamos juntos varios días. Él me relató sus experiencias de esa época y me llevó a conocer a un par de personas que también estuvieron en Terezín. Le hice un montón de preguntas, grabé gran parte de lo que dijo y me fui a Boston con una pila de libros y DVD sobre Terezín y los judíos de Praga.

De vuelta a casa, me dediqué a leer y a ver el material que me había dado Michael. Compré otros libros y busqué más películas. Para empezar, tracé una cronología de los sucesos clave de su historia. Además, le planteé por carta a Michael muchas preguntas (unas más importantes y otras menos: unas más sencillas y otras casi irresolubles) que no se me ocurrieron cuando estuve con él. Traté de imaginarme cómo era Michael de niño, hacía setenta años, hasta el punto de que le preparé un cuestionario donde le pedía que se valorase, en una escala de uno a diez, en diversos aspectos, como si era más bien pulcro o desaliñado (se puso un siete, es decir, bastante desaliñado), si se consideraba, del uno al diez, más bien un seguidor o un líder (y se puso un tres).

Por desgracia, había muchas cosas que Michael ya no recordaba. No porque no tenga buena memoria, qué va. Me imagino que Michael no lo recordaba todo bien porque esas cosas sucedieron hace mucho mucho tiempo, cuando aún era un niño. Es algo que tiene lógica, porque, sinceramente, ¿qué recuerdas tú del verano pasado? Es probable que te acuerdes de algunos días y de algunos momentos, pero también se te habrán olvidado cantidad de cosas. Apuesto a que hay días enteros que ya no recuerdas. Pues imagínate que ese verano pasado fue en realidad hace setenta veranos.

Cabe también la posibilidad de que Michael no recuerde ciertos sucesos por lo tremendamente desagradables que le resultaron. Los psicólogos afirman que es algo bastante habitual. Olvidamos experiencias difíciles para protegernos del dolor que nos provocaría recordarlas. No sé si es este el caso de Michael y no llegué a preguntarle si creía que podría ser así. Fuera como fuera, había muchas cosas que Michael no recordaba y pronto comprendí que, aunque anotara todos los detalles que no había olvidado, no me daría para más de veinte o treinta páginas de recuerdos. Esto implicaba que tendría que rellenar las lagunas de su memoria, o bien consultando otras fuentes (personas, libros, etc.), o bien desarrollando en detalle los fragmentos de sus recuerdos para crear escenas completas.

A las pocas semanas de haberme reunido con Michael, sentí que había llegado el momento de ponerse manos a la obra. Todavía no tenía claro cómo iba a empezar el libro, así que decidí escribir sobre el día en que Michael (junto con su madre y su hermana) es deportado de Praga a Terezín. Elegí esta escena porque sabía que era uno de los momentos más sorprendentes de la historia de Michael. Frente a lo que cualquiera podría haberse imaginado que sentiría en relación con ese traslado, Michael recuerda que sintió alivio al dejar su ciudad natal para irse a un campo de concentración del que no sabía prácticamente nada. Sentía alivio por lo mal que se habían puesto las cosas para los judíos en Praga. Sin embargo, cuando me senté a escribir esta escena, me quedé paralizado. Continuaba intentando desentrañar cómo era el niño Michael, y aun sabiendo que ese día él y su familia fueron caminando desde el lugar donde los habían congregado hasta la estación de ferrocarril (cargando con todo lo que les quedaba en unas pocas bolsas), la escena en sí me seguía pareciendo muy vaga. No era capaz de verla con claridad. ¿Cómo eran los edificios por los que pasaban? ¿Qué parte de la ciudad atravesaban? ¿Cómo era de grande la estación? No tenía ni idea y empecé a ponerme nervioso porque no me veía en condiciones de escribir nada digno de leerse hasta que no respondiera a esas preguntas y a otras similares.

Entonces tuve suerte. Por casualidad, tenía que ir a Londres en unas pocas semanas y decidí que haría una breve escapada a Praga, donde nunca había estado. Pasaría también un día en Terezín, que queda a menos de una hora de Praga en coche. Puede que esa haya sido una de las decisiones más inteligentes que he tomado en mi vida. Recorrí Praga andando, visité los lugares en los que vivió Michael, la sinagoga a la que asistía y la estación de ferrocarril desde la que partió con su familia a Terezín. Hice incluso el itinerario exacto que él y su padre recorrían cada semana desde el barrio de Holešovice hasta la sinagoga Vieja Nueva, al otro lado del río. Por fortuna para mí, Terezín sigue estando en gran medida como entonces. Hice montones de fotos, compré mapas y tomé apuntes de mis impresiones. De pronto la historia empezaba a cobrar vida en mi cabeza. Ya antes incluso de dejar Praga (acompañado de un plato de *knedlíky* checos en un restaurante de la calle en la que después me imaginaría a Michael escabulléndose del gueto para ir a ver una película), me puse a escribir lo que se convertiría en la escena inicial del libro.

Cuando volví a Chicago, consulté la cronología, al tiempo que la ampliaba, y empecé a redactar los capítulos en el orden correspondiente. Para escribir uno, a menudo tenía que hacerle más preguntas a Michael, leer este o aquel libro, hacer pesquisas en internet o combinar todos esos recursos. Las preguntas que le hacía ahora a Michael eran mucho más concretas («¿Recuerdas si la plaza del Casco Viejo estaba dentro del gueto judío?») y, en ocasiones, ese tipo de preguntas precisas lo ayudaban a recordar cosas que había olvidado durante décadas. A medida que leía libros sobre Terezín, iba sabiendo de otros que me podrían ayudar, entre ellos, el diario que escribió uno de los Nešarim (Pavel «Pajik» Weiner), que resultó crucial. Los primeros borradores que le mandé a Michael también sirvieron para recordarle incidentes y episodios que no me había narrado. Michael solía derivar las preguntas que no sabía responder a otras personas que estuvieron con él en Terezín. Poco a poco iba concibiendo una imagen más nítida del campo de concentración, hasta que me sentí un verdadero experto en el tema.

De vez en cuando seguía habiendo escenas que no era capaz de reconstruir tan bien como me habría gustado. Por ejemplo, a Michael y a su familia los incluyeron en un traslado pocos días antes del decisivo del 12 de octubre. En algunos casos, en especial si yo creía que había que precisar algo, recurríamos a una deducción fundamentada (por ejemplo, dónde vivió Michael cuando Franta se marchó y se disgregó la Sala Siete). Pero optamos por eliminar otros episodios —como el de ese traslado concreto—, pues había demasiadas cosas de ellos que ignorábamos.

Al final, cada uno de los capítulos es o bien una reconstrucción de un episodio concreto real ocurrido en una sola ocasión (cuando se llevan al padre de Michael dos oficiales de las SS, cuando persiguen y atan a Michael unos chicos en Praga, cuando Michael ve a su mejor amigo por última vez por la ventana de la enfermería), o bien la creación de una escena nueva que describe experiencias que Michael vivió en más de una ocasión (trabajar en la huerta, jugar al fútbol en el *bašta*, aprender de Franta). En este libro no hay ni un solo suceso trascendente que me haya inventado solo porque me pareciera que podría ser interesante. Incluso la carta de Franta del epílogo es auténtica, si bien es cierto que me permití añadir algunos detalles (con relación a cómo sobrevivían los Nešarim y los judíos en general en Terezín), con el fin de introducir información clave en un documento que por lo demás existe.

Dicho lo cual, seguía habiendo lagunas que debía rellenar. Por ejemplo, la práctica totalidad de los diálogos del libro están recreados, algo que sucede en casi cualquier biografía. Aunque los nombres de los Nešarim (y el destino que tuvieron) son reales (a excepción de Jiří, que es invención mía, puesto que Michael ya no recordaba el nombre ni la identidad del amigo que perdió allí), tuve que adivinar cómo eran su personalidad y su conducta para dar vida a las escenas en las que aparecen. Hay miles de pequeños detalles diseminados por todo el libro que me inventé para darle al relato la forma tridimensional congruente que la historia de Michael exigía y merecía. Pero cuando tenía que deducir algo —por ejemplo, lo que vestía, comía o decía alguien—, eran siempre deducciones fundamentadas, y después de tanto investigar y hablar con Michael, estaba bastante bien informado.

El contexto de la historia es solo la mitad del libro. La otra mitad es el mundo interior de Michael: todo lo que él pensaba o sentía. Si has conectado con este libro, supongo que es en gran medida gracias a la forma concreta en la que Michael vivió y narró lo sucedido. En otras palabras, leer este libro no solo permite descubrir lo que le ocurrió a Michael, sino también ponerse en su piel mientras todo eso ocurría. El problema es que Michael no narró los acontecimientos a medida que se producían hace setenta años (y de haberlos narrado, lo habría hecho en checo). Esto significa que quizá sea yo más responsable del narrador Michael (el narrador que retransmite en presente las cosas a medida que suceden) que de cualquier otra cosa del libro. Pero para ello también aquí trabajé a partir de la imagen que yo tenía del Michael de entonces, aunque al final haya tenido que construir un Michael nuevo que pudiera, en cierto sentido, revivir todos esos sucesos.

Pero entonces, ¿por qué no hemos dejado que Michael contara hoy su historia con su voz y nos transmitiera el montón de recuerdos que tiene? ¿Por qué no le interesó al editor ese tipo de libro (unas memorias más convencionales) que, simplemente, quizá, habría retocado yo un poco, el escritor profesional? Al escribir este libro como lo he hecho, buscaba la inmediatez. Me interesaba que el lector viviera lo sucedido a Michael a la vez que Michael. Por eso Michael narra en primera persona. Me pareció que eso les daría más potencia, más intensidad y más vida a los acontecimientos que se relatan en el libro. Consideré que así se captaría con más veracidad lo que fue vivir esas experiencias, y tanto Michael como el editor estuvieron de acuerdo.

Creo que este ejercicio tiene un valor especial para el lector cuando se trata del Holocausto. En los setenta años que han transcurrido desde esos sucesos espeluznantes, se han publicado miles y miles de libros sobre el tema, se han hecho miles de películas y se les ha pedido a miles de supervivientes que cuenten su historia una y otra vez. Todo ello es importante, es algo muy necesario en conjunto. Pero todo el mundo sabe que cuanto más se repite una historia, más se distancia de lo que sucedió en realidad. Piensa en cualquier anécdota que hayas contado un montón de veces. Llega un momento en el que la historia se solidifica y dejas de recordar lo que sucedió en realidad para recordar nada más que la historia en sí.

No pretendía que este libro se viera como un relato del Holocausto. Me interesaba que se viera como una persona que vive esos sucesos en ese momento. Por eso, el narrador Michael no sabe que está narrando nada, el lector capta las palabras que brotan de su mente. Cierto, a veces las palabras son bonitas o un tanto poéticas, pero ¿qué le voy a hacer, si soy escritor?

Hay otra razón por la que escribí así el libro. En el caso del Holocausto, la finalidad de muchos de los libros que se escriben y de las historias que se cuentan es instruir a las personas que no lo vivieron. Queremos que la gente no solo conozca lo que ocurrió, sino que se plantee cómo pudo ocurrir algo tan espantoso, para evitar que vuelva a suceder. Esto es también muy importante: contar una historia con el propósito de alentar a la gente a que adopte una actitud determinada en la vida. Sin embargo, no era este mi objetivo principal, aunque sé que los profesores podrían usar este libro para debatir sobre estos temas cruciales (y espero que así sea). Mi objetivo era simplemente recrear lo que pudo ser para un niño normal y corriente vivir esas experiencias tan sumamente anormales. Michael desconocía que más adelante dispondríamos de una serie de expresiones («superviviente», «campo de la muerte» o incluso el mismo término «Holocausto») para describir y nombrar esos sucesos. Desconocía que sus experiencias podrían ser narradas un día a fin de instruir a las personas sobre lo que ocurrió, para evitar que algo así se repitiera. Michael simplemente vivió, uno a uno, todos esos momentos inconcebibles. Por eso mi objetivo era recrear sin más esos momentos y hacer de las experiencias de Michael algo tan inmediato, tan intenso y, en cierto sentido, tan real como fuera posible.

Estoy firmemente convencido de que este era el enfoque adecuado para esta historia en particular. Ello no significa que no haya tenido que pagar un precio. Hubo algunos sucesos reales que no pude incluir porque eso habría supuesto infringir la norma que atañe a lo que sabía Michael en cada momento. El ejemplo que mejor lo ilustra es la muerte del padre de Michael. Si has leído el libro con atención, lo único que has descubierto es que lo detuvieron y lo encerraron en una cárcel de Praga, para enviarlo después a la Fortaleza Pequeña de Terezín, donde murió al cabo de dos semanas.

El lector no llega a saber con certeza cómo murió, aunque queda claro que el motivo que indican los nazis (uremia, un tipo de insuficiencia renal) no fue el verdadero. Por otro lado, en el propio entierro, uno de los tíos de Michael —desafiando la advertencia que les hacen las autoridades— levanta la tapa del ataúd y queda horrorizado por lo que ve. Eso es todo.

Lo cierto es que con el tiempo Michael supo finalmente cómo se produjo la muerte de su padre, que fue horrorosa. Una mujer que vivió con su madre y su hermana en Terezín escribió una carta que Michael vio años después.

La parte que nos interesa de la carta dice así:

> al exdirector de un banco muy conocido, cuya mujer e hija viven en mi dormitorio, lo despedazaron, literalmente, en la «Fortaleza Pequeña» los perros que los SS adiestraban para ese fin.

No es difícil de comprender que la inconcebible brutalidad de este asesinato fuera una verdad importantísima para Michael, por ello no debe sorprender que quisiera incluirla a toda costa en el libro. No obstante, yo tenía claro que no solo Michael lo ignoraba en esa época, sino que su madre (que sí lo sabía entonces, puesto que se lo contó a la mujer que escribió esa carta) se lo ocultó adrede, para protegerlo del dolor que le causaría saberlo. Estudiamos la posibilidad de fingir que no había sido así para poder incluirlo, pero acabamos concluyendo que hacer eso no solo exigiría infringir la norma, sino también, algo igual de importante, seguir las consecuencias que conocer esa información tendría sobre Michael a partir de ahí. Dicho con otras palabras, saber la verdad habría alterado de un modo significativo lo que sintió estando en Terezín. Por esos motivos, decidimos prescindir de esa parte.

No puedo terminar sin hacer un último comentario, una confesión en realidad. En un primer momento, cuando me ofrecieron la oportunidad de participar en este proyecto, lo rechacé. He leído muchos libros sobre el Holocausto, por no hablar de las películas que he visto, los museos que he visitado y las declaraciones de supervivientes que he escuchado. Había empezado, creo, a entender esas historias —contadas una y otra vez— como simples historias. Ese error me llevó casi a olvidar que estas son historias totalmente reales que les ocurrieron a personas reales, de carne y hueso. Me sabe mal decirlo, pero es así. Aunque quizá no debería ser tan duro conmigo mismo. Al fin y al cabo, ¿cómo podría uno hacer la cena, darle un baño a su hija o ir al trabajo recordando a cada instante lo que ocurrió de verdad en Europa entre 1939 y 1945?

Escribir este libro me ha ayudado a recordar. Tratar de imaginarme en la piel de Michael Gruenbaum durante esos años me ha permitido ver, casi como si fuera la primera vez, lo que realmente debió de ser aquello. Esto ya no era el «Holocausto», era un niño que es testigo de cómo su mundo, algo similar al paraíso, se transforma, sin pausa y sin tregua, en una pesadilla inimaginable. Era un niño que un día ríe y da patadas a un balón de fútbol con sus nuevos amigos y al siguiente los ve desaparecer. Ojalá este libro permita a sus lectores tener una experiencia similar, por dolorosa que sea. Porque es cierto, todo esto ocurrió de verdad.

Agradecimientos

Quisiera darle las gracias a mi padre, el doctor Karl Grünbaum[1] y, en especial, a mi madre, la señora Margarete Gruenbaum, no solo porque me dio la vida, sino porque me la salvó en numerosas ocasiones durante los peligrosísimos tiempos de la Segunda Guerra Mundial y porque tuvo la sensatez y las energías para emigrar con nosotros de Checoslovaquia y empezar otra vida en Estados Unidos poco después del fin de la guerra. Mi madre ha sido mi faro, solo me basta con pensar cómo superó increíbles dificultades en la vida, siempre con una actitud positiva y enseñándome a no dejar nunca de luchar por mis metas. Al mismo tiempo, quiero agradecerle a mi hermana Marietta que ayudase a mi madre a cuidar de mí y que haya estado siempre dispuesta a echarme una mano cuando la he necesitado, sobre todo, durante los tiempos duros de la Segunda Guerra Mundial.

Quiero darle las gracias asimismo a mi difunta esposa, Thelma Gruenbaum, por el aliento que me infundió durante cincuenta años de magnífica y cariñosa relación de pareja y por investigar y escribir el espléndido libro *Nešarim: Child*

---

1 Se conserva para el apellido de origen alemán del padre del protagonista la grafía de entonces, mientras que para el de su madre y el suyo se usa la adaptación que hicieron una vez que se establecieron en Estados Unidos: Grünbaum/Gruenbaum. Los miembros de la familia aparecen como Grünbaum en las fotografías de la época. *N. de la T.*

Survivors of Terezin, que ayudó a consolidar el espíritu de equipo del pequeño grupo de Nešarim supervivientes. Por otro lado, gracias a su amor por los niños y por la música y a sus esfuerzos por alcanzar la excelencia, conseguimos criar con éxito a nuestros tres hijos.

Quiero agradecer también el apoyo entusiasta de nuestros hijos, David, Peter y Leon Gruenbaum, en cuantos proyectos me he embarcado en la vida y, sobre todo, en la elaboración de este libro concreto. Estoy muy orgulloso de sus logros individuales y sus contribuciones a hacer de este mundo un lugar mucho mejor.

Le doy las gracias a la señorita Ava Farber por haberme ayudado a escribir el libro original para niños. A todos los Nešarim les agradezco la camaradería, en especial, a Erich Spitz, a George Repper y a Paul Weiner, que me ayudaron a recordar algunos detalles de nuestra estancia en Terezín. A Franta Maier le agradezco no solo el liderazgo y la atención que nos dispensó en circunstancias muy duras en Terezín, sino su interés por la vida de los supervivientes de la Sala Siete del edificio L417 de Terezín durante todo lo que le quedó de vida. A Sidney Taussig y a su familia les agradezco que me llevaran de Terezín a Praga y me dieran alojamiento durante varias semanas, hasta que se le permitió a mi madre salir del campo de prisioneros, cuando por fin se levantó la cuarentena del tifus. A Tommy Karas le agradezco su profunda amistad; a Judith Cohen, del Museo del Holocausto de Washington D. C., el interés y las iniciativas para atraer la atención del público por el álbum de documentos importantes de Terezín que hizo mi madre; y a mi amiga Mimi Dohan, los ánimos y el apoyo constantes.

Por último, le doy las gracias a Amy Berkower, mi agente literaria, porque siempre ha estado ahí cuando la he necesitado, así como a varias integrantes del equipo de Simon & Schuster: Karen Nagel y Liesa Abrams, por su perspicacia revisora, y a Mara Anastas y Fiona Simpson, por su apoyo entusiasta y orientación experta. Deseo darles las gracias a Fern Schumer Chapman, que me ayudó a convertir en prosa mis recuerdos, y a Bethany Buck, que supo reconocer el valor intrínseco de mi historia y escogió con excelente criterio a Todd Hasak-Lowy para ser mi coautor. Fue maravilloso verlo sumergirse con tanta imaginación en el papel de un niño de doce años durante la ocupación nazi de Praga y más tarde en Terezín, y que me dirigiera críticas constructivas siempre con una actitud muy positiva; creo que ha hecho un trabajo formidable y ha sido un enorme placer trabajar con él.

MICHAEL GRUENBAUM

Quiero darles las gracias a las siguientes personas, que me ayudaron a reconstruir el mundo en el que tiene lugar esta historia: Fern Schumer Chapman, David Gruenbaum, Peter Gruenbaum, Leon Gruenbaum, Petr Karas, el difunto Tommy Karas, Ivana Králová, Edgar Krasa, Hana Krasa, Vida Neuwirthová, George Repper, Erich Spitz y Ela Weissberger.

Ron Lowy me ofreció un entusiasmo constante y desenfrenado. Noam Hasak-Lowy y Anna Levy leyeron un borrador completo y me hicieron sugerencias valiosas y atinadas.

Gracias a mi agente, Daniel Lazar, por haberme propuesto este proyecto, por ayudarme a comprender lo que podría implicar y aconsejarme en todo momento. Liesa Abrams, mi inteligente y sensible editora, ha desempeñado una labor magnífica, como de costumbre, entendiendo el potencial de la historia y concibiendo cómo llevarla a cabo.

A Michael Gruenbaum le agradezco que me haya confiado su historia. Ha sido un placer trabajar con él. Realizó una enorme cantidad de pesquisas cruciales y me ayudó a planificar la mayor parte de mi corta excursión de Praga a Terezín. Se las arregló constantemente —y de un modo que todavía me desconcierta— para distinguir entre sí mismo y sus recuerdos, por un lado, y las necesidades del libro, por el otro.

Y, una vez más, a Taal.

TODD HASAK-LOWY

Si tienes curiosidad por leer algo más sobre Terezín, a continuación va una bibliografía. Los títulos que llevan un * son de especial interés para los lectores más jóvenes. Verás que en la lista está *Vedem*, la revista que hicieron en Terezín unos niños de la edad de Michael y que Zdeněk Taussig recuperó al final de la Guerra.

* Friedman, Saul S. (1992). *The Terezin. Diary of Gonda Redlich*. Kentucky: The University Press of Kentucky.

Gruenbaum, Thelma (2004). *Nešarim: Child Survivors of Terezin*. England: Vallentine Mitchell Publisher.

Lederer, Zdenek (1983). *Ghetto Theresienstadt*. New York: Howard Fertig Publisher.

* Weiss, Helga (2017). *El diario de Helga. Testimonio de una niña en un campo de concentración*. Madrid: Editorial Sexto Piso.

* Weissberger, Ela (2008). *The Cat with the Yellow Star: Coming of Age in Terezin*. New York: Holiday House Publisher.

Wilson, Paul R. (2013). *We Are Children Just the Same: Vedem, the Secret Magazine of the Boys of Terezin*. Philadelphia: Jewish Publication Society.

Los autores

MICHAEL GRUENBAUM nació en Praga (Checoslovaquia) en 1930. Su padre fue miembro activo de la comunidad judía de la ciudad; tanto este como el abuelo de Michael disponían de asientos principales en la célebre sinagoga Vieja Nueva. Tras la ocupación nazi de Checoslovaquia en 1939, el padre de Michael fue detenido, torturado y enviado a la Fortaleza Pequeña de Terezín, donde lo mataron al cabo de dos semanas.

A Michael lo deportaron a Terezín en 1942 con su madre y su hermana. Allí estuvieron durante dos años y medio, hasta que terminó la Guerra. Cuando la familia regresó a Praga, había perdido parientes, amigos y posesiones. En abril de 1948 emigraron y pasaron dos años en Cuba antes de que los autorizaran a entrar en Estados Unidos. En Cuba, Michael, que no hablaba ni inglés ni español, asistió a un instituto estadounidense, donde se graduó en dos años, a tiempo para acceder al MIT (Instituto Tecnológico de Massachusetts).

Michael se licenció en Ingeniería Civil en el MIT en tres años. Durante la guerra de Corea lo llamaron a filas y pasó dos años en el ejército. Trabajó para el Departamento de Carreteras de Illinois en Chicago, donde conoció a su mujer, Thelma, con la que estuvo casado cincuenta años. Hizo un máster en ordenamiento urbanístico en la Universidad de Yale y trabajó para la Autoridad de Rehabilitación de Boston, publicando un libro que se tituló *Transportation Facts for the Boston Region*. Más tarde estuvo como ayudante especial del comisionado del Departamento de Obras Públicas de Massachusetts, trabajó en una consultora importante y, por último, ayudó a crear una empresa privada de ingeniería de la que fue socio. Thelma, en su jubilación, escribió un libro sobre las experiencias de Michael y sus amigos que se llamó *Nešarim: los niños supervivientes de Terezín*, que se ha publicado en el Reino Unido y ha tenido una segunda reimpresión. Por desgracia, Thelma contrajo ELA y perdió su denodada batalla tres años después.

Thelma y Michael tuvieron tres hijos: David, Peter y Leon. Michael todavía vive en la misma casa de Brookline, Massachusetts, a la que él y Thelma se mudaron hace más de cuarenta y cinco años. Recientemente, Michael ha creado una fundación en el archivo musical del MIT en recuerdo de sus padres.

TODD HASAK-LOWY es autor de cuatro libros de ficción, incluida la novela *33 Minutos*, para niños de 8 a 12 años. Todd tiene un doctorado en Literatura Comparada de la Universidad de California, Berkeley, y fue profesor adjunto primero y después asociado de Lengua y Literatura Hebreas en la Universidad de Florida, desde 2002 a 2010. En 2010 dejó su puesto en la universidad para mudarse a Evanston, Illinois, con su mujer y sus dos hijas, con el fin de concentrarse en la escritura. Además de escribir, Todd traduce libros de ficción del hebreo al inglés y da clases de escritura creativa y literatura en la Escuela de Artes del Instituto de Chicago.

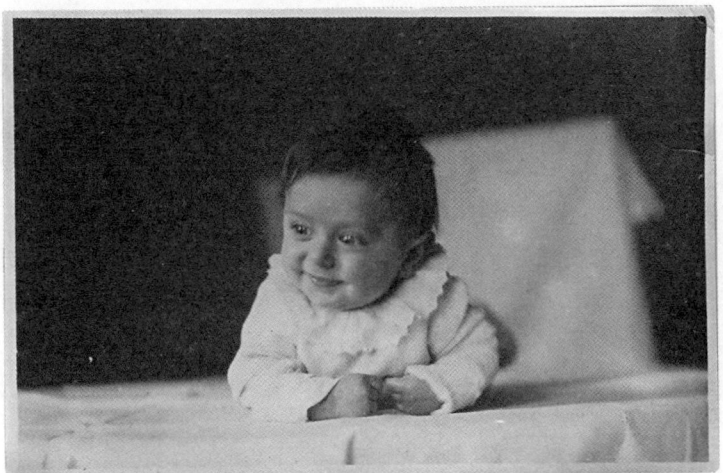

Michael, de bebé, en 1931

El padre de Michael, Karl Grünbaum, con Marietta, la hermana de Michael, 1926

Michael y Marietta Grünbaum, 1933

La familia Grünbaum

El pequeño Michael antes de la guerra, 1936

La familia Grünbaum: Michael y Marietta con su padre de paseo, un domingo por la mañana, hacia 1938

Una merienda campestre con la familia y algunos amigos antes de la guerra, hacia 1937

Karl y Margaret Grünbaum, juntos y felices, antes de la guerra

Michael, Marietta y Leci, su niñera, hacia 1934

Tía Louise Fleischer, hermana de Karl, cuya postal sirvió para salvar la vida a Michael, a Marietta y a su madre

Michael y su madre en Praga después de la guerra, 1946

Michael remando en una barca en el río Moldava (Vltava, en checo). Praga, 1946

Michael con su madre haciendo los deberes en Praga, 1945

Michael durante el servicio militar, 1954

Michael y su mujer, Thelma, el día de su boda delante del templo en Chicago, 1956

Michael y su madre, orgullosa, el día de su graduación en el MIT, 1953

Foto del pasaporte checo de Michael, 1947

Michael con sus «hermanos» Nešarim supervivientes en uno de sus encuentros periódicos en Terezín

Michael y Franta Maier

Michael con sus tres hijos, las mujeres de estos y sus nietos, 2014

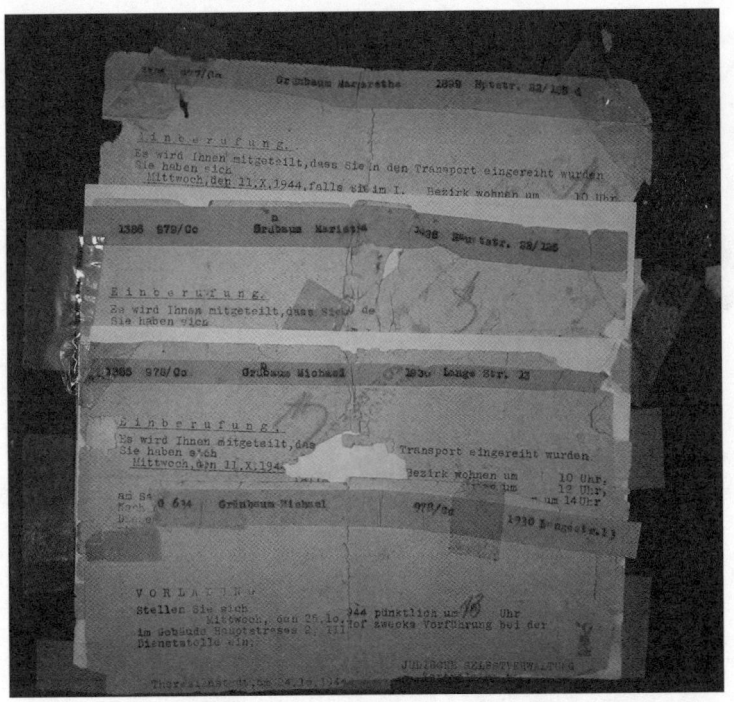

Notificaciones de deportación de Terezín «al este» (Auschwitz) entregadas a la familia Grünbaum

Tarjeta que dibujó Michael a su madre por la festividad del Simjat Torá

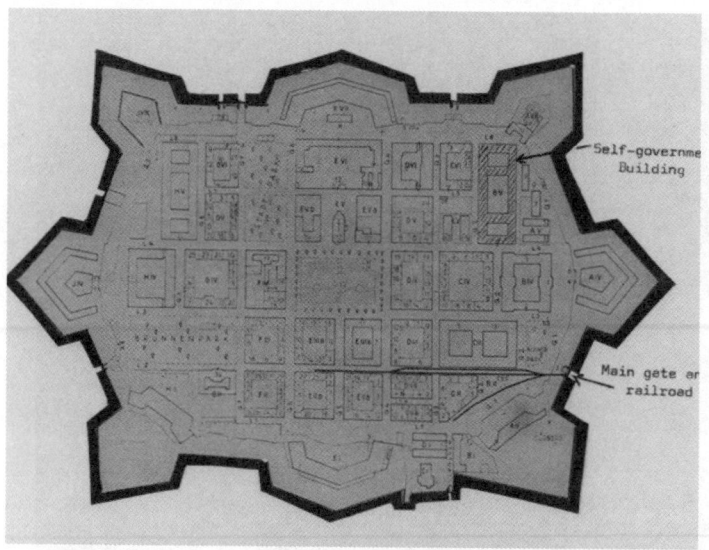

Mapa de Theresienstadt (Terezín)

Entrada a la Fortaleza Pequeña de Terezín,
donde asesinaron al padre de Michael en 1941

Índice

Introducción 7

PRIMERA PARTE
Praga (Checoslovaquia)
    11 de marzo de 1939 15
    15 de marzo de 1939 21
    2 de octubre de 1939 27
    16 de septiembre de 1940 33
    25 de mayo de 1941 38
    8 de septiembre de 1941 46
    14 de octubre de 1941 52
    27 de noviembre de 1941 57
    18 de diciembre de 1941 61
    19 de diciembre de 1941 65
    23 de septiembre de 1942 70
    17 de noviembre de 1942 78
    18 de noviembre de 1942 81
    19 de noviembre de 1942 90
    20 de noviembre de 1942 94

SEGUNDA PARTE
Terezín (Checoslovaquia)
    20 de noviembre de 1942 101
    23 de noviembre de 1942 112
    26 de noviembre de 1942 121

1 de diciembre de 1942 127
13 de diciembre de 1942 132
28 de diciembre de 1942 140
22 de enero de 1943 147
23 de enero de 1943 151
7 de julio de 1943 159
20 de julio de 1943 166
23 de septiembre de 1943 175
10 de noviembre de 1943 182
11 de noviembre de 1943 185
17 de diciembre de 1943 197
31 de mayo de 1944 207
23 de junio de 1944 215
24 de septiembre de 1944 224
6 de octubre de 1944 235
12 de octubre de 1944 239
11 de febrero de 1945 256
20 de abril de 1945 259
22 de abril de 1945 268
2 de mayo de 1945 273
8 de mayo de 1945 277

EPÍLOGO
Praga (Checoslovaquia)
17 de diciembre de 1945 283

Posfacio de Todd Hasak-Lowy 292

Agradecimientos 303

Los autores 307